KB198471

# 트럼프 청구서

# 트럼프 청구서

**1판 1쇄 인쇄**  2024년 11월 11일
**1판 1쇄 발행**  2024년 11월 20일

**지은이**  박형주
**발행인**  권정민
**디자인**  강유석, 박신영
**발행처**  어티피컬
**등 록**  2022년 3월 28일(제 2022-000025호)
**주 소**  (우)04313 서울시 용산구 청파로45길 34(청파동)
**이메일**  atypical.book@gmail.com
**ISBN**  979-11-982905-5-7 (03340)

ⓒ 박형주, 2024

이 책은 저작권법에 따라 보호를 받는 저작물이므로 무단전제와 복제를 금하며,
이 책은 내용의 전부 또는 일부를 사용하려면 반드시 저작권자와 어티피컬 출판사의
서면 동의를 받아야 합니다.

* 잘못되거나 파손된 책은 구입하신 서점에서 교환해드립니다.
* 값은 뒤표지에 있습니다.

# 트럼프 청구서

## 백악관 출입기자가 진단한 미국의 판, 한국의 수

박형주

Atypical

# 추천의 글

전 통일부장관
## 정세현

나는 반평생 남북 관계를 다루는 현장에서 일해왔다. 그러면서 깨달은 한 가지 사실이 있다. 핵 문제든 통일 문제든 남북 관계는 국제 정치의 맥락과 역학관계 속에서 접근해야 한다는 것이다. 통일 문제를 다루는 이들이 주변 국가의 동향과 국제 정세를 끊임없이 학습하고 외교를 깊이 이해해야 하는 이유도 여기에 있다. 그러나 그보다 더 중요한 사실이 있다. 대한민국 외교가 자국 중심성을 확고히 하며 전략을 세워 나가야 한다는 점이다. 영원한 적도, 영원한 동지도 없는 냉혹한 국제 정치 무대에서 자국 중심성을 잃으면 대한민국의 외교는 표류하게 될 것이다.

세계에서 가장 자국 중심적 외교를 펼치는 나라는 미국이다. 갈수록 강해지는 '미국 우선주의'는 한미 관계와 남북 관계, 한중 관계를 더욱 복잡하게 만든다. 대한민국의 이익이 무엇인지 진지하게 고민해야 할 시기이다. 《트럼프 청구서》는 대한민국의 유일한 동맹국인 미국이 한반도와 동북아에서 어떻게 '자국 우선주의' 외교 전략을 펼치고 있는지 그 실체를 생생하게 보여준다. 워싱턴 외교 현장을 수년간 취재했던 저자는 외교에서 가장 중요한 것이 '주어'라고 말한다. 이는 내가 늘 강조해온 자국 중심성을 갖춘 외교의 중요성과 같은 맥락이다. 그래서 이 책이 더욱 반갑다.

전 청와대 정무수석
**이철희**


　흔히 죽고 사는 문제라고 하는 안보에서 우리는 늘 불안에 시달려왔다. 하나의 민족이 서로 다른 이념 국가로 분단되었기에 겪어야 하는 숙명이기도 하지만 북한이 무력으로 통일을 추구해 일으킨 동족상잔의 전쟁이 낳은 트라우마의 결과이기도 하다. 게다가 북한이 세습왕조에 비유해도 전혀 어색하지 않은 불량국가이다 보니 우리에게 안보는 매일매일 맞닥뜨리는 현안이자 일상의 걱정이었다. 북한이 어떤 도발을 해도 우리 국민들이 라면 등 생필품 사재기에 나서지 않는다고 해서 안보 감수성이 없는 게 아니다. 호들갑이 아니라 의연함으로 대처해야 한다는 암묵지tacit knowledge 때문이다.

　안보에 있어서 우리가 추구한 해법은 지금까지 두 가지였다. 하나는 한미 동맹이고 다른 하나는 햇볕정책이다. 둘이 모순되는 것이 아님에도 국내의 정치 세력은 동맹파와 햇볕파로 나뉘어 서로 상대 해법의 적실성을 부정해왔다. 그러는 와중에 북한은 핵보유국이 됐다. 비핵화의 관점에서 보면 두 해법 모두 실패했다. 이 두 패러다임 간의 충돌 때문에 '안보의 정치화'가 심화됐고, 그 결과 우리는 안보에 있어서 종합적이고 총체적인 대전략grand strategy을 수립하지 못하고 있다. 안보 불안이 일상화된 나라인 점을 감안할 때 이런 부재는 어처구니없다.

한미 동맹에 올인하는 사람들은 미국에 대해 잘 모르는 것 같고, 햇볕정책만을 고집하는 사람들은 북한에 대해 잘 모르고 있다는 느낌이 들 때가 있다. 미국은 우리와 동맹을 맺고 있기 때문에 우리를 보호하는 것이 아니라 우리를 보호할 가치가 있기 때문에 동맹을 맺고 있는 것이다. 북한이 햇볕정책에 호응한 까닭은 한민족이기 때문이 아니라 냉전시대가 끝난 뒤 '고립과 생존의 위기'에서 탈피하기 위한 목적으로 패권국 미국에 손을 내밀고, 부유한 대한민국의 도움을 받고자 했던 것이다. 미국이든 북한이든 자신들의 이익에 따라 움직인다. 미국은 미중 패권 경쟁에서 북한 변수를 활용하려 하고, 북한은 신냉전의 틀 속에서 '적대적 두 국가론'을 내세우며 러시아에 밀착하고 중국을 견인하려 한다.

이렇게 보면 북한이 곧 붕괴할 것이란 헛된 믿음에 근거해 압박만 고집하거나, '기승전동맹'을 주술처럼 외쳐선 곤란하다. 마찬가지로 우리가 손을 내밀면 북한이 덥석 잡을 것이란 기대를 갖고 북한의 기분을 상하지 않게 해야 한다는 입장 역시 곤란하다. 현실에 입각해 그들의 관점에서 문제를 정확하게 진단하고, 그에 유효한 대책을 모색해야 한다. 보수와 진보 모두 이제는 낡은 해법에서 벗어날 때다.

분단을 이겨내고 통일을 이룩한 독일의 경험을 보면, 그들은 평화를 돈으로 샀다고 해도 과언이 아닐 정도로 열심히 퍼줬다. 동독 지도부는 서독의 지원에 목을 맸다. 서독은 동독뿐만 아니라 소련에게까지 돈을 줬다. 그 유명한 '동방정책'이다. 브란트를 필두로 동방정책을 통해 평화를 추구한 것은 서독이 필요로 하는 것을 미국이 다 해줄 수 없다는 독일 국민의 각성 때문이었다. 우리가 참고해야 할 중요한 레퍼런스다.

한반도의 평화 정착에 중대한 분수령이었던 북미 하노이 회담이 노딜로 끝난 데에는 일본의 방해도 적지 않게 영향을 미쳤다. 아베 정권은 인도태평양 전략을 미국이 받아들이도록 설득했다. 그 결과 일본의 안보 프레임을 바꾸는 데 미국의 협조를 더 적극적으로 얻어낼 수 있었다. 우리도 미국의 관점에서 한반도의 평화가 왜 중요한지를 전략적으로 설득할 수 있어야 한다.

《트럼프 청구서》는 이런 문제의식을 숙성시키는 데 안성맞춤이다. 저자가 발로 뛰면서 취재하고, 깊이 고민해서 정리한 이 책은 2025년을 앞둔 이 시점의 미국과 북한 그리고 중국을 제대로 파악할 수 있게 해준다. 이 책을 통해 우리는 그들의 고민과 계산까지 읽을 수 있다. 한반도 평화 대전략 수립을 위한 좋은 참고서가 나와서 참 반갑다.

# 책을 시작하며

미국 수도 워싱턴 D.C.(이하 '워싱턴')는 국제 질서의 판을 짜는 곳이다. 백악관, 국무부, 펜타곤(국방부), 의회 등에선 정책 입안자와 정치 지도자들이 모여 '무엇이 미국의 이익인가'를 치열하게 고민한다. 밖에선 이들의 의사 결정에 영향을 미치기 위한 뜨거운 장외전이 벌어진다. 거의 매일 열리는 싱크탱크 토론회에서는 내로라하는 전략가들이 자신의 아이디어를 설파한다. 조금이라도 자국의 이익을 챙기기 위한 각국의 외교전과 정보전도 뜨겁다. 이렇게 워싱턴에서 내려진 결정은 한 마리의 나비가 되어 전 세계를 날아다니며 때론 태풍을 일으키기도 한다.

복잡한 이해관계와 전략이 교차하는 곳, 자신들에게 유리한 판을 짜기 위한 진영 간, 국가 간 치열한 수 싸움의 장, 그곳이 바로 워싱턴이다.

나는 2016년부터 2023년까지 워싱턴을 취재했다. 이 기간 한반도에 영향을 주는 커다란 변화의 물결을 세 차례 목격했다. 첫 번째는 2016년 11월 도널드 트럼프Donald Trump의 대선 승리였다. 민주당의 힐러리 클린턴Hilary Clinton 후보는 자신이 첫 여성 미국 대통령이 될 것으로 확신했다. 그는 모든 면에서 트럼프를 능가했다. 대통령 영부인, 연방 상원의원, 국무장관 등 화려한 이력은 말한 것도 없었다. 당시 버락 오바마Barack Obama 대통령의 지지율도 50~60%을 기록해 '정권 심판론'이 통하지 않는 분위기였다. 각종 여론조사 역시 힐러리의 승리를 예측하고 있었다.

투표가 끝난 후 거리의 열기도 마찬가지였다. 뉴욕 맨하탄의 클린턴 캠프 주변에는 승리를 축하하기 위한 지지자들로 일찍부터 인산인해를 이뤘다. 반면 트럼프 캠프 주변은 한산했다. 그러나 승리의 함성은 트럼프 쪽에서 터져 나왔다. 트럼프 역시 자신의 승리에 깜짝 놀랐다고 한다. 그 누구도 예상하지 못한 판의 변화였다.

트럼프 승리가 결정된 다음 날 아침, 평소와는 확연히 달랐던 묘한 분위기와 긴장감이 감돌았던 워싱턴으로 향하는 출근길 지하철, 그리고 트럼프의 얼굴이 실린 신문을 고개를 푹 숙인 채 읽고 있던 히잡을 쓴 옆자리 여성의 모습이 아직도 기억에 남는다.

*

'아메리카 퍼스트America First'라는 슬로건으로 백악관에 입성한 트럼프는 대외 정책에서도 '미국 우선주의' 행보를 이어갔다. 그는 미국의 이익에 반한다며 파리 기후협정Paris Climate Agreement, 유엔United

Nations 인권이사회, 세계보건기구World Health Organization, WHO에서 탈퇴했다. 또한, 이란의 핵무기 개발을 저지하기 위해 이란과 주요 6개국(미국, 영국, 프랑스, 독일, 러시아, 중국)이 체결한 포괄적공동행동계획Joint Comprehensive Plan of Action, JCPOA을 일방적으로 파기했다. 동맹국들에는 '안보 무임승차론'을 제기하며 과도한 방위비 분담금을 요구했다. 또한, 기존의 다자 및 양자 간 무역협정이 미국에 불리하다고 주장하며 이를 재협상하거나 탈퇴했다. 한국도 예외는 아니었다. 트럼프는 "우리가 왜 부자 나라 한국을 방어해야 하는가?"라며 한미동맹을 흔들었고, 실현되지는 않았지만 "한국에서 미군을 철수하자"고 말해 참모들을 당황하게 했다.

트럼프는 '미국 우선주의'라는 방아쇠를 당겼고, 그 총성은 요란했고, 총구에서 나온 연기는 매캐했다. 그러나 그는 맥락 없이 '갑자기 툭 튀어나온' 총잡이가 아니었다. 2차 세계대전 이후 '세계의 경찰' 역할을 자처했던 '천조국' 미국은 이미 지쳐 있었다. 자유무역과 세계화의 선봉에 서서 열심히 노를 저었지만, 정작 미국의 곳간은 비어가고 있었고 공장의 벨트는 멈춰 있었다. 누군가 방아쇠를 당겨주길 바라는 이들이 늘어났고, 트럼프가 그 방아쇠를 당긴 것이다. 2016년 11월 트럼프의 대선 승리는 예상치 못한 판의 변화였지만, 피할 수 없는 판의 변화였을지도 모른다.

\*

2018년, 또 다른 판이 흔들렸다. 트럼프와 김정은의 정상회담.

6·25 한국전쟁 이후 70년간 적대 관계에 있던 미국 대통령과 북한 지도자가 처음으로 마주한 것이다. 직전까지만 해도 '리틀 로켓맨'과 '늙다리 미치광이'라며 서로 말 폭탄을 주고받던 두 지도자가 '화염과 분노'를 걷어내고 손을 잡은 것이라서 더욱 극적이었다.

북한 핵 위기는 약 30년간 해결하지 못한 해묵은 난제이다. 1994년 제네바합의, 2000년 북미공동코뮈니케, 2005년 9·19 공동성명, 2012년 2·29 윤달합의 등 북핵 문제 해결을 위한 여러 시도와 합의가 있었지만 성공하지 못했다. 트럼프는 선거 기간 "김정은이 미국에 온다면 만나겠다"며 "햄버거를 먹으면서 더 나은 핵 협상을 할 것"이라고 큰소리쳤다. 수십 년간 미국의 어떤 대통령도 해결하지 못한 북한 문제를 자신이 해결할 수 있다는 것이었다.

트럼프가 김정은과 정상 외교를 시작하자 워싱턴 분위기는 크게 두 갈래로 나뉘었다. 우선 냉소적인 분위기가 지배적이었다. 냉소의 이유는 '북한'이었다. "북한을 어떻게 믿어?", "우리가 한두 번 속아봤어!" '악의 축'인 북한이 이번에도 미국을 속이고 자신들의 잇속만 챙기면서 시간만 벌려는 수작이라는 불신이었다. 존 볼턴John Bolton과 같은 이른바 네오콘, 매파, 군 출신의 안보 전문가 등이 이런 부류였다. 또 다른 냉소의 이유는 '트럼프'였다. 국가 안보 경험도 없고, 즉흥적이며 예측 불가능한 트럼프가 복잡한 북한 핵 문제의 전면에 나서서는 안 된다는 것이었다. 정상회담이 세계 최악의 독재자에게 정당성만 부여한다는 비난도 많았다. 이런 비판은 주로 민주당 진영이나 주류 언론에서 나왔다.

반면, 조심스러운 낙관론도 존재했다. 물론 소수였다. 기존 북미 대화가 실무 협상 후 고위급 회담이라는 전통적인 바텀업bottom-up 방식으로 진행되었지만, 북한 체제 특성상 톱다운top-down 방식이 통할 수 있다는 기대였다. 그동안 북한을 상대해 본 경험이 있는 전직 협상가들이 주로 이런 조심스러운 낙관론을 제기했다. 낙관론이 우세하지는 않았지만, 워싱턴 조야에서 '한반도'가 이때처럼 전면에 등장한 적은 없었다. 더욱이 이러한 판을 짜는 데 한국이 '키 맨' 역할을 했다는 점도 주목할 만했다.

2018년과 2019년 남북 정상과 북미 정상은 세 차례 만났다. 지난 70년간 꿈쩍하지 않았던 한반도의 '빙하'가 움직이는 듯했다. 그러나 2019년 2월 하노이 노딜 이후, 전례 없는 북미 정상 외교는 변죽만 울리다 끝나버렸다. 미국도 북한도 "그릇된 편견과 관행"에서 벗어나지 못했다. 판의 견고함만 다시 확인한 채 멈추고 말았다.

*

그러는 사이 워싱턴에서는 더 큰 판이 움직이고 있었다. 내가 목격한 세 번째 판의 변화이다. 바로 중국에 대한 미국의 '대결 선언'이었다.

미국은 1979년 공식 수교 이후 중국에 대한 전략적 관여Strategic Engagement 기조를 유지해왔다. 이는 중국과의 협력과 상호 의존을 강화해 중국이 국제 사회의 책임 있는 일원이 되도록 유도하는 전략이었다. 그렇게 함으로써 중국이 자유주의 세계 질서를 준수하고 경제 개방과 정치 개혁을 촉진할 수 있을 것이라고 미국은 기대했다. 2001년, 미국이 중국의 세계무역기구World Trade Organization, WTO 가입을 적극 지원한 것도 이러한 바람에서였다. 그 덕분에 중국은 10년 만에 세계 최대의 무역국이자 세계 2위의 경제 대국으로 부상했다.

그러나 미국의 입장에서 중국은 다른 방향으로 나아갔다. 약속과 달리 자국 시장을 완전히 개방하지 않았고, 수출 보조금을 지급하고 통화를 조작하며, 지식재산권을 훔쳐 경제·군사력을 키웠다. 또한 주변국과 영유권 다툼을 벌이고, 경제적 영향력을 이용해 억압적인 행동을 일삼았다. 중국에 대한 '기대'는 '우려', 나아가 '경계'로 변했다.

급기야 2017년 12월, 트럼프 행정부는 중국을 자유주의 국제 질서를 교란시키는 '수정주의 국가revisionist powers'이자 '전략적 경쟁자'로 공식 선언했다. 지난 40년간 유지해온 관여 정책을 사실상 폐기한 것이다. 이후 트럼프 행정부는 무역, 기술, 군사, 인권 등 전방위적으로 중국을 압박하며 대립각을 세웠다. 중국 우한에서 시작된 '코로나 사태' 이후 미국 내 반중 정서는 더욱 짙어졌고, 미중 대결 구도는 한층 견고해졌다.

이어 등장한 바이든 행정부도 트럼프의 대중국 강경 기조를 대부분 유지했다. 이에 더해, 반도체 등 핵심 공급망과 군사 분야에서 중국을 견제하기 위한 동맹 규합에 상당한 노력을 기울이고 있다. 미국은 동맹국들을 향해 "우리는 선택을 강요하지 않는다"면서도, 사실상 중국이 아닌 미국을 선택할 것을 요구하고 있다. 특히 한국이 중국과 거리를 두고 일본과 함께 자신들에게 더 밀착할 것을 바라고 있다. '안보는 미국, 경제는 중국'에 의존해왔던 한국을 더욱 어렵게 만들고 있다. 지난 70년간 한미 관계의 온도를 규정하는 것이 '북한' 문제이었다면, 앞으로 70년은 '중국'이 될지도 모른다. 그렇게 '판'이 변하고 있다.

그리고 2025년, 트럼프가 다시 백악관으로 돌아오며 또 다른 거대한 판의 변화가 예고되고 있다. 4년 전 그가 백악관을 떠났을 때보다 국제 정세, 특히 동북아 정세는 더욱 복잡해졌다. 북한은 한국과 미국을 박절한 채 러시아와 손을 잡더니 급기야 우크라이나 전쟁에 병력을 파병했다. 한국이 우크라이나 전쟁의 수렁으로 빨려 들어가는 것이 아닌지 우려되는 상황이 펼쳐지고 있다. 한반도 정세가 한국전쟁 이후 최악이라는 말도 나온다. 이제는 상수가 된 미중 갈등으로 인해 주변국들의 운신의 폭은 갈수록 좁아지고 있다. 트럼프는 모든 문제에 대해 "나만이 해결할 수 있어Only I can fix it"라고 외치고 있다. 한국을 향해선 "머니 머신money machine"이라며 얼마짜리일지 모를 청구서를 내밀 모양이다. 각국은 트럼프 2기가 몰고 올 '예측 불가능성'을 예측하려고 애쓰고 있다.

*

지난 8년간 나는 워싱턴에 위치한 미 국영국제방송국인 VOA Voice of America에서 일했다. 내가 속한 팀은 주로 행정부, 의회, 그리고 싱크탱크 등 이른바 워싱턴 조야의 한반도 관련 정책과 전략을 취재했다. 그곳에서 나는 백악관 국가안보회의National Security Council, NSC를 담당했다. 백악관 및 NSC 대변인의 정례 브리핑과 백그라운드 브리핑, 백악관 주요 인사들의 기자회견과 공개 연설, 각종 성명과 보고서 등이 나의 관찰 대상이었다. (트럼프 시절에는 그의 트위터 역시)

외교안보는 취재가 어려운 분야였다. 특정 사안에 대한 공식 발표가 소스source의 전부인 경우가 적지 않았다. 브리핑이나 기자회견에선 다른 '핫 이슈'에 밀려 질문 기회를 얻는 것도 쉽지 않았다. 정부 당국자들에게서 '몇 마디'의 코멘트라도 얻으려면, 수차례의 '읽씹' 정도는 각오해야 했다. 그렇게 얻어낸 마디와 마디 사이에 감춰진 맥락을 알아내고, 어제와 다른 무엇인가를 발견한다면, 그것이 곧 뉴스가 될 것이다. 그렇게 8년의 시간을 보낸 것 같다.

이 책은 지난 8년간의 '워싱턴 관찰기'이다. 앞서 언급한 내가 목격하고 취재한 세 가지 판, 즉 '한미 관계', '북미 관계', '미중 관계'에 대해 정리했다. 대단한 뉴스나 탁월한 분석이 있는 것은 아니다. 다만 각 판에 대한 미국의 전략과 접근을 이해하는 데 꼭 필요한 사안과 주제를 충실히 다루려고 노력했다. 이것이 앞으로 다가올 네 번째 판을 예측하고 준비하는 데 조금이라도 유용할 것으로 믿는다. 앞으로 다가올 판은 지난 판의 연장선이거나 변형일 것이기 때문이다. 또한, 한국은 지정학적 특성상 우리 앞에 놓인 판을 잘 분석하고 영민한 '수'를 놓는 것이 중요하기 때문이다. 미국의 입장을 설명하는 데 많은 부분을 할애했으나 그것을 추앙하는 글은 아니다.

끝으로, 워싱턴에서 내가 경험한 일화를 하나 소개하고 싶다. 한국 근무를 마치고 워싱턴으로 막 복귀한 미국 외교관을 만난 적이 있다. 한국에서 그가 경험한 이야기를 듣던 중, 한국 정치 상황과 여론에 대한 그의 해박한 지식과 이해에 놀랐다. 내가 한국을 오래 떠나 있었던 탓도 있겠지만, 그의 한국 정치, 특히 당시 정국에 대한 이해가 나를 앞지른다는 생각이 들었다. 이른바 '정치 고관여층' 정도는 되어야 기억하고 있을 특정 국회의원의 이름과 직책, 배경, 이력, 사건 등을 상세히 알고 있었다. 그걸 신기해하는 나에게 그는 이렇게 말했다. "서울에서 가장 열심히 본 것이 한국 정치 기사였습니다. 결국 정치나 한국 국민들의 여론이 한국 정부의 대미 정책에도 영향을 주니까요." 그는 미국도 마찬가지라고 했다. 민주주의 국가에서 외교는 필연적으로 국내 정치의 연장선일 수밖에 없다는 이야기였다.

　한국의 어느 대통령은 이런 말을 자주 했던 것 같다. "국민 여러분의 지지가 국제 외교 무대에서 가장 큰 힘입니다." 또 "국민이 외교를 알아야 합니다"라고 말했던 대통령도 있었다. 이는 국제 이슈와 외교 사안에 대한 시민들의 이해와 안목이 높아져야 정부의 외교적 판단력과 역량도 향상될 수 있다는 뜻으로 이해된다. 일반 시민이 외교안보 문제를 공부해야 하는 이유다. 그러한 의지가 있는 분들에게 나의 부족한 책이 하나의 출발점이 된다면 더없이 감사할 것이다.

2024년 10월

박형주

# 차례

# 한미 관계

미국은 한국이 더 많은 짐을 지기를 원한다.

버든 쉐어링(Burden Sharing)이다.

주한미군 방위비, 중국 견제 동맹, 한미일 협력, 글로벌 공급망

재편에서 더 큰 역할을 요구하며 끊임없이 '초대장'을 보내고 있다.

그 초대장에 답하기 전 물어야 한다.

한국이 원하는 것은 무엇인가? 어디로 항해하길 바라는가?

# 1. '마가' 시대 '버든 쉐어링'과 '동맹 인플레이션'

사람들이 잘 모르는 사실이 하나 있다. 언제부턴가 한국과 미국 간에 뜨거운 감자가 된 주한미군 방위비 분담금, 원래 한국이 부담 하지 않았던 비용이었다. 주한미군의 법적 지위는 1967년 발효된 주한미군지위협정SOFA에 따른다. SOFA 제5조에 따르면, 주한미군 유지에 따른 모든 경비는 미국이 부담하고 한국은 시설과 구역을 제공하도록 규정되어 있다. 즉, 한국은 필요한 공간을 무상으로 제 공하지만, 운영에 필요한 비용은 미국의 몫이었다. 이러한 근거로 미국은 1990년까지 주둔 비용을 사실상 전액 부담해왔다.[1]

그러나 무역적자 등으로 인해 미국의 경제 상황이 악화되고, 한 국의 경제력이 성장하면서 워싱턴은 한국에 비용 분담을 요구하기 시작했다. '우리의 상황이 예전 같지 않으니 이제는 먹고살 만한 한 국이 돈을 좀 내라'는 것이었다. 이에 따라 1991년 양측은 방위비분 담특별협정Special Measures Agreement, SMA을 체결했다. 협정 이름에 '특별한

special'이라는 단어가 들어간 것이 흥미롭다. 유지 경비는 미국이 부담하도록 한 SOFA 규정과 충돌하기 때문에, 그 충돌을 해소하기 위한 '특별한 조치'가 필요했던 것이다.[2]

한국의 분담금은 주한미군이 약 1만 명 감축되었던 2005년을 제외하고는 꾸준히 증가해왔다. 2019년에는 처음으로 1조 원을 넘어서 1조 389억 원에 달했다. 트럼프 전 대통령은 재임 시절 이 금액을 5배 인상해줄 것을 요구했다. 트럼프는 "한국은 우리에게 삼성 TV를 파는데, 우리는 그들을 보호해준다. 이는 맞지 않는다"라는 말을 자주 하곤 했다. 바로 그 유명한 '동맹 무임승차론'이다.

AP 연합뉴스

## '동맹 무임승차론' 원작자는 따로 있다

사람들이 잘 모르는 사실이 또 하나 있다. '동맹 무임승차론'의 원 저작권자는 트럼프가 아니다. 엄밀히 말하면 트럼프는 편곡자이다. 원작자는 2차 세계대전 노르망디 상륙작전의 승리를 이끈 전쟁 영웅이자 제34대 미국 대통령이었던 드와이트 아이젠하워Dwight David Eisenhower이다. 그는 재임 시절 방위비 분담에 소홀한 유럽 동맹국들을 향해 "그들이 미국을 빨아먹고 있다making a sucker out of Uncle Sam"고 비난했다.[3] 물론 동맹을 맺고 그들의 방위에 관여하기로 한 것은 온전히 자신들의 이익을 위한 미국의 결정이었다.

원래 미국은 '고립주의'를 외교 노선으로 삼았다. 초대 대통령 조지 워싱턴George Washington은 1796년 고별 연설에서 "그 어떠한 외국과도 영속적인 동맹을 체결하지 않는 것을 진정한 정책으로 삼아야 한다"고 강조했다.[4] 미국은 양쪽으로 태평양과 대서양이 천연 성벽처럼 보호해주고 있어 굳이 다른 지역에 참견할 필요 없이 '우리끼리' 잘살면 그만이었다. 그러다 1941년 일본의 진주만 공격으로 고립주의의 위험을 절감한 후 국제주의로 선회했다.

이후 미국은 유럽과 아시아의 동맹국들에 막대한 비용을 투입하며 안보를 제공했다. 세계 보안관으로서 지구 곳곳의 주요 바다와 하늘을 지켜줬다. '수고하고 무거운 짐 진 자들아 다 내게로 오라'며 자유주의 세계의 큰형님 역할을 자처했다. 그러면서 미국은 전 세계 195개국 중 약 50여 개국과 조약동맹을 맺었다.

# 허리 휘는 '천조국'과 '삼성 TV'로 부자 된 한국

이 동맹 체계를 유지하는 데는 천문학적인 돈이 든다. 바이든 정부는 2025 회계연도 국방예산으로 8,498억 달러를 편성했다.[5] 한국 돈으로 1,000조 원을 훌쩍 넘는 '천조국千兆國'다운 규모이다. 2위부터 11위까지 국가들의 국방비를 합친 것보다 많다. 하지만 자세히 들여다보면 다른 그림이 보인다. 8,498억 달러는 지난해보다 불과 0.9% 증가한 것이다. 물가 상승률을 감안하면 오히려 1.5% 삭감된 셈이다.[6] 반면 중국의 2024년 국방예산은 전년 대비 7.2% 증가한 1조 6,700억 위안(약 309조 원)에 달한다.

미국의 나랏빚은 눈덩이처럼 불어나고 있다. 미 재무부에 따르면 2023년 6월 국가 부채는 약 32조 달러였다. 1년 뒤인 2024년 7월 말에는 35조 달러를 돌파했다.[7] 한국 돈으로 무려 4경을 웃도는 액수이다. 미국 정부는 이제 국방비 지출보다 이자를 갚는 데 더 많은 돈을 써야 하는 처지에 놓여 있다. 더 이상 슈퍼 파워가 아닌 '지쳐가는 거인'에 가까워졌다.[8]

그런 사이, 한국은 미국과의 무역에서 20년 넘게 흑자를 보고 있다. 2020년 대미 무역 흑자는 172억 달러, 2022년에는 282억 달러(약 37조 원), 2023년에는 444억 달러(약 60조 원)로 급증해 2022~2023년 두 해 동안만 100조 원을 넘었다. 트럼프가 이 수치를 다 따져봤을지는 의문이지만, "한국은 미국에 삼성 TV를 팔아 돈을 벌었다"는 그의 말이 완전히 틀렸다고만은 볼 수 없다. 한국을 포함한 미국의 동맹국들은 세계 경제 생산량의 약 36%를 차지하지만, 이들의 세계 군사비 지출은 24%에 불과하다.[9] 미국인의 시각에서 보면 무척 '불편한 진실'이다.

트럼프는 이 '불편한 진실'을 과대포장해 2016년 미국 대선에서 승리했다. 그 포장지의 이름은 '미국을 다시 위대하게Make America Great Again, MAGA'였다. 이는 미국우선주의 '아메리카 퍼스트'와 같은 의미이다. 트럼프의 미국 우선주의 정책의 핵심은 세 가지로 요약된다. 이민자를 막기 위해 장벽을 높게 세우고, 중국 등 외국에 빼앗긴 제조업을 되찾아오며, 무의미한 해외 군사 원정을 멈추는 것이다.[10] '동맹의 무임승차'는 '아메리카 퍼스트'의 적이다. 트럼프는 일찍이 1987년에 〈뉴욕타임스〉, 〈워싱턴포스트〉, 〈보스턴글로브〉 미국의 3대 일간지에 다음과 같은 유료 광고를 실었다.

> 수십 년 동안 일본은 자신을 방어하는 데 비용을 들이지 않으면서 전례 없는 무역 흑자를 기록하며 강력하고 활기찬 경제를 구축했습니다. 우리가 그들을 위해 막대한 돈을 쓰는 동안, 일본은 세계 경제의 최첨단에 서게 되었습니다. 이제 우리가 제공하는 보호의 비용을 일본이 부담하도록 합시다. 우리가 아닌 부자 나라에 세금을 부과합시다.

트럼프의 '아메리카 퍼스트'는 2016년에 갑자기 등장한 것이 아니다. 이는 30년 넘게 트럼프의 삶 속에서 누적되고 다듬어지며 진화해온 것이다.[11] 트럼프는 2016년 대통령 선거에서 이러한 논리에 한국, 일본, 독일, 그리고 중국을 등치하고 다른 '아메리카 퍼스트' 레토릭과 변주해가며 유권자들을 공략했다. 이러한 호소는 이민자 증가와 세계화의 여파로 사회경제적 입지가 약화되었다고 느낀 백인 노동자 계층으로 하여금 트럼프에게 투표하도록 만들었다. 결국 트럼프는 쇠락한 공업지대인 러스트 벨트Rust Belt의 미시간주, 위스콘신주, 펜실베이니아주에서 승리하며 백악관의 주인이 되었다.

## 결국은 '러스트 벨트'

트럼프의 대외 기조가 '아메리카 퍼스트'라면, 바이든의 대외 기조는 '중산층을 위한 외교'이다. '외교'와 '중산층'이라는 표현이 다소 이질적으로 느껴질 수 있지만, 이는 대외 정책도 국내 유권자를 염두에 두고 추진하겠다는 뜻을 담고 있다. 조금 적나라하게 말하면, 집권을 위해 반드시 확보해야 하는 러스트 벨트 지역을 비롯해 중서부 지역 유권자들의 표심을 고려한 대외 정책을 추진하겠다는 의미이다.

인플레이션감축법Inflation Reduction Act, IRA, 반도체과학법CHIPS Act, 인도 태평양경제프레임워크Indo-Pacific Economic Framework, IPEF 등이 '중산층을 위한 외교' 정책의 대표적인 결과물이다. 이러한 조치들의 핵심은 '바이 아메리칸Buy American'이다. '아메리카 퍼스트'의 바이든 버전이다.

2023년 1월, 나는 백악관 프레스 이메일 서비스를 통해 바이든 대통령 명의로 나온 성명을 받았다. 제목을 보자마자 눈길이 가지 않을 수 없었다. '한화큐셀에 대한 조 바이든 대통령의 성명서 Statement from President Joe Biden on Hanwha Q CELLS Announcement.' 그 제목에 한국 기업인 한화가 포함되어 있었기 때문이다. 한화큐셀이 미국 조지아주에 3조 2천억 원(약 25억 달러)을 투자해 태양광 통합 생산 단지 '솔라 허브'를 구축한다는 발표에 대한 바이든 대통령의 환영 성명이었다. 바이든은 한화의 투자를 극찬했다. "미국 역사상 최대의 태양광 투자"라고 평가했고, 이를 "조지아주 노동자 가족과 미국 경제에 큰 호재"라고 칭했다. 또한, 이 투자는 IRA의 직접적인 결과물이라고 자평했다. 그 다음 대목이 흥미로웠다. 한화큐셀의 투자가 조지아주에서 수천 개의 좋은 일자리를 창출할 것이라고 강조하며 "이 중 상당 부분은 4년제 대학 학위를 요구하지 않는 일자리"라고 언급했다.[12]

조지아주는 2020년 대선에서 바이든이 민주당 후보로서 22년 만에 승리한 곳이다. '내가 대통령이 되니 중산층, 노동자 계층을 위한 좋은 일자리가 이렇게 생기는 것 아니겠냐?'라는 자랑이었다. 백악관을 취재하는 동안 외국 단일 기업의 투자에 대해 대통령 명의로 성명이 나온 것은 처음이었다. 이 성명은 바이든이 '바이 아메리칸'에 얼마나 진심이며, 여기에 소위 동맹국이 어떤 역할을 하길 바라는지를 보여주는 사례다. 바이든이 동맹에게 내어준 문제에 대한 모범답안이자 해설서처럼 보였다.

Administration    Priorities    The Record

JANUARY 11, 2023

# Statement from President Joe Biden on Hanwha Q CELLS Announcement

> BRIEFING ROOM > STATEMENTS AND RELEASES

Today's Hanwha Q CELLS announcement to make the largest solar investment in U.S. history is a big deal for Georgia's working families and the American economy. And, this investment is a direct result of my economic plan and the Inflation Reduction Act.

Hanwha's Q CELLS investment will create thousands of good-paying jobs in Georgia, many of which won't require a four-year degree. It will bring back our supply chains so we aren't reliant on other countries, lower the cost of clean energy, and help us combat the climate crisis. And, it will ensure that we manufacture cutting-edge, solar technology here at home. It's a win for workers, consumers, and our climate.

Under my leadership, the United States can and will lead the world in manufacturing once again.

바이든 대통령은 2023년 1월 11일 대규모 태양광 통합단지 설립과 관련한 한화큐셀의 대미 투자 발표를 환영하는 성명을 발표했다.

IRA와 반도체법 시행에 따라 전기차, 2차 전지, 반도체 등에서 미국 정부가 제공하는 인센티브를 받기 위해서는 미국 현지로 공장을 이전해야 한다. IRA는 미국에서 생산되고 배터리 부품·소재 요건을 충족하는 전기차를 구매하는 소비자에게 최대 7,500달러의 보조금을 제공하는 제도이다. 2024년부터는 배터리 부품에 중국산이 들어간 전기차는 보조금 지급 대상에서 제외된다. 한국의 현대차·기아 전기차는 북미에서 조립되지만, 배터리 부품·소재 요건을 충족하지 못해 보조금 지급 대상에서 여전히 제외된 상태이다. IRA의 목적도 결국 자국 제조업 보호를 위한 바이든식 'MAGA'라고 할 수 있다.

## '초대장'으로 쓰였지만 '청구서'로 읽어야 한다?

바이든 행정부의 주도로 2022년 5월 공식 출범한 다자 경제 협력체인 IPEF는 인도·태평양 지역에서 동맹과 파트너들을 규합해 글로벌 공급망을 재구축하는 것을 목표로 한다. 중국이 핵심 광물 등을 무기화하려는 시도에 대응하며 인도·태평양 지역에서 중국의 경제적 영향력을 견제하는 차원이다. 한국, 일본, 싱가포르 등 14개국이 참여했다. 미국의 제조업을 살리고 핵심 공급망을 미국 중심으로 재편하면서 동시에 중국을 견제하는 것이다.

미국은 '경제안보동맹' 강화를 명분으로 동맹국들에게 이런 초대장을 보내고 있다. 그러나 '초대장'이라고 쓰여 있지만, 사실은 '청구서'라고 읽어야 한다. 지난 수십 년간 세계의 안보·경제 보안관 역할을 하느라 쓴 비용을 이제 동맹들에게 일부 부담시키겠다는 것이다. 그리고 앞으로 중국이라는 무도한 이웃에 맞설 자유롭고 번영하는 인도·태평양 함선에 승선하는 탑승료를 내야 한다는 의미이다.

워싱턴이 생각하는 버든 쉐어링은 단순히 주한미군 분담금을 더 내라는 데 그치지 않는다. 워싱턴은 동맹 분담에 있어 안보와 경제의 경계선을 허물고 있다.[13] 안보가 곧 경제이며 경제가 곧 안보라고 이야기한다.

워싱턴은 한국이 더 많은 '부담'을 감당해야 하는 이유로 주로 두 가지를 언급한다. 첫째, 트럼프가 말했듯이 한국이 이제 잘사는 나라가 되었기 때문에 그에 상응하는 역할을 해야 한다는 것이다. 둘째,

위협이 커졌기 때문이라고 말한다. 시절이 하수상하다는 이야기다. 위협에 집중하는 이들이 더 큰 목소리를 내는 것은 당연하다. 트럼프 행정부에서 국가안보보좌관을 지낸 존 볼턴은 8월에 나와 인터뷰에서 워싱턴이 바라는 한국의 '버든 쉐어링'에 대해 이렇게 말했다.

> 한국은 적어도 동아시아, 나아가 인도·태평양 지역에서 더 많은 문제에서 주도적인 역할을 해야 합니다. 한국의 경제 규모에 상응하는 수준으로 말입니다. 한국전쟁 이후 한국은 동북아시아에 주로 집중해왔습니다. 그 이유를 이해합니다. 그러나 이제는 위협이 북한뿐만 아니라 중국과 러시아의 위협으로 확대되고 있습니다. 한국은 더 큰 관점에서 생각해야 합니다.

이는 러시아의 우크라이나 침략과 관련해 한국이 더 많은 역할을 해야 한다는 의미다. 미국이 북대서양조약기구North Atlantic Treaty Organization, NATO 정상회의에 한국 대통령을 공짜로 초청한 것이 아니다. 또 잠재적으로는 중국의 타이완 침공과 같은 상황에서 한국이 분담해야 할 몫이 있다는 이야기다.


## '마가'와 '동맹 인플레이션'의 부조화

시절이 하수상해서일까. 미국은 바야흐로 '마가MAGA 복음'의 시대가 된 것 같다. 2016년 트럼프의 구호였던 '미국을 다시 위대하게'는 이제 포장지만 다를 뿐 미국 전체의 구호가 되었다. '수고하고 무거운 짐 진 자들아 다 내게로 오라'의 시대는 끝났다. 트럼프는 한국을 향해 '머니 머신'이라며 얼마가 될지 모르는 청구서를 내밀 기세이다.

어차피 져야 할 '짐'이라면 손익계산서를 철저히 따져봐야 한다. 질 만한 짐인지, 피해야 할 짐인지도 살펴봐야 할 것이다. 무턱대고 어깨에 올려놓았다가는 쉽게 내려놓을 수 없고, 결국 수고스럽고 무거운 짐만 될 것이다.

트럼프에게 동맹은 '거래'의 대상이다. 옵션이 많아야 거래에서 지렛대가 생긴다. 상대에게 올인하거나, 올인했다는 인상을 주면 기울어진 거래를 할 수밖에 없을 것이다. '마가'의 시대, 각자도생의 시대에 우리가 한미 동맹에 부여하는 가치에 '인플레이션'은 없는지 따져봐야 한다. 그렇지 않으면 미국은 잔뜩 '인플레이션'이 낀 동맹 청구서를 우리에게 내밀지도 모른다. '동맹 인플레이션'이 악순환되면 그다음은 '스태그플레이션'일 것이다. 미국만 '중산층을 위한 외교'를 해야 하는 것은 아니다.

# 2. 캠프 데이비드에서 보낸 초대장

이번 (한미일) 정상회담은 중국에 관한 것이 아니었습니다.

This summit was not about China.

2023년 8월 18일, 한미일 정상회담 후 열린 공동기자회견에서 바이든 대통령은 그렇게 말했다. 일본 〈교도통신〉 기자가 물었다. "아시아에서 중국의 위협이 점증하고 있는데, 한미일 3국 관계가 다층적으로 강화되는 것이 어떤 의미인가요?" 이는 3국이 이렇게 뭉치려는 게 중국 견제 때문이냐는 질문이었다. 바이든 대통령은 이날 회담에서 "중국 이야기가 나온 것은 맞다"라고 답했다. 또한, "중국의 경제적 강압이나 긴장 고조에 대해 (3국이) 우려를 공유하지 않은 것도 아니다"고 덧붙였다. 그러나 중국 견제가 "회담의 목적은 아니"라며 선을 그었다. 백악관의 외교안보 사령탑인 제이크 설리번Jake Sullivan 국가안보보좌관도, 백악관의 '아시아 차르'로 불리는 커트 캠벨Kurt Campbell 인도태평양조정관도 회담에 앞서 기자들에게 같은 말을 되풀이했다.

정말 그럴까? 중국이 아니라면 미국이 이렇게까지 공들여 한국과 일본의 정상을 깊은 산속 대통령의 별장으로 불러들일 이유가 있었을까? 이날 캠프 데이비드에 모인 수십 명의 취재진도, 그리고 여기 모인 3국 정상들조차 이번 회담이 사실상 '중국에 관한 것'이라는 걸 부인할 수 없었을 것이다.

백악관 출입 기자들도 캠프 데이비드 정상회담 취재에 높은 관심을 보였다. 외국 정상이 캠프 데이비드를 방문한 건 2015년이 마지막이었다. 당시 버락 오바마 대통령은 이란 핵 협상에 불만을 품은 쿠웨이트 등 걸프 국가들을 달래기 위해 이 지역 정상들을 캠프 데이비드로 불렀다. 2019년엔 도널드 트럼프 대통령이 탈레반과 아프가니스탄 지도자들과 여기서 비밀회담을 하려다가 불발됐다.[14] 약 8년 만에 '캠프 데이비드 정상 외교'가 부활한 셈이다. 그러다 보니 수년간 백악관을 출입했더라도 캠프 데이비드에 가보지 못한 미국 기자들이 많았다.

회담 장소가 캠프 데이비드로 공식 발표된 것은 약 20일 전. 백악관이 어디까지 취재를 허용할지가 기자들의 관심사였다. 바이든 대통령이 주말 휴식을 위해 캠프 데이비드를 방문할 때는 통상 백악관 풀Pool 기자단은 입구까지만 접근할 수 있었다. 그러나 정상회담의 하이라이트인 공동기자회견을 진행하려면 다른 기자들에게도 취재를 허용할 것이라는 기대가 있었다.

회담을 며칠 앞두고, 백악관 프레스 팀은 출입 기자단 등에게 '캠프 데이비드 3국 정상회담Camp David Trilateral Summit' 취재증을 신청하라고 공지했다. 경쟁이 치열했다. 백악관은 공간이 한정돼 있어 한 매체당 1~2개 정도만 취재증을 승인할 수 있다고 재공지했다. 우리 회사 몫으로는 두 자리가 나왔다. 경합 끝에 북한 등 한반도 문제를 담당하는 나, 그리고 러우전쟁을 취재하는 기자가 가기로 결정됐다. 백악관에서 미중 관계를 주로 취재하는 타이완계 동료는 나에게 기자회견에서 기회를 얻거든 대신 물어달라며 자신의 질문을 건네주었다.

취재진들은 이날 아침 11시경 백악관 프레스룸에서 모여 출발했다. 백악관이 마련한 버스를 타고 약 2시간 후 캠프 데이비드 경내에 도착했다. 현장에는 윤석열 한국 대통령 수행 기자단과 기시다 후미오岸田文雄 일본 총리 수행 기자단이 일찌감치 와 있었다. 3국의 취재진은 다 합쳐 어림잡아 60~70여 명. 우리를 인솔한 미군은 캠프 데이비드에서 이렇게 많은 민간인을 본 것은 처음이라고 했다. 캠프 데이비드는 이름에서 알 수 있듯이 미 해군과 해병이 관리하는 군사 시설이다. 공동기자회견 장소인 로즈버드 루프까지는 골프 카트로 이동했다. 내 옆자리에는 스페인어 뉴스통신사에서 온 기자가 앉았다. 그는 "정상들이 진지한 이야기를 하기엔 경관과 날씨가 너무 멋지다"고 너스레를 떨었다. 나는 "오늘 여기서 너의 관심사는 뭐냐"고 물었다. 그는 주저 없이 답했다. "물론 중국이지. 다 그렇잖아Of course, China! Just like everyone else."

백악관은 앞서 한미일 3국 정상회의 개최 계획을 공식 발표하는 성명에는 '중국'을 언급하지는 않았다.[15] 대신 "정상들은 미일, 한미

간 굳건한 동맹과 강력한 우정을 재확인하면서 3국 관계의 새로운 장을 축하하게 될 것"이라고 했다. 특정 위협으로는 북한만을 명시했다. 중국에 대해선 "역내 및 글로벌 안보 도전에 대처하고 규칙 기반의 국제 질서Rule-Based International Order를 촉진"할 것이라는 말로 에둘러 표현했다. '규칙 기반의 국제 질서'는 '자유롭고 개방된 인도태평양Free and Open Indo-Pacific'과 함께 미국의 핵심 대외 구상이자 사실상 '중국 봉쇄' 전략인 '인도태평양 전략'이 내세우는 목표이자 가치이다.[16] 미국 정부는 중국을 이런 가치에 반하는 세력으로 규정한다.[17] 따라서 공식 문서에 이런 표현이 들어갔다면 사실상 중국을 꼬집는 것이다.

캠프 데이비드 회담에선 한미일 군사 협력이 어느 수준까지 나아갈지가 최대 관심사였다. 3국의 군사 협력은 한일 관계의 특수성 때문에 가장 민감한 분야이다. 그만큼 상징성이 크다. 캠프 데이비드 회담이 가까워지면서 기자들의 취재도 이 분야에 집중됐다. 눈에 띄는 보도는 〈파이낸셜타임스〉에서 먼저 나왔다. 〈파이낸셜타임스〉는 4명의 소식통을 인용해 "미국은 일본과 한국이 공격을 받을 경우 각국이 상대국과 협의할 의무가 있다는 데 동의하기를 원하고 있다"고 전했다.

미국은 한국, 일본과 각각 상호방위조약을 체결했지만, 한국과 일본 간에는 '유사 시' 안보 협력 틀이 구축되지 않았다. 그런데 이것이 명문화되면 한반도에서 남북 간 충돌이 발생하거나, 일본과 중국 간 분쟁 지역인 센카쿠열도(다오위다오)에서 무력 충돌이 발생하면 한미일 3국이 군사적 지원을 할 근거가 생기는 것이다. 이는 집단방위체제인 NATO 헌장의 4조와 유사한 개념이다. NATO 헌장 4조는 '영토

보전과 정치적 독립 또는 국가 안보가 위협받고 있다는 특정 회원국의 의견이 있을 경우 회원국이 함께 문제를 협의한다'라고 명시했다. 한일이 '유사 시 협의 의무'를 약속한다는 것은 '준동맹'으로 나아가는 것으로 볼 수 있다. 물론 〈파이낸셜타임스〉 보도 역시 한미일이 현재 '공식적인 집단방위조약'을 체결하려는 것은 아니라고 보도했다.

나는 백악관 NSC 대변인실에 〈파이낸셜타임스〉 보도를 확인해줄 것을 요청했다. 백악관은 답하지 않았다. 예상했던 반응이었다. 한국 대통령실과 일본 총리실도 말을 아끼는 것은 마찬가지였다. 하지만 〈파이낸셜타임스〉 보도 이후 유사한 보도들이 이어졌다. 모두 소식통을 인용한 것이었다. 여기서 '소식통'은 한국, 미국, 일본의 정부 관계자일 가능성이 높다. 현재 실제로 논의되는 내용의 최대치, 혹은 근사치를 언론에 슬쩍 흘려 여론의 추이를 살피는 것으로 보였다.

민감하고 첨예한 외교안보 사안은 철저히 비밀리에 협상이 이뤄진다. 실무급, 장관급과 외교안보실장급에서도 결론을 내리지 못한 부분은 회담 당일 정상들이 만나 최종 담판을 짓기도 한다. 그리고 정상들의 서명 잉크가 마르자마자 합의문이 세상에 공개된다. 하지만 조금이라도 빨리 합의 내용을 알고자 하는 것이 기자들의 속성이다. 합의 결과까지는 아니더라도 협상 분위기라도 어느 정도 파악해야 기자는 마음이 놓인다. 그러나 정부 당국자들은 민감한 현안일수록 극도로 말을 아낀다. 이럴 땐, 관련 문제를 직접 다뤘던 전직 고위 당국자들이 요긴하다. 이들의 분석과 전망은 기자들보다 예리할 때가 많다. 때로는 자신들의 옛 동료(현직 당국자)에게 들은 이야기를 자신의 생각인 것처럼 말하며 기자들에게 '고급 정보'를 슬쩍 흘려주기도 한다.

나는 캠프 데이비드에서 한미일 3국의 군사 협력이 어느 수준까지 진전될지 가늠해보기 위해 다수의 전직 외교안보 당국자에게 연락을 취했다. (자세한 취재 내용은 다음 장에서 별도로 다룰 것이다.) 내가 취재한 미 전직 당국자들은 한미일 3국 협력에 대한 워싱턴의 궁극적인 비전은 '3국 동맹'이라고 말했다. 그러면서 지금 거론되고 있는 '위기 시 상호 협의'는 이를 위한 초기 단계라고 진단했다. 관건은 이 부분이 정상들의 공식 문서에 어떻게 표현되느냐였다. 특히 '상호 협의'가 필요한 위협 대상을 북한으로 한정하느냐, 중국을 비롯해 그 이상으로 확대하느냐가 관전 포인트였다.

미국은 3국이 북한은 물론 중국 위협에 대응하기 위해 안보 협력을 강화할 것이라는 분명한 결의를 보여주고 싶겠지만, 한국 정부가 이를 드러내놓고 지지하긴 부담스러울 것이라는 게 전직 관리들의 중론이었다. 즉 이번 공식 문서에서는 '중국'까지 명시하지는 않을 것이라는 관측이 지배적이었다. 공동기자회견에서 만약 질문 기회가 주어진다면 "위기 시 상호 협의가 '중국발 위협'까지 포함하느냐"고 묻기로 백악관 지국장과 조율했다. 내가 아니라도 다른 기자가 물을 만한 것이다.

## 윤석열 정부 '결단'으로 더 나간 한미일 군사 협력

예정된 공동기자회견을 약 10분 앞두고 백악관은 기자들에게 합의 문서를 공개했다. 모두 3건이었다. '캠프 데이비드 정신The Spirit of Camp David'으로 명명된 공동성명, 3국 협력의 큰 틀을 명시한 '캠프 데이비드 원칙Camp David Principle,' 그리고 '협의에 대한 공약Commitment to Consult.' 단연 관심은 마지막 문서인 '공약'이었다. 그 내용을 살펴본 현장의 기자들은 웅성웅성했다.

> 미합중국, 대한민국, 일본국 정상은 우리 공동의 이익과 안보에 영향을 미치는 지역적 도전, 도발, 그리고 위협에 대한 우리 정부의 대응을 조율하기 위하여, 각국 정부가 3자 차원에서 서로 신속하게 협의하도록 할 것을 공약한다. 이러한 협의를 통해, 우리는 정보를 공유하고, 메시지를 동조화하며, 대응조치를 조율하고자 한다.
>
> 우리 3국은 자국의 안보 이익 또는 주권을 수호하기 위한 모든 적절한 조치를 취할 자유를 보유한다. 이 공약은 한미 상호방위조약과 미일 상호협력 및 안전보장조약에서 비롯되는 공약들을 대체하거나 침해하지 않는다. 이 협의에 대한 공약은 국제법 또는 국내법 하에서 권리 또는 의무를 창설하는 것을 의도하지 않는다.
>
> 협의에 대한 공약

상호 협의가 필요한 위협으로 북한을 명시하지 않았다. 중국 또한 없었다. 대신 '우리 공동의 이익과 안보에 영향을 미치는 지역적 도전, 도발, 위협'이라는 포괄적인 표현을 사용했다. 그동안 미국은 여러 공식 문서에서 중국의 역내 군사적, 경제적 '강압 행위assertive action'를 역내 도전과 위협으로 명시했다.[18] 따라서 이번 문서는 북한발 위협은 물론 사실상 중국발 위협에 대해서도 상호 협의를 공약한 것으로 해석해야 한다. 사전 취재를 바탕으로 준비한 내 질문이 무효해진 순간이었다. 다만 3국은 문서에서 상호 협의consult와 관련해 당초 관측됐던 '의무duty'라는 표현 대신 '공약commitment'이라는 말로 수위를 조절했다. 그러나 미국이 나아가고자 하는 방향만큼은 분명하게 제시한 것이다. 다만 한국 정부의 입장을 고려해 '중국'을 직접 거론하지는 않았으리라. 그럼에도 윤석열 정부는 캠프 데이비드 회담에서 워싱턴이 바라는 한미일 동맹에 대해 '그린 라이트'를 분명히 밝힌 셈이다. 그리고 한미일 동맹이 겨냥하는 곳이 어디인지도 알고 있으리라.

현장 기자들의 이목을 집중시킨 대목은 또 있었다. 공동성명인 '캠프 데이비드 정신'에 등장한 People's Republic of China 즉, 중국이라는 단어였다. 정상 차원의 한미일 3국 문서에 중국이 처음으로 명시된 것이었다. 그리고 미국이 비판해왔던 중국의 행태를 쭉 열거했다. 불법적 해상 영유권 주장, 위험하고 공격적인 행동, 인도·태평양 수역에서의 일방적 현상변경 시도, 매립지역의 군사화, 해안경비대 및 해상 민병대 선박의 위험한 활용, 강압적인 행동, 심지어 이런 내용은 '북한의 핵·탄도미사일 규탄'보다 앞서 등장했다. 미국의 우선순위를 거듭 확인해주는 대목이었다.

기자들이 이 같은 합의 내용을 분주하게 기사로 옮기는 동안, 검정색 선글라스를 낀 바이든 대통령이 공동기자회견장에 모습을 드러냈다. 오른쪽에는 윤석열 한국 대통령, 왼쪽에는 기시다 후미오 일

자료: 백악관

본 총리가 어깨를 나란히 했다. 정상들은 돌아가며 합의 내용을 발표했다. 정상들 뒤로 펼쳐진 웅장한 숲이 산바람에 가볍게 흔들렸는데, 마치 병풍이 살아 움직이는 것 같은 생동감을 줬다. 중앙에서 선 바이든 대통령은 전쟁에서 승전보를 알리는 노장처럼 당당하고 여유 있어 보였다. (이 모습을 보고 1년 뒤 대선 TV 토론회에서 드러난 노쇠함을 상상이나 했을까.)

미국 입장에서 이번 한미일 정상회의는 중국이라는 '대적'을 앞에 두고 그동안 규합이 쉽지 않았던 최전선 우군인 한국과 일본을 한 데 묶은 전략적 승리라고 할 수 있다. 한미일 협력 강화는 바이든 개인에게도 오랜 숙원 사업이었다. 2007년~2009년 상원 외교위원장으로, 이어 오바마 행정부 부통령으로서 이 일에 상당한 공을 들였다. 특히 바이든은 부통령 시절 2015년 한일 위안부 합의와 관련해 한국과 일본이 이 합의를 맺도록 자신이 주선했노라고 자랑스럽게 밝히기도 했다. 그리고 대통령이 되어 절호의 기회를 잡은 것이다. 그 기회는 사실상 한국의 윤석열 정부가 제공했다. 한일 관계는 양국 간 주요 걸림돌이었던 '일제 강제 징용 노동자' 문제에 대해 윤석열 정부가 2023년 3월 '3자 변제' 방식을 제시하면서 물꼬가 트였다. 바이든 대통령은 "이 자리에 오신 두 분의 정치적 용기에 감사드린다"며 윤 대통령과 기시다 총리를 치켜세웠다.

하지만 워싱턴이 칭찬한 '정치적 용기'는 정작 한국에서는 크게 환영받지 못했다. 이날 기자회견에서도 관련 질문이 나왔다. 미국 〈AP통신〉 기자가 윤 대통령에게 "강제징용 문제 처리에 대해 한국 국민의 절대 다수가 반대한다는 여론조사 결과가 나오는데, 일본과 미국이 한국의 장기적인 화해 노력에 대해 얼마나 신뢰를 가질 수 있는가?"라고 물었다. 이에 대해 윤 대통령은 정부 조치에 반대 여론이 있음을 인식한다면서도 "미래지향적인 관점에서 보면 한일 간의 유대 강화와 관계 개선은 중요하며, 이것이 양국 관계와 미래에 중요하다는 공통된 인식이 있다"고 답했다. 이날 회견에선 당시 한일 간 또 다른 현안이었던 '후쿠시마 오염수 방출' 문제도 질문으로 나왔다. 나는 이 대목을 기사에서 "윤석열 대통령과 기시다 총리 모두 양국 관계 개선의 의지를 보이려고 애를 썼다Both Yoon and Kishida took pains to show intention to improve bilateral ties…"고 전했다.[19] 공동기자회견이 끝나고 정상들이 뒤를 돌아 내려가려는 순간, 기자석에서 외치는 소리가 들렸다. "바이든 대통령 님, 우리는 중국과의 경쟁에서 이기고 있나요?" 질문 기회를 미처 얻지 못했던 한 미국 기자의 돌발 질문이었다. 바이든 대통령은 다시 앞으로 돌아보며 큰 소리로 답했다. "우리는 모든 경쟁에서 이기고 있습니다." 이렇게 캠프 데이비드 3국 정상회의는 막을 내렸다.

백악관 기자단은 캠프 데이비드 경내 초입 강당에 설치된 프레스룸으로 이동했다. 이동하는 길에 백악관 NSC의 존 커비John Kirby 전략소통조정관과 마주쳤다. 해군 제독 출신인 커비 조정관은 국무부와 국방부 대변인을 거쳐 백악관 NSC의 '입' 역할을 하고 있는 베테랑 대변인이다. 백악관에서 외교 안보를 취재하는 기자에게는 가장 친숙한 인물이다. 그에게 "오늘 하루가 어땠냐?"고 물었다. "이보다 더 좋을 순 없다As good as it gets"는 답이 돌아왔다.

프레스룸은 캠프 데이비드 경내 초입에 위치한 강당에 설치됐다. 기자들은 기사를 송고하느라 한동안 분주해졌다. 강당 옆에는 활주로가 있었다. 정상들이 각각 헬리콥터를 타고 캠프 데이비드를 떠나는 소리가 들렸다. 강당 한 켠에는 기념품 판매대가 마련됐다. 캠프 데이비드 로고가 새겨진 머그컵, 티셔츠, 모자, 펜 등을 판매했다. 나는 20달러를 주고 머그컵 한 개를 샀다. 석양이 질 무렵, 백악관으로 돌아가는 버스에 몸을 실었다.

나는 그제서야 공동 기자회견에서 질문 기회를 얻거든 꼭 물어 달라고 했던 타이완계 동료 기자의 텍스트 메시지가 생각났다. 윤석열 대통령에게 묻는 질문이었다. "한국과 중국, 한국과 타이완의 관계를 각각 어떻게 설명하시겠습니까?How would you describe South Korea's relationship with China and with Taiwan?" 짧지만 간단치 않은 질문이었다. 윤석열 대통령은 무엇이라고 답했을까? 한국은 이 질문에 대한 답을 갖고 있을까? 미국, 그리고 중국은 이 질문을 이미 한국에 하고 있을 것이다. 윤석열 대통령은 이 질문에 대한 확실한 답을 가지고 캠프 데이비드에 선 것일까?

옆자리에 앉은 다른 매체의 기자가 캠프 데이비드에서 어떤 기념품을 샀냐고 물었다. 그러면서 실없는 농담을 건넸다. "워싱턴에서 파는 기념품들 대부분이 '중국산made in China'인 거 알아? 캠프 데이비드에서 산 거 확인해봐. 중국산 아닌지~" 머그컵 아랫부분을 살펴봤다. 언뜻 보니 '차이나'라는 글자가 눈에 들어왔다. 자세히 보니 '차이나'라는 문구는 중국을 의미하는 China가 아닌 도자기를 뜻하는 소문자 china였다. 이날은 정말 차이나로 시작해 차이나로 끝난 하루였다.

# 3. 워싱턴의 속내는 '한미일 동맹'이다

2024년 7월, 한국에서는 '한미일 동맹'이라는 표현을 두고 국회에서 공방이 벌어졌다. 논란은 북한의 오물 풍선 살포에 대한 국민의힘 논평에서 시작되었다. 국민의힘의 호준석 대변인은 6월 2일 '계속되는 북한의 저열한 도발 행위는 한미일 동맹을 더욱 굳건하게 할 뿐입니다'라는 제목으로 논평을 내놓았다. 그러자 한미연합사 부사령관 출신인 더불어민주당의 김병주 의원은 국회 대정부 질문에서 한덕수 국무총리에게 "한미일 동맹이 가능하다고 보느냐"고 질문했다. 그러면서 "여기 웃고 있는 정신 나간 국민의힘 국회의원들은 논평에서 '한미일 동맹'이라고 표현했다"고 비판했다. '한미일 동맹'이라는 표현이 사실과 맞지 않으며 부적절하다는 점을 지적한 것이다. 이에 국민의힘은 "정신 나간 국민의힘"이라는 김병주 의원의 발언을 문제 삼았다. 논란 이후 김병주 의원은 "정신 나간 국민의힘" 발언에 대해 "거친 언사에 유감을 표한다"고 사과했다. 국민의힘의 호준석 대변인도 논평 제목의 '한미일 동맹' 표현을 "실무적 실수"라면서 '한미일 안보 협력'으로 수정했다.[20]

사실 관계만 놓고 보자면, 김병주 의원의 지적은 틀리지 않았다. 한미일 3국은 '동맹'이 아니다. '동맹'은 국가 간 조약을 바탕으로 하는 법적 관계이다. 한국과 미국은 1953년 상호방위조약을 체결한 동맹이다. 미국과 일본도 1951년 안전보장조약을 체결해 동맹 관계를 맺었다. 미국은 한국과 일본 각각과 동맹 관계에 있지만, 한국과 일본은 동맹이 아니다. 당시 대정부 질문에서 한덕수 총리도 "일본과 우리가 동맹 단계로 가는 것에 불편해하는 사람들이 꽤 있다"고 답했다. 역사 문제와 독도 침탈 야욕 등으로 얽혀 있는 일본과는 안보 협력을 강화하는 것조차 쉽지 않은 게 현실이다. 아니, '현실이었다'라는 표현이 더 적합할 것이다. 윤석열 정부 출범 이후 한일, 한미일 군사 협력은 속도를 내고 있다.

표면적인 이유는 북한의 핵무력 고도화와 위협이다. 미국은 북한의 핵미사일이 동맹인 한국과 일본은 물론 주한미군, 주일미군 등을 위협하는 만큼 3국의 군사 협력이 필요하다고 강조해왔다. 한미일 정상이 군사 협력 강화를 공식 천명한 것은 2022년 11월이다. 당시 캄보디아 프놈펜에서 아세안ASEAN 관련 회의를 계기로 회동한 바이든 대통령과 윤석열 대통령, 기시다 총리는 "대북 확장 억제 강화를 위해 협력할 것"이라는 내용의 '프놈펜 공동성명'을 발표했다.[21] 여기에는 구체적인 협력 방법도 명시됐다. 북한 미사일 경보 정보를 실시간으로 공유하기로 한 것이다. 이는 북한 미사일에 대한 3국의 탐지·평가 역량을 높이기 위한 조치였다.

당시 정상들의 결의는 대북 억제력 강화에만 머물지 않았다. 타이완 해협의 평화와 안정 유지, 첨단기술 공급망, 우크라이나 지지 등 방대한 영역에서 협력을 강화한다는 포괄적인 합의도 포함되었다. 타이완 해협은 미중 경쟁의 최전선이다. 이 합의에 따라 이곳에서 충돌이 일어날 경우 한국은 미일 동맹과 함께 타이완 해협의 평화와 안정 유지를 위해 중국에 맞설 것을 요청받을 수 있다. '첨단기술 공급망 협력'은 반도체 등 미중 기술 패권 경쟁에서 한국과 일본이 미국 편에 서야 한다는 의미이다.

'우크라이나 지지'는 한국과 일본도 러시아의 불법적인 우크라이나 침략에 맞서는 서방에 힘을 보태라는 미국의 바람이 반영된 것이다. 서방 중심의 대러시아 제재 동참은 물론 우크라이나에 대한 인도주의 지원, 더 나아가 직간접적인 '군사적 지원'도 포함된다. 한국과 일본이 NATO 회원국은 아니지만 국제 사회의 책임 있는 자유민주주의 국가이자 미국의 핵심 동맹으로서 그렇게 하는 것이 마땅하다는 논리이다.

3국 정상이 이처럼 포괄적 성격의 공동성명을 채택한 것은 처음이었다. 이러한 토대에서 캠프 데이비드 3국 정상회담이 열린 것이다. 한미일 협력은 미국과 중국이 전략 경쟁을 넘어 패권 경쟁을 벌이고 있는 상황과 결코 무관하지 않다. 미국은 미중 패권 경쟁의 가장 치열한 전선인 인도·태평양에서 중국 견제를 위해 일본을 앞세우기로 일찌감치 결정했고, 전쟁이 가능한 '보통 국가'가 되려는 일본도 미국의 이러한 결정을 흔쾌히 받아들였다. 이제는 '한국도 함께하자'는 미국의 부름에 윤석열 정부가 호응하고 있는 상황이다.

## 한미일 동맹은 미국 '격자무늬' 동맹의 화룡점정

그렇다면 한미일 군사 협력은 앞으로 어느 수준까지 나아가게 될까? 목표와 현실이 다를 수 있지만, 워싱턴이 바라보는 3국 군사 협력의 궁극적인 비전은 한미일 동맹이다. 그동안 인도·태평양 지역에서 미국의 동맹 네트워크는 '바퀴축과 바퀴살Hub and Spokes' 구조로 형성되어 왔다. 한미 동맹, 미일 동맹, 미-필리핀 동맹 등 미국을 중심으로 한 다양한 양자 관계가 연결된 시스템이었다. 이러한 구조에서는 바퀴축이 없으면 바퀴살은 제기능을 할 수 없다. 다시 말해, 미국이라는 연결고리가 빠지면 동맹국들 간의 결속력이 약해지고, 바퀴는 제대로 굴러갈 수 없게 된다. 결국 미국 입장에서는 동맹을 유지하기 위한 부담이 커질 수밖에 없다.

이러한 한계를 극복하기 위해 미국은 동맹 네트워크를 격자무늬lattice-like 형태로 전환하고 있다.[22] 이는 미국의 동맹국들을 직물의 격자처럼 엮어 미국의 역할이 줄어들거나 미국 없이도 동맹국끼리 안보 결속을 강화할 수 있도록 하는 전략이다. 미국·영국·호주가 결속한 오커스AUKUS, 미국·일본·호주·인도의 안보 협의체인 쿼드QUAD와 같은 소규모 다자 협의체가 격자무늬 동맹 전략의 대표적인 사례다. 아시아의 핵심 동맹국인 한국과 일본을 결합한 한미일 동맹은 이러한 격자무늬 동맹의 화룡점정이 될 것이다. 이렇게 촘촘한 그물망을 통해 미국은 최대 도전인 중국, 그리고 러시아와 북한을 견제하고 압박하려는 것이다. 물론 지금은 북한발 위협이 한미일 협력의 그물망을 더욱 촘촘하게 만드는 역할을 하고 있다.

*

한미일 협력은 워싱턴에서 초당적인 지지를 받고 있다. 2023년 8월 캠프 데이비드 정상회담을 계기로, 나는 한미일 군사 협력에 대한 미국의 속내를 더 깊이 이해하기 위해 백악관과 국방부 출신의 전직 관리들을 심층 인터뷰했다.[23] 이를 통해 미국이 궁극적으로 바라는 것이 '한미일 동맹'이라는 점을 다시 한 번 확인할 수 있었다.

가장 먼저 인터뷰한 인사는 데니스 와일더Dennis Wilder 미국 조지타운대학 월시 외교대학원 교수였다. 그는 2004년부터 2009년까지 백악관 NSC에서 중국 국장, 대통령 특별보좌관 겸 동아시아보좌관을 역임했으며, 2008년 조지 W. 부시George W. Bush 대통령과 이명박 대통령의 캠프 데이비드 회동에도 배석했다. 또한 2009년부터 2015년까지 매일 아침 미국 대통령의 책상에 올라가는 일일정보보고President's Daily Brief를 책임졌고, 2016년까지 미국 중앙정보국Central Intelligence Agency, CIA에서 동아시아·태평양 지역을 총괄했던 인물이다. 그는 공화당과 민주당 정부 모두에서 중용된 동아시아 전문가다.

인터뷰가 시작되자마자 와일더 교수는 고무된 표정으로 "한미일 협력이 얼마나 어렵고 중요한지 아느냐"고 되물었다.

제가 백악관에 있을 때 한일 관계는 끔찍했습니다. 한미일 세 나라가 모여 회의를 하면 한국과 일본은 서로를 비난하곤 했습니다. 특히 역사적 잘못historic wrongdoings에 대해서 말입니다. 올해 들어 한국과 일본은 과거 문제를 극복하기 위해 매우 열심히 노력했습니다. 그리고 이것은 동맹을 위해 매우 바람직한 일입니다. 또한 동북아시아의 평화와 안정을 위해서도 매우 긍정적이죠.

본론으로 들어가자 그는 마치 현직 당국자처럼 신중하게 말했다. 와일더 교수는 북한발 위협이 갈수록 심각해지고 있는 현실을 강조하며, 한미일이 군사적, 정치적 억지력을 강화해야 한다고 언급했다. 이어서 한미일이 위기 시 '상호 협의'를 의무화하고, 더 나아가 '상호 방위'를 의무화하는 것을 지지한다고 밝혔다. 이는 한미일 군사 협력의 궁극적인 목표가 상호 방위 의무를 지닌 동맹이라는 미국의 속내를 내비친 것이다.

'한미일 동맹이 결국 중국 견제를 위한 것이냐'는 질문에, 그는 러우전쟁에서 "한국과 일본이 더 적극적인 역할을 해야 한다"고 역설했다. 미국과 동맹국들이 단합된 결의와 행동을 통해 푸틴의 침략 행위를 좌절시키는 것이, 중국 시진핑習近平으로 하여금 타이완 침공과 같은 '모험'을 강행하지 않도록 억제하는 효과가 있다는 논리이다.

미국의 한미일 협력에 대한 궁극적인 비전이 '3국 동맹'이라는 설명은 전직 국방부 고위 당국자에게서도 나왔다. 2019년 8월부터 2021년 1월까지 미 국방부 동아시아 담당 부차관보를 지낸 헤이노 클링크Heino Klink 역시 이러한 진단에 동의하며, 한미일이 이 방향으로 나아가는 것이 세 나라 모두의 전략적 이익에 부합한다고 강조했다.

클링크 전 부차관보는 먼저 한미일 3국이 북한에 대한 억지력을 강화하고, 유사 시 준비태세를 확립하는 것이 중국에 대해서도 동일한 효과를 가져온다고 설명했다. 이는 한미일 군사 협력이 북한이나 중국 중 하나만을 겨냥한 것이 아니라는 의미이다.

> 3국 정부가 미사일 방어, 정보 공유, 경제 분야 등에서 협력한다면, 이는 북한뿐만 아니라 중국의 침략을 억제하는 데에도 도움이 될 것입니다. 또한, 만약 억지에 실패해 우발 상황이 발생하더라도 3국은 더 잘 대비할 수 있습니다.

그는 유엔군사령부의 구조상 한반도에서 비상사태가 발생하면 한국과 일본 간의 군사 협력은 불가피하다고 말했다. 유엔군사령부는 한국에 있지만, 후방 기지가 일본에 위치해 있어 병참과 병력 증원에서 중요한 역할을 한다는 것이다.

1954년 유엔군과 일본은 '주둔군 지위 협정'을 맺었다. 이에 따라 일본 본토의 요코스카(해군), 요코타(공군), 자마(육군), 사세보(해군)의 4개 기지와 오키나와의 가데나(공군), 화이트비치(해군), 후텐마(해병대) 등 3개 기지가 유사시 한반도 사태에 활용될 수 있는 유엔사 후방기지로 지정됐다. 유엔사 사령관직은 주한미군 사령관이 겸직하고 있다.

## 미국, "한미일 미사일 방어망(MD) 통합은 좋은 일"

클링크 전 부차관보는 또한 한미일이 동맹 수준의 군사 훈련을 정례화해야 한다고 제안했다. 이를 통해 작전 능력이 향상될 뿐만 아니라 전략적 차원에서는 한 국가에 대한 공격이 실제로 여러 국가에 대한 공격으로 간주된다는 매우 분명한 정치적 메시지를 전달할 수 있다는 것이다. 그는 또한 한미일 3국의 군대가 패트리어트 포대, 이지스함 등 유사한 장비를 운용하고 있기 때문에 기술적 측면에서도 역량을 극대화할 수 있다고 언급했다.

이러한 시스템을 모두 네트워크로 연결할 수 있다면 레이더가 커버할 수 있는 영역이 훨씬 넓어집니다. 또한, 통합된 방공 및 미사일 방어 시스템을 통해 탐지, 추적, 교전 능력이 기하급수적으로 증가할 것입니다. 이론적으로는 한 국가에서 미사일 발사를 탐지하고, 다른 국가에서 이를 추적한 후, 또 다른 국가에서 미사일을 격추할 수 있습니다. 이는 특히 일본과 한국의 입장에서 북한의 미사일 위협에 대응하는 능력을 크게 향상시킬 수 있습니다.

클링크 전 부차관보는 "결국 한국과 일본이 미국의 미사일 방어

체계에 편입되는 것을 의미하느냐"라는 질문에 "당연히 그렇다would say yes absolutely"고 답했다. 그러면서 "그건 좋은 일that's a good thing"이라고 말했다. 아울러 중국, 러시아, 북한이 한국과 일본에 가하는 위협을 직시해야 한다고 강조했다.

> 중국의 정책과 행동은 최근 몇 년 동안 점점 더 공격적으로 변하고 있습니다. 중국은 러시아와 합동 훈련을 하면서 한국과 일본의 방공식별구역 등을 반복적으로 침범하고 있습니다. 또한, 베이징의 주장과는 달리 중국은 여전히 북한 정권의 유일한 후원자라는 사실을 기억해야 합니다.

## 미국의 '통합억제' 전략의 한 축

미 전직 고위 관리들 모두가 '중국, 러시아, 북한'을 함께 언급한 점은 주목할 필요가 있다. 언제부턴가 미국의 전현직 외교안보 당국자들에게 북한 문제를 물어보면 이처럼 중국과 러시아를 묶은 답이 돌아온다. 중국이 여전히 북한의 후원자 역할을 하고 있고, 북러 관계가 밀착하는 상황에서 당연한 이야기처럼 들릴 수 있다. 그러나 그들의 내러티브 속에는 미국의 통합억제integrated deterrence 전략이 자리잡고 있다.

통합억제는 "모든 군사 영역과 전력 수단을 동맹과 파트너와 함께 결집해 현재와 미래에 직면할 수 있는 다양한 위협을 억제하는 것"이라고 미 정부 당국자들은 설명한다.[24] 이 개념은 세 가지 유형의 통합을 내포하고 있다. 첫째, 억제를 위한 수단으로서 군사력, 경제력, 외교력 등 모든 옵션을 통합해 억제력을 강화하는 것이다. 둘째, 미국의 역량뿐만 아니라 동맹과 파트너의 역량을 결집해 통합하는 것을 의미한다. 이는 앞서 언급한 격자무늬 동맹 네트워크와도 연결된다. 셋째, 이렇게 통합된 억제력을 통해 하나의 위협이 아닌 통합된 위협, 즉 중국, 러시아, 북한을 모두 억제하는 효과를 얻는다. 쉽게 말해 '일타쌍피' 전략인 셈이다.

'미국 전략핵잠수함SSBN의 한반도 전개가 김정은뿐만 아니라 시진핑도 긴장시킬 것'이라는 미 정치인의 발언, 그리고 러시아 견제가 본래 목적이었던 NATO 정상회의에 한국, 일본, 호주 등 인도·태평양 지역의 동맹국들이 참여하는 것도 모두 미국의 통합억제 전략의 일환이다. 중국을 최대의 도전으로 규정한 미국에게, 지리적으로 중국과 가장 인접한 동맹국인 한국과 일본의 협력, 그리고 한미일 협력은 더 이상 변수가 아닌 상수이다. 만약 한미일이 동맹으로까지 나아갈 수만 있다면 워싱턴은 '이보다 더 좋을 순 없다'고 할 것이다.

## 한일 갈등, 미국은 누구 편?

그렇다면 3국 동맹이 한국에도 이보다 더 좋을까? 이 질문에 답하기 위해서는 두 가지를 짚고 넘어가야 한다. 하나는 일본 문제이고, 다른 하나는 중국 문제다.

먼저, 한국과 일본은 해결되지 않은 역사 문제가 얽혀 있다. 한때 미국은 이 문제에서 한국에 더 우호적인 것처럼 보였다. 2007년 미 연방의회 하원은 일본군 위안부 결의안House Resolution을 통과시켰다. 일본군 위안부와 관련해 일본 정부의 공식 사죄와 미래 세대에 대한 역사 교육을 요구하는 내용이었다. 당시 아베 신조安倍晋三 일본 총리가 결의안 저지를 위해 워싱턴으로 날아와 유력 의원들을 상대로 로비를 벌였지만 통하지 않았다. 2012년 힐러리 클린턴 국무장관은 모든 공문서에 위안부comfort women라는 표현 대신 훨씬 강도 높은 성노예enforced sex slave라는 표현을 쓰라고 지시하며 일본을 불편하게 했다.[25]

2013년 오바마 행정부는 아베 총리의 야스쿠니 신사 참배를 공식적으로 비판하기도 했다. 아베 총리가 야스쿠니 신사 참배를 강행하자 주일미국대사관은 성명을 내고 "주변국과의 긴장을 악화시키는 행동"이라며 실망했다고 밝혔다. 당시만 해도 미국은 한일 관계 진전을 가로막는 쪽이 일본이라고 여겼던 것으로 보인다.

그러나 2015년 전후로 미국의 어조가 달라졌다. 지금도 회자되는 웬디 서먼Wendy Sherman 국무부 정무차관의 '값싼 박수cheap applause' 발언이 대표적이고 상징적이었다. 그해 2월, 서먼은 한일 역사 갈등과 관련해 "민족 감정이 여전히 이용되고 있으며, 정치 지도자가 과거의 적을 비난함으로써 값싼 박수를 얻는 것은 어렵지 않다"면서 "그러나 이 같은 도발은 진전이 아니라 마비를 초래한다"고 말했다. 값싼 박수? 문자 그대로 'cheap applause'라고 표현했다. 평소 신중하고 정제된 표현을 써온 베테랑 외교관 서먼의 이 발언은 단순한 말실수가 아니라 '작심 발언'으로 받아들여졌다.[26] 사실상 한국 측에 '이제 과거사 문제를 제기하지 말아달라'고 주문한 셈이다. 한국 입장에서는 그의 발언이 도발에 가까웠다.

미국의 이 같은 변심에는 맥락이 있었다. 아베 총리는 2014년 3월, 위안부 동원 과정의 강제성과 군의 개입을 인정한 1993년 고노 담화를 계승한다는 입장을 전격적으로 밝혔다. 마치 역사 문제를 서둘러 정리하려는 듯한 모습이었다. 이후 미국 정부에서는 역사 문제와 관련해 일본의 사과나 반성을 촉구하는 의례적인 요구조차 사라졌다. 그리고 이듬해 미국과 일본은 미일방위협력지침을 개정해 미일 동맹의 역할과 활동 범위를 '지역 동맹'에서 '글로벌 동맹'으로 확장했다. 이어 2016년에는 아베 총리와 오바마 대통령이 히로시마와 진주만을 교차 방문했다.[27] 과거의 적으로 남아 있던 역사적 앙금에 정치적 마침표를 찍은 것이다.

미국은 아시아에서 중국의 부상을 견제하기 위해 일본과 전략적으로 손을 맞잡아야 했고, 이를 위해 그들의 일정과 방식대로 과거사 문제를 정리했다. 그리고 미국과 일본이 미래를 위해 과거를 정리한 것처럼, 한국도 일본과 그렇게 하는 게 좋지 않겠냐고 권하고 있다. 그것이 한국과 일본 모두에 이익이 된다는 것이다.

## 한일 관계, 과거 잊고 미래로?

한국도 그렇게 해야만 하는 걸까? 그렇게 할 수 있을까? 쉽지 않을 것이다. 옳고 그름을 떠나 현실이 그렇다는 것이다. 현실을 부정하거나 외면하면 탈이 난다. 그동안 한국 정부가 일본과 협력을 강화하는 합의를 할 때마다 결국엔 탈이 났다. 이런 합의에 앞서선 역사 갈등에 대한 '성급한 봉합' 조치가 있었다. 놀랍게도 패턴도 비슷하다.

2015년 12월, 박근혜 정부는 일본과 위안부 합의를 체결했다. 미국 정부가 한일 화해를 상당히 압박한 상황에서 이뤄진 합의였다. 그리고 이듬해인 2016년 11월, 한국과 일본은 군사정보보호협정(지소미아)을 체결했으나 '밀실 추진' 논란이 불거졌다. 이후 문재인 정부에서는 2018년 1월 위안부 합의를 무력화했고, 이듬해 일본의 한국 수출 규제에 맞서 지소미아 종료 결정을 내렸다가 이를 번복하기도 했다. 윤석열 정부는 '제3자 변제 방식'으로 일제 시대 강제 노동 문제를 봉합했다. 그리고 캠프 데이비드 정상회담 등을 계기로 한미일 군사 협력을 강화했다. 2024년 8월에는 비공개로 3국이 군사 협력 프레임워크에 서명했다. 구체적인 내용이 공개되지는 않았지만 한미일의 군사 협력을 제도화하고 한 발짝 더 나아가는 합의가 이뤄진 것으로 전해진다. 윤석열 정부는 일제 시대의 강제 노동 문제, 후쿠시마 오염수 방류 문제, 일본의 라인야후 네이버 지분 매각 압박 논란 등에 대해 야권 등으로부터 '친일 정부'라는 비판을 받으면서도 한일 관계 유지에 공을 들였다. 그러나 윤석열 정부의 대일본 접근에 대해 국민의 절반 이상은 부정적인 평가를 내렸다.[28] 이는 정부가 세운 탑이 견고하지 않다는 이야기다.

미국을 비롯해 한일 군사 협력 강화를 지지하는 이들은 한반도를 둘러싼 안보 환경과 정세가 악화돼 더욱 견고한 망루가 필요하다고 강조한다. 한일 군사 협력을 통한 대북 억제력 강화 등은 양국 모두에게 이익이며 과거에 집착하지 말고 미래를 바라보는 것이 옳다는 것이다.

워싱턴이 극찬한 윤석열 정부의 담대한 결단이 정작 국내에서 크게 환영받지 못한 이유를 되새겨볼 필요가 있다. 결혼을 앞둔 남녀가 있다고 가정해보자. 그런데 신부는 신랑이 못미덥다. 못미더울 과거의 전력과 현재의 이슈가 있다. 이 결혼이 옳은 것인지 확신이 들지 않는다. 더 생각할 시간이 필요하다. 그럼에도 신부의 부모는 이렇게 말한다. "결혼하면 행복해질 거야, 더 안전해 질 거야. 모두에게 좋은 일이야." 그러나 무엇이 이익인지 신부에게 명쾌하게 설명하지도 않는다. 그냥 좋을 것이라고만 한다. 그러면서 무턱대고 날짜와 식장을 잡고 청첩장마저 찍어버린다. 한일 관계를 불안하게 보는 한국 국민들의 마음이 이렇지 않을까 싶다. 한일 관계가 견고한 토대에서 미래로 나아가길 바란다면 최소한 다음의 두 가지 중 하나가 전제되어야 할 것이다. 첫째, 한국 국민 대다수가 공감하는 방식으로 과거 문제가 해소되는 것. 둘째, 해결되지 않은 과거 문제를 상쇄할 만큼 당면하고 분명한 이익과 이에 대한 국민적 합의. 현재 한일 관계는 이 중 어느 지점에 있는 것일까?

# 미국, "중국은 최대 위협"··· 한국에게 중국은?

한국은 대중국 관계도 고려해야 한다. 앞서 언급한 것처럼 미국의 '한미일 군사 협력' 구상의 핵심은 대중국 견제이다. 미국은 1979년 미중 수교 이후 약 40여 년간 유지해온 중국과의 전략적 관여 기조를 2018년 폐기하고 중국을 사실상 '최대 위협' 혹은 '최대 도전'으로 규정했다.[29] 중국의 무엇이 어떻게 미국에 위협이 되는지, 이런 위협을 어떻게 다룰 것인지에 대해서도 촘촘한 내러티브를 쌓아왔다. 이와 관련해 민주당과 공화당 모두 '톤 앤 매너'에서만 차이를 보일 뿐, 본질적인 방향은 같다. (관련 내용은 '미중 관계' 장에서 자세히 다룰 것이다.)

한국은 지난 30년간 대외 정책에서 '1동맹(한미 동맹)-1기본(남북 기본합의)-3우호 협력(일중러)' 기조를 유지해왔다. 이를 통해 안보 유지와 경제 발전을 도모해왔다. 그런데 미국이 구상하는 한미일 협력의 방향은 이런 기조에 변화를 요구한다. 국제 정세에 따른 대외 기조 변화나 조정은 필요할 것이다. 다만 이런 변화에 앞서선 냉철한 검토와 숙고, 국민적 공감대가 필요하다. 즉 현재 한국에게 중국이라는 나라는 어떤 존재인지, 위협인지 아닌지, 위협이라면 그 정도와 성질은 무엇인지 등 이른바 위협 분석threat assessment이 먼저 이뤄져야 한다.

한국은 그런 시간을 충분히 가졌을까. 2022년 12월 윤석열 정부가 발표한 〈자유, 평화, 번영의 인도-태평양 전략〉에는 중국을 다음과 같이 규정했다. '인태 지역의 번영과 평화를 달성하는 데 있어 주요 협력 국가인 중국과는 국제 규범과 규칙에 입각하여 상호 존중과 호혜를 기반으로 공동 이익을 추구하면서 보다 건강하고 성숙한 한중 관계를 구현해 나갈 것이다.'[30] 이것이 한국의 대중 인식의 전부라면 굳이 중국에 대한 '급변침'은 필요 없어 보인다.


## 한국은 미국의 '라이언 일병' 아니야


한국은 미국의 고고도미사일방어체계(사드) 배치에 대해 중국이 어떻게 반응했는지 기억하고 있다. 2016년 초 북한의 4차 핵 실험을 계기로 한국이 사드 배치를 추진한 후, 중국은 경제 보복 조치에 들어갔다. 당시 미국과 한국 정부는 사드 배치가 북한의 미사일 위협으로부터 한국의 안보 이익을 지키기 위한 조치라고 밝혔지만, 중국은 이 조치가 자국의 안보 이익을 침해한다고 주장하며 한국에 대해 이른바 경제 보복을 가했다. 중국에 진출한 한국 기업을 표적 단속했고, 중국인의 한국 단체 관광을 차단했다. 사드 배치 이후 6년간 관광 분야에서만 21조 원의 손해를 본 것으로 추산되었다.[31] 한국 정부의 사드 배치 결정이 사실상 미국의 요구에 따른 것임에도 미국이 중국의 경제 보복에 대해 방관했다는 지적도 나왔다. 나는 2018년 7월부터 2021년 1월까지 주한미국대사를 지낸 해리 해리스Harry Harris 전 대사와의 인터뷰에서 이러한 지적에 대해 물은 적이 있다. 해리스 전 대사는 다음과 같이 답했다.

한국의 사드 배치는 미국만의 결정도 아니었고, 한국만의 결정도 아니었습니다. 동맹이 매우 긴밀히 함께 결정한 것입니다. 이는 한국 국민을 보호하고 한국 방어를 위해 주둔한 미군을 보호하기 위한 결정이었습니다. 어느 한쪽의 일방적인 결정이 아니었다는 점을 이해할 필요가 있습니다. 사드 배치에 대한 중국의 반응은 파트너로서 중국의 본질을 매우 확실히 보여주는 사례라고 생각합니다.

'미국을 탓하지 말고 중국을 탓해야 한다'는 것으로 들렸다. 이러한 생각은 해리스 전 대사만의 인식은 아닌 것으로 보인다. 나는 2024년 8월 미 해병대 중장 출신인 월러스 그레그슨Wallace Gregson 전 국방부 아시아태평양 담당 차관보를 만나 이 문제를 다시 물었다. 한국이 한미일 군사 협력을 강화하다 보면 사드 배치와 같이 중국의 반발을 불러올 수 있는 결정도 해야 할 텐데, 이 경우 미국이 한국을 도와줄 수 있느냐고 묻자, 그레그슨은 이렇게 답했다.

미국과 한국이 더욱 강력한 상업적 협력과 투자 체계를 구성할 수 있을 것입니다. 그러나 중국이 자신들을 겨냥한 것이 아닌, 북한 위협에 맞서는 한국의 매우 신중한 방어 조치에 대해 경제 보복을 가한다면 미국이 어떻게 도울 수 있을지 잘 모르겠습니다. 한국은 북한의 미사일과 핵무기 위협에 직면해 있습니다. 이에 대한 한국의 방어 조치에 중국이 이래라저래라 하는 것은 터무니없습니다.

미 국무부는 2024년 5월 "만약 한국이 경제 강압에 직면한다면, 우리는 할 수 있는 모든 것을 할 것"이라고 말했다.[32] 미국은 약속대로 '할 수 있는 모든 것'을 하겠지만, 중국 또한 자신들이 '할 수 있는 모든 것'을 할 것이다. 미국과 한국은 북한 때문에 칼자루를 빼든 것이라고 하겠지만, 중국은 여전히 '칼끝이 우리를 겨누고 있지 않느냐'고 주장할 것이다. 한국에게 중국은 어떤 나라인가? 위협인가, 아닌가? 미국과 일본이 맞잡은 칼자루에 손을 얹기 전에 한국은 충분히 자문해봐야 한다.

노르망디 상륙작전을 배경으로 한 미국 영화 〈라이언 일병 구하기〉에서 미국 군대는 형제들 중 유일한 생존자인 라이언 일병을 전장에서 구하기 위해 많은 희생을 감내한다. 한미 동맹을 혈맹이라고 하지만 미국은 과연 한국을 '라이언 일병'으로 생각할까?

# 4. 한국 핵무장, 미국 '비확산 마피아' 못 넘는다

미국과 바이든 대통령은 한반도의 완전한 비핵화에 여전히 전념하고 있습니다. 한국도 핵무기를 추구하지 않고 있다는 점을 분명히 했습니다.[33]

존 커비 백악관 NSC 전략소통조정관

한국에선 2023년 새해 벽두부터 자체 핵무장 논쟁이 불거졌다. 불씨는 윤석열 대통령이 던졌다. 윤 대통령은 국방부 새해 업무보고에서 북한의 도발 수위가 높아지면 "대한민국이 전술핵을 배치하거나 자체 핵을 보유할 수 있다"고 말했다. 물론 '북핵 문제가 더 심각해지면'이라는 전제를 달았다. 그러나 한국 대통령이 독자 핵무장 가능성을 처음 언급한 만큼 파장은 컸다.

윤 대통령의 발언 다음 날, 백악관 브리핑에는 존 커비 NSC 전략소통조정관이 참석했다. 커비는 외교안보 이슈에서 백악관의 '입'

역할을 하고 있었다. 바이든 행정부가 한국 대통령의 핵보유 발언에 대한 입장을 밝힌다면, 가장 무게 있는 발언은 그를 통해 나올 것이다. 나는 이날 브리핑에 참석하는 동료 기자인 패트시 위다쿠스와라Patsy Widakuswara(VOA 백악관 지국장)에게 윤 대통령의 관련 발언 전문을 공유하고, 백악관의 입장을 질문해줄 것을 요청했다. 그는 브리핑에서 "한국 대통령의 이 발언이 미국의 한반도 비핵화 정책과 상충하지 않느냐?"고 물었다. 커비 조정관은 "한반도의 완전한 비핵가 미국의 목표"라고 힘줘 말했다. 이는 북한 비핵화뿐만 아니라 '한국도 핵을 가지지 말아야 한다'는 의미이다. 대신 미국과 한국은 북한의 핵 위협을 억제하기 위해 "확장억제(미국의 핵우산) 역량을 개선하는 방향으로 나아갈 것"이라고 커비 조정관은 부연했다.

미국 핵우산을 믿고 딴 생각은 말라는 것이다. 커비 조정관의 이날 답변은 대부분의 한국 언론에 도배됐다. 용산 대통령실과 국방부도 대통령의 말이 "자체 핵무장을 제안한 것이 아니고 확장억제를 강조한 것"이라고 해명했다. 사실 백악관은 물론 용산 대통령실도 이 질문에 대한 모범답안을 처음부터 몰랐을 리 없었다. 그럼에도 불구하고 윤 대통령이 자체 핵무장을 입에 올린 의도는 얼마 지나지 않아 드러났다.

몇 달 뒤인 4월, 한미 정상은 한국에 대한 확장억제 강화와 핵협의그룹Nuclear Planning Group, NPG 창설을 담은 '워싱턴 선언Washington Declaration'을 채택했다. 이 자리에서 윤 대통령은 "한국은 핵확산방지조약Non Proliferation Treaty, NPT을 준수할 것"이라고 약속했고, 바이든 대통령은

"핵무기 사용 권한은 미국 대통령의 것이지만 한국과 더 긴밀히 협력할 것"이라는 립 서비스를 제공했다. 윤석열 대통령은 미국에게서 더 강력한 확장억제 공약을 얻어내기 위한 압박용으로 핵무장 발언을 꺼낸 것으로 보인다. 그러나 핵무장을 여전히 바라는 이들은 윤석열 정부가 '워싱턴 선언'으로 스스로 족쇄를 채웠다고 비판하기도 했다.[34]

## 미국이 한국 위해 샌프란시스코 포기할까?

트럼프-김정은의 핵 협상이 결렬된 이후, 한국에서는 핵무장에 대한 열망이 다시 높아지고 있다. 2024년 복수의 여론조사에 따르면, 국민의 70%가 자체 핵무장에 찬성했다.[35] 이는 국민 10명 중 7명이 찬성한다는 건데, 그 폭이 진영을 넘어섰음을 의미한다. 정치권에서는 일부 보수 인사들이 적극적이다. 집권 여당인 국민의힘 나경원 의원은 2024년 6월 전당대회에서 '핵무장을 당론으로 정하겠다'는 공약을 내걸기도 했다.[36]

자체 핵무장 여론이 높아지는 주된 이유는 북한의 핵 역량 고도화와 위협에 있다. 북한은 적어도 40개의 핵무기를 보유하고 있다.[37] 한국은 미국의 확장억제에 의지하고 있다. 미국이 전술핵무기 및 재래식 무기를 동원해 동맹국인 한국을 북한의 핵 위협으로부터 보호해주는 것이다. 이를 통해 북한이 한국을 공격하면 한미 연합의 첨단 재래식 무기와 핵무기 반격으로 결국 멸망할 것이라는 두려움을 갖게 해 북한의 도발을 억제하는 개념이다.

그러나 북한이 미국 본토까지 공격할 수 있는 대륙간탄도미사일 Intercontinental Ballistic Missile, ICBM 역량을 확보하면서, 미국의 확장억제 약속에 의구심이 제기되고 있다. '미국이 서울을 보호하기 위해 샌프란시스코를 위험에 빠뜨리거나 포기할 수 있겠는가?'라는 것이다. 이에 대해 미국은 '한국에는 주한미군과 그 가족들이 있지 않은가. 이보다 확실한 공약이 있을까'라고 되묻는다. 그러나 점점 커져가는 한국의 안보 불안을 잠재우기엔 부족하다. 특히 중국이 핵탄두 증강 등 핵전력을 빠르게 확대하는 데다 최근 러시아와 북한이 동맹 복원을 선언하면서 한국도 전술핵 재배치나 핵 공유, 나아가 핵무장까지 검토해야 한다는 목소리가 나오고 있다.

### "한국 핵무장, 북한 위협 맞서고 중국 영향력도 상쇄"

미국 주류 신문을 통해 한국의 자체 핵무장을 지지하는 글을 처음 본 것은 2021년 10월이었다. 당시 〈워싱턴포스트〉에는 '한국은 자체 핵폭탄을 만들어야 하는가?Should South Korea Build Its Own Nuclear Bomb?'라는 제목의 파격적인 칼럼이 실렸다.[38] 미국 다트머스대 국제학센터의 제니퍼 린드Jennifer Lind 교수와 대릴 프레스Daryl Press 교수가 공동으로 기고한 글이었다.

이들은 미국이 중국 견제를 최우선 외교정책으로 삼고 있지만 한국은 미국이 원하는 만큼 중국에 맞설 생각이 없고, 또한 미국은 자국의 피해까지 감수하면서 북한의 핵 공격으로부터 한국을 지켜주기 어렵다고 진단했다. 이 때문에 한국이 자신의 방어를 미국에 의존할 수 있을지 확신하기 어렵다고 지적하며, 한국의 독자 핵무장을 제안했다. 이를 통해 북한의 핵 위협에 대처하고 중국의 정치적 영향력도 상쇄할 수 있다고 이들은 주장했다. 나아가 한국이 핵무장을 선택해도 국제 사회의 비난과 제재를 피해갈 수 있을 것이라는 주장도 내놨다.

NPT 10조가 '자국의 지상 이익을 위태롭게 하는 비상사태에서는 NPT를 탈퇴할 수 있다'고 명시하고 있기 때문에, 북한의 핵 위협이 바로 코앞에 있는 한국의 핵 보유는 합법적이고 정당화될 수 있다는 논리였다. 한국의 핵무장을 찬성하는 이들에겐 솔깃한 칼럼이었을 것이다.

나는 린드 교수와 이 칼럼에 대해 이야기를 나눴다. 칼럼의 주장이 상당히 파격적이라는 질문에 린드 교수는 "미국과 한국이 방위조약을 체결한 당시와 지금은 상황이 많이 다르지 않느냐"고 반문했다.[39] 특히 "북한이 핵무기로 한국을 공격하고 미국이 이에 보복한다면 북한은 미국 도시를 공격해 수백만 명의 미국인이 희생될 수 있다"며, 한국인들이 '미국 지도자가 과연 이런 선택을 할 것인가'라는 의구심을 갖는 것은 당연하다고 강조했다.

린드 교수는 "자신과 비슷한 생각을 가진 전문가들이 적지 않으나 단지 목소리를 내지 않을 뿐"이라고 말했다. 나는 미국의 많은 전문가들이 한국의 자체 핵무장을 지지한다는 견해에 회의적이다. 다만 한국의 안보 불안에 대해 공감하는 시각은 워싱턴에서 폭넓게 존재한다.

## "주한미군은 중국에 집중하고 한국은 핵무장 고려?"

최근에는 전직 관리들과 일부 정치인들의 입에서도 한국의 전술핵 재배치나 자체 핵무장 가능성을 시사하는 발언이 나오고 있다. 가장 주목받은 발언은 트럼프 1기 국방부에서 전략·전력개발 담당 부차관보를 지낸 엘브리지 콜비Elbridge Colby가 2024년 4월 〈중앙일보〉와의 인터뷰에서 한 것이다. 그는 "주한미군을 중국 견제에 활용하는 대신, 한국의 자체 핵무장을 고려할 필요가 있다"고 주장해 큰 파장을 일으켰다. 〈중앙일보〉는 콜비에 대해 "트럼프가 미 대선에서 승리할 경우 백악관 국가안보보좌관 후보로 거론된다"고 소개했다.[40]

그런가 하면 미 상원 공화당 간사인 로저 위커Roger Wicker 의원은 2024년 들어 한반도 전술핵 재배치 필요성을 두 차례나 거론했다.[41] 위커 의원은 김정은의 핵·미사일 프로그램 강화와 북러 '동맹 복원'을 언급하며, 한반도 억지력 강화를 위해 핵 공유 협정 및 한반도 전술핵 재배치와 같은 새로운 옵션을 모색해야 한다고 주장했다.

도널드 트럼프 전 대통령의 측근인 공화당 중진 린지 그레이엄 Lindsey Graham 의원은 한국과 일본의 자체 핵무장에 대해 "그들이 그렇게 해야 한다고 말하지는 않겠지만, 그들의 선택에 맡기겠다"고 여운을 남겼다.[42] 또한 한국과 일본의 핵무장이 중국에 강력한 메시지를 보낼 수 있다고 덧붙였다. 그러나 이들의 말에 무게를 두는 것은 무리다. 미국 연방 상원의원은 100명, 하원의원은 435명 중 이러한 목소리를 내는 사람은 여전히 극소수이기 때문이다. 이들의 발언은 정책적 고려가 아닌 정치적 공간에서 흘러나오는 '레토릭' 성격이 강하다.

## 한국 핵무장? 집을 포기하고 차를 사겠다는 격

한국이 자체 핵무장을 결정한다면 미국의 이른바 '비확산 마피아 nonproliferation regime'를 넘어야 한다. 미국은 지난 50년 동안 다른 나라들의 핵무기 개발을 막는 것을 정책으로 유지해왔다. 1970년 발효된 NPT가 그 근간이다. NPT는 핵 비확산, 핵무기 군비축소, 핵 기술의 평화적 사용을 목적으로 한다. 현재 189개국이 회원국이다.

이 NPT 체제에 가장 큰 영향력을 미치는 곳이 바로 미 국무부 국제안보·비확산국the Bureau of International Security and Nonproliferation이다. 이 기관은 미국 정부의 비확산 정책을 이행하는 곳이다. 한국은 이미 이들의 '매운맛'을 맛본 경험이 있다. 한국과 미국은 2010년부터 2015

년까지 약 5년에 걸쳐 한미 원자력협정 개정을 위한 협상을 진행했다. 당시 한국은 사용 후 핵연료 건식 재처리 기술인 파이로프로세싱pyroprocessing 기술을 허용해줄 것을 요구했다. 이 기술을 통해 사용후 핵연료에 포함된 우라늄을 회수해 새로운 '핵연료'로 가공한 뒤이를 새로 건설한 '고속증식로'에 넣으면 다시 전기를 생산할 수 있다. 이 기술은 핵무기 제조에 필요한 플루토늄을 추출할 수 없기 때문에 핵무기 전용 가능성이 낮음에도 불구하고 미국은 끝까지 거부했다.[43] 핵연료의 평화적 이용을 위해 기술 문턱을 낮춰달라는 동맹의 요구에도 꿈쩍도 하지 않은 이들이었다. 그들은 여전히 핵 문제와 관련해 미국의 주류이다.

이들은 다시 불거지고 있는 한국의 자체 핵무장론을 어떻게 바라보고 있을까? 2024년 7월, 나는 토머스 컨트리맨Thomas Countryman 미 군축협회 이사장을 인터뷰했다. 그는 국무부 국제안보·비확산 담당 차관 대행을 지냈으며, 한미 원자력협정 개정 협상 당시 미국 측 대표를 맡았다. 나는 인터뷰 내내 한국의 자체 핵무장을 지지하는 이들의 논리를 바탕으로 질문을 이어갔고, 그는 한 치도 물러서지 않으며 그 논리를 밀어냈다.

그는 "다른 나라의 핵무기 개발을 막는 것은 지난 50여 년간 미국의 정책이었다면서 이 정책은 앞으로도 변함없을 것"이라고 단언했다. 또한 "한국이 핵무기를 개발하는 마지막 국가가 될 것이라고 가정해서는 안 된다"고 강조했다. 한국의 핵무장이 '핵 도미노' 현상을 일으켜 국제 안보의 불안정성을 높일 수 있다는 것이다. 70%가 자체 핵무장을 지지한다는 여론조사에도 허점이 있다고 지적했다.

제가 당신에게 메르세데스-벤츠의 새 모델을 선물하겠다고 묻는다면 '좋다'라고 대답할 것입니다. 그러나 질문을 바꿔보죠. 새 자동차를 얻는 대신 집을 포기해야 한다면 어떻게 하겠습니까? 당신은 거절할 것입니다. 지금 여론조사는 현실적인 물음을 던지지 않고 있습니다. '한국이 NPT를 탈퇴하고라도 핵무기를 개발해야 합니까? 한미 동맹의 축소를 감수하고 핵무기를 개발해야 합니까? 파키스탄, 이란, 북한과 같은 제재를 받더라도 핵무기를 개발해야 합니까?'로 바꿔 물어야 합니다.

## 한미 동맹 결별 각오하고 핵무장 할 건가

컨트리맨은 한국의 자체 핵무기 개발은 한미 동맹의 사실상 '결별'을 의미한다고 경고했다. 한국이 한미 동맹이라는 안보의 몸통은 잘라버리고 핵무기라는 굵은 팔뚝을 갖게 됐다고 좋아하는 격이라는 것이다. '한미 동맹과 한국의 자체 핵무장이 상호보완적으로 공존할 수는 없는가'라고 되묻자, 한국이 핵무장을 결심하고도 모든 것이 그대로일 것이라고 생각하는 것은 착각이라고 말했다.

일부에서는 한국이 스스로 핵무장을 한다면 굳이 전술핵을 재배치하지 않고도 중국을 압박할 수 있는 지렛대로 활용할 수 있다며,

이러한 셈법으로 미국을 설득해야 한다는 주장도 나온다. 그러나 그는 이러한 접근도 일축했다.

> 그런 주장을 하는 사람들에게 묻고 싶습니다. 일본이 핵무장을 하면 미국이 중국을 억제하는 데 도움이 될까요? 타이완이 핵무장을 하면 미국이 중국을 더 효과적으로 억제할 수 있을까요? 한국 사람들은 일본과 타이완의 핵무장도 괜찮다고 생각합니까?

## 한국 핵무장 지지 인사들, 핵군산복합체 후원 받아

워싱턴에서 한국의 자체 핵무장 가능성이 거론되는 것에 대해서는 "한국의 집착에 대한 반응일 뿐"이라고 평가절하했다. 즉, 여론, 언론, 정치권 등 한국에서 자체 핵무장에 대해 이야기하다 보니 자연스럽게 워싱턴에서도 이 이야기를 하는 사람들이 많아지는 것이라는 이야기이다.

공화당의 로저 위커 의원이 한국의 전술핵 재배치를 검토하자는 제안과 엘브리지 콜비 전 국방부 부차관보의 '한국의 자체 핵무장 고려' 언급에 대해 묻자 그는 코웃음을 쳤다. 그는 "두 사람 모두 핵무기의 열렬한 지지자"라고 말했다. 그러면서 "위커 상원의원은 핵군산복합체로부터 많은 선거 기부금을 받고 있습니다. 또 콜비는 핵무기 확대를 주장하며 자신의 경력을 쌓아온 사람"이라고 언급했다. 그의 실명 비판에 나는 다소 놀랐다. 컨트리맨은 이 부분을 꼭 책에 써달라고까지 했다.

워싱턴에 대해 아는 당신이 한국 독자들에게 잘 설명해주었으면 좋겠습니다. 이들의 발언이 전혀 놀랄 일이 아니라는 점을요. (워싱턴에서) 영향력이 제한적인 두 사람이 한국에서 벌어지는 뜨거운 논쟁에 반응하는 것일 뿐입니다.

## "트럼프, 한국 핵무기 용인하고 주한미군 철수 가능해"

컨트리맨은 트럼프 복귀 가능성과 한국의 자체 핵무장론의 역학에 대해서는 우려를 나타냈다. 예측 불가능하며 동맹 관계를 경시하는 트럼프가 미국의 주류와는 다른 판단을 할 수 있다는 것이다.

트럼프의 외교 정책이 어떻게 될지 예측하는 것은 어리석은 짓입니다. '트럼프가 한국이 핵무기를 개발하는 것을 용인할 가능성이 높을까요?'라고 묻는다면 '그렇습니다'라고 답해야 할 것입니다. 트럼프가 한국과의 동맹이 필요 없다고 말할 가능성이 높을까요? 역시 그렇습니다.

그는 한국이 핵무기를 만들기로 결정하면 트럼프 행정부가 즉시 주한미군 철수를 시작하고 한미 동맹을 격하시킬 가능성이 높다고 경고했다. 또한 미국 정부는 프레슬러 개정안Pressler Amendment[44]에 따라 한국과의 모든 핵 협력을 중단하고, 대부분의 군사적 지원과 협력 관계도 중단해야 한다고 강조했다. 그리고 북한의 NPT 탈퇴를 비난했던 모든 나라들이 한국의 NPT 탈퇴를 비난하며 제재에 나설 것이라고 덧붙였다. 끝으로 그는 한국의 자체 핵무장은 "미국의 허가가 필요한 문제가 아니라 한국이 결정할 사안"이라고 말했다. 또한 "한국은 주권적인 결정을 내릴 것이고 그 결정의 대가를 계산해야 할 것"이라고 말했다. 그러면서 "한국이 북한처럼 행동할 필요는 없다"고 덧붙였다.

컨트리맨은 한국이 자체 핵무장을 선택할 때 고려해야 할 모든 요소들을 짚었다. 주한미군 철수 가능성과 한미 동맹 축소, 대북 억지력 효용성, NPT 탈퇴 그리고 미국과 국제 사회의 제재, 원자력의 평화적 이용 제한까지. 핵무장을 주장하려면 이 모든 질문에 대한 답도 가지고 있어야 할 것이다. 그리고 미국에 묻기 전에 한국은 스스로 결정을 해야 할 것이다.

*

이 사안을 취재하면서 한 가지 흥미로운 점이 있었다. 워싱턴이 북한의 비핵화를 촉구하는 논리와 한국의 자체 핵무장 가능성을 경고하는 논리가 묘하게 닮아 있었다. 미국은 북한에 이렇게 말한다. "북한 정권은 전략적 결단을 내려야 합니다. 핵무기를 계속 보유하며 고립된 채 살아갈지, 아니면 국제 사회에 편입해 밝은 미래를 열어갈지 선택해야 합니다. 북한은 핵무기가 정권의 안위에 득이 아니라 손해라는 것을 알아야 합니다." 앞서 컨트리맨의 말도 비슷하다. "한국은 전략적 결단을 해야 합니다. 군건한 한미 동맹의 보호 아래 살아갈지, 그것을 버리고 자체 핵무기를 쥐고 홀로 설지 선택해야 합니다. 한국은 자체 핵무기만으로는 결코 더 안전하지 못할 것입니다." 과연 '북한의 비핵화'와 '한국의 자체 핵무장', 어느 것이 더 어려운 걸까?

# 5. 타이완해협과 한반도, 불가분 관계다?

　　워싱턴 D.C. 노스웨스트의 인터내셔널 플라자 3505번지, 이곳에는 중국대사관이 자리하고 있다. 연한 베이지색 석재에 삼각형 지붕 형태를 띠고 있는 대사관은 멀리서 보면 요새와 같은 인상을 준다. 건물 앞 중앙에 세워진 커다란 깃대에 걸린 중국 오성홍기가 이곳이 어디인지를 쉽게 알 수 있게 한다. 중국대사관은 여러 나라의 대사관이 모여 있는 워싱턴 대사관 거리Embassy Row의 한 켠을 차지한다. 북한과의 전쟁 가능성 이야기가 나왔던 '화염과 분노'의 시기인 2017년, 당시 제임스 매티스James Mattis 국방장관이 기도하러 들리곤 했다는 워싱턴 내셔널 대성당과도 멀지 않다.

　　중국대사관에서 서쪽으로 약 1.5킬로미터 떨어진 '위스콘신 애비뉴 NW 4021번지'에는 타이베이경제문화대표부가 있다. 사실상의 타이완대사관 역할을 하는 곳이다. 외관은 그냥 일반적인 상업용 건물과 다를 게 없어 가까이 다가가 영어와 한자로 새겨진 명패를 확인해야 이곳이 어디인지 알 수 있다. 2024년 8월, 1년 만에 워싱턴을 찾아 중국대사관에서 타이베이경제문화대표부까지 1.5킬로미터 길을 걸어봤다. 워싱턴의 여름은 서울만큼 기온이 높지만 습하지 않아 걷기 괜찮았다. 싱가포르대사관과 파키스탄대사관, 그리고 이스라엘대사관을 지나 15분 정도 걸렸다.

## 일주일이면 가능하다고?

중국이 타이완을 침공하면 전쟁 발발 일주일 만에 중국 인민해방군이 타이완에 상륙할 수 있다는 일본 정부의 분석이 2024년 7월 전해졌다.[45] 일본 〈요미우리신문〉이 일본 정부 관계자를 인용한 보도에 따르면, 일본 정부는 지난해 중국군의 군사훈련을 분석한 결과를 바탕으로 이런 결론을 내렸다. 중국 인민해방군이 동시다발 작전을 벌여 타이완 주변 해상과 상공을 봉쇄한 후 며칠 만에 대규모 지상군을 상륙시킬 수 있다는 것이다. 이런 내용은 기시다 후미오 총리에게도 보고되었다. 이전까지 일본 정부는 중국군의 타이완 본토 지상군 투입에 적어도 1개월가량이 소요될 것으로 판단해왔다. 무려 3주가 줄어든 것이다. 일본 측의 분석이 정확하다면, 미국이 대응할 시간도 없이 중국군이 단기간에 타이완 상륙에 성공할 수 있다는 이야기가 된다.

전 달에는 미군이 수천 기의 드론을 배치해 중국군의 타이완해협

진입을 저지할 계획을 세웠다는 〈워싱턴포스트〉 보도가 나왔다. 이 보도에 따르면, 새뮤얼 파파로Samuel Paparo 미군 인도태평양사령관은 중국 함대가 타이완해협을 건너기 시작하자마자 수천 대의 미군 무인 잠수정과 무인 수상함, 드론 등을 사용해 해협을 완전히 덮을 준비를 하고 있다고 밝혔다.

> 나는 기밀로 분류된 무기들을 사용해 (타이완해협을) 무인 지옥으로 만들고 싶습니다. 그렇게 함으로써 (중국이 타이완을 침공할 경우) 한 달간 그들을 완전히 참혹하게 만들어 우리가 이후에 모든 대응에 나설 수 있는 시간을 벌 수 있습니다.[46]

미 인도태평양사령관은 한반도나 타이완해협 주변에서 무력 충돌이 일어날 경우 주한·주일미군 등을 총지휘하는 자리이다. 타이완해협의 드론 작전이 실패하면, 한국과 일본 등의 개입은 불가피할 것이다. 이런 기사들을 본 타이완 시민들은 어떤 생각이 들었을까. 전쟁 영화 같은 이 시나리오들이 정말 2027년에 현실화될까.

## 2027년 별안간 열린 '데이비슨 창'

'2027년 타이완 침공설'은 워싱턴에서 이제 새로운 이야기가 아

니다. 2024년 5월 전역한 존 아퀼리노John Aquilino 미 인도태평양사령
관은 퇴임 직전까지 이러한 관측을 확인했다. 2024년 3월 미 하원
군사위원회 청문회에 참석해 이같이 말했다.

> 모든 징후는 중국이 2027년까지 타이완 침공 준비를 마치라는 시진
> 핑 국가주석의 지시를 이행하고 있음을 보여줍니다.

워싱턴에 이 같은 경고를 처음 알린 사람은 아퀼리노의 전임자인
필립 데이비슨Philip Davidson 사령관이었다. 2021년 3월, 필립 데이비슨
당시 인도태평양사령관은 미 상원 군사위원회 청문회에서 "타이완
병합은 중국이 야심차게 노리는 목표"라며 그 위협은 향후 6년 안에
분명해질 것이라고 밝혔다. '향후 6년'은 바로 2027년이다.

데이비슨 사령관의 발언으로 파장이 확산되자 백악관은 특정
시점에 무력 침공이 반드시 일어날 것이라는 취지는 아니었다며
진화에 나섰다.[47] 그러나 이 말이 기폭제가 되어 워싱턴에서는 '데
이비슨 창Davidson window'이라는 말이 생겨나며 2027년 타이완 침공
설에 대한 논의가 불붙기 시작했다.[48]

이후 CIA 수장인 마이클 번스Michael Burns 국장도 "시진핑이 2027
년까지 타이완을 공격할 준비를 끝내라는 지시를 군에 내렸다"고
밝히면서, 미국 당국자들은 이제 2027년을 언급하는 데 주저하지
않는 분위기이다. 워싱턴에서는 데이비슨 창과 함께 2020~2030
년을 우려의 10년으로 인식하고 있다. 워싱턴에서는 중국의 해군

력이 정점에 달하는 반면 미 해군은 장비와 무기 교체·재건에 힘을 쏟느라 전투 역량이 줄어들고 있음을 경고하면서 관련 예산을 확보하고 산업 역량을 강화하는 것이 시급하다는 보고서 등이 쏟아졌다.[49]

## 타이완-중국 전쟁, 피할 수 없어

2027년까지 침공 준비를 끝낸다는 말이 2027년 침공을 의미하는 것은 아니다. 중국 정부는 워싱턴이 긴장 국면을 조장한다고 주장한다.

> 미국 내 일부 인사는 중국 위협론을 과장해 타이완해협의 긴장을 격화시키고 대결을 조장하는데, 우리는 이를 단호히 반대한다.
>
> 중국 외교부

그러나 실제로 군불을 땐 것은 베이징이다. 시진핑 주석은 2022년 10월 중국 공산당 제20차 전국대표대회에서 워싱턴의 의심을 불러일으키기에 충분한 발언을 했다. 그는 "우리는 평화통일을 위해 최대한의 성의와 노력을 다하겠지만, 무력 사용 포기는 절대 약속하지 않으며, 필요한 모든 조치를 취할 수 있는 옵션을 유지할 것"이라고 말했다. 또한 타이완 통일을 "반드시 실현할 것"이라고 강조했다. 중국은 건군 100주년인 2027년까지 전투력을 현대화하겠다는 목표를 세웠다. 또 2027년은 시 주석의 4연임을 결정할 제21차 당대회가 열리는 해이기도 하다.

시진핑은 헌법을 개정해 3연임에 성공했다. '타이완 통일'은 그의 4연임을 위한 최고의 명분이 될 것이다. 친중 성향의 마잉주馬英九 전 타이완 총통은 "중국의 역사에서 분열과 통합을 되돌아보면 타이완과 중국 본토 간의 전쟁은 피할 수 없다. 다만 얼마나 크게 싸울지는 양측의 소통에 달렸다"고 말하기도 했다.[50] 시진핑은 우크라이나를 침략한 러시아를 보며 그의 참모들과 어떤 이야기를 했을까.

양안 문제는 1949년 장제스蔣介石가 마오쩌둥毛澤東에게 패하고 타이완으로 퇴각한 이후 70여 년이 넘도록 해결되지 않고 있는 복잡한 문제이다. 타이완에 대한 미국과 중국의 인식 차이 또한 오랜 역사를 가지고 있지만, 미국은 1979년 중국과 공식 수교한 이후로 양안 관계를 관리해왔다. 중국에 대해서는 '하나의 중국' 원칙을 유지하면서도, 타이완에는 '타이완 관계법'에 따라 무기를 판매하며 타이완의 방위를 지원하고 있다. 그러나 최근 미중 간 전략 경쟁이 심화하면서 타이완의 전략적 가치는 더욱 높아지고 있다.


## 미국 세금으로 타이완 국방력 지원

2023년 8월, 바이든 행정부는 타이완의 전략적 가치 상승을 보여주는 상징적이면서도 실질적인 결정을 내렸다. 국무부는 주권 국가를 대상으로 한 무기 지원 프로그램인 해외군사금융지원Foreign Military Financing. FMF을 통해 타이완에 8천만 달러(약 1천 59억 원) 규모의 군사 장비 이전을 승인했다.[51] 그동안 미국 정부는 미국 방위산업체와 타이완 정부당국 간의 계약을 승인하는 형태로 타이완의 무기 획득을 지원해왔다. 이것을 해외무기판매Foreign Military Sales, FMS 프로그램이라고 한다. 타이완이 미 정부의 허락을 받고 미국 첨단 무기를 자신들의 돈으로 구입하는 것이다. 타이완의 '내돈내산'이었다. 그런데 FMF는 국방 예산 즉 미국 납세자의 세금을 사용하는 것이다. 이 프로그램은 미 의회가 승인한 동맹국과 안보 파트너 국가들에게 제한적으로 적용되어 왔다. 이번에 타이완이 그 혜택을 받게 된 것이다.

## 타이완 지나는 중국의 '제1도련선'

타이완은 미국에 어떤 전략적 가치를 지니고 있는 것일까? 2023년 9월, 미 하원 군사위원회는 '타이완과의 방위 협력Defense Cooperation with Taiwan'을 주제로 청문회를 개최했는데, 이 자리에서 일라이 래트너Ely Ratner 국방부 인도태평양 안보 담당 차관보는 다음과 같이 설명했다. "타이완은 인도·태평양의 제1도련선the First Island Chain에 위치한 핵심 지점으로 타이완의 안보는 역내 안보와 세계 경제에 중요한 역할을 합니다."[52]

중국은 해양패권 확장을 위해 군사 전략상 가상의 선인 도련선

을 설정하고 있는데, 제1도련선은 중국 입장에서는 최종 방위선이
다. 일본 오키나와-타이완-필리핀-말라카 해협이 제1도련선으로 중
국이 태평양으로 진출하는 관문에 해당한다. 만약 중국이 타이완과
통일하거나 무력으로 점령한다면, 인도·태평양 지역에서 미국의 대
중국 해상 포위 및 견제에 구멍이 생기게 된다. 이것이 바로 미국이
타이완을 중국으로부터 사수해야 하는 첫 번째 이유이다.

자료: 영국 지리전략위원회

## 타이완 있어야 '반도체전쟁' 승리한다

타이완은 미국이 중국과의 반도체전쟁에서 승리하기 위해 반드시

필요한 전략적 지역이다. 반도체 산업은 4차 산업혁명의 핵심이다. 인공지능 AI, 빅데이터, 6G, 로봇, 항공우주, 양자컴퓨터를 포함한 슈퍼컴퓨터 활용과 ICBM 등 방위산업의 근간이다. 반도체 기반의 첨단 기술은 민군 겸용으로 경제와 국가 안보에 큰 영향을 미친다. 이러한 이유로 미중 반도체 갈등은 미중 패권전쟁의 최대 격전지이다.[53]

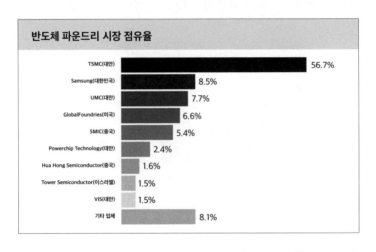

자료: CFR research

　미국은 자국이 주도해 새롭게 구축하려는 글로벌 가치 사슬Global Value Chain에 타이완의 반도체 기술을 편입하려고 한다. 시장 점유율 기준으로 상위 9개 파운드리(반도체 위탁생산) 업체 중 4개 업체가 타이완에 있다. 이는 글로벌 시장의 68%를 차지한다.[54] 중국의 봉쇄나 공격이 발생하면 타이완에서의 반도체 생산과 출하에 차질이 생기는 것은 불가피하다. 타이완 없이는 중국의 반도체 굴기를 막기 어려울 것이다. 미국에 타이완은 전략적, 실리적 '자산'이다. 명분도 있다. 타이완은 한국, 일본과 함께 아시아의 대표적인 민주주의 진영이다. 미국은 인권과 민주주의의 가치를 통한 대중국 정치적 압박 차원에서도 홍콩, 신장위구르자치구와 더불어 타이완에 대한 중국의 압박 행위들을 비판하고 있다. [55]

*

　미국은 타이완 유사시 대응에 대해 동맹인 한국과 논의하고 있을까? 나는 2023년 6월 7일, 미 정부 연방관보Federal Register에서 이 질문에 대한 작은 단서를 제공하는 흥미로운 문서를 발견했다. 미 국방부 국방정책위원회 연방자문위원회Federal Advisory Council, FAC 회의 일정을 공지하는 문서다. FAC는 국방장관에게 정책 등을 자문하는 민간 위원들의 모임이다. 헨리 키신저Henry Kissinger 전 국무장관을 비롯해 한반도 전문가인 빅터 차Victor Cha 전략국제연구센터Center for Strategic and International Studies, CSIS 부소장 겸 한국석좌, 마이클 오핸런Michael O'Hanlon 브루킹스연구소 선임연구원 등이 자문위원으로 활동하고 있다.

　국방부는 관보를 통해 위원회가 타이완해협과 관련된 중국의 강압 행위가 증가할 경우 인도·태평양 지역 동맹국을 비롯한 각국의 대응과 전략적 함의에 대해 기밀 브리핑을 받고 비공개 논의를 진행한다고 소개했다. [56] 한마디로, 타이완 유사시 주변국들의 대응 시나리오에 대해 국방부와 정보당국, 자문위원들이 논의할 계획이라는 것이다. 국방부가 이 문제를 논의하는 이유는 궁극적으로 역내의 동맹국들과도 협의하기 위한 것이 아닐까.

회의가 끝난 뒤, 나는 두 명의 위원에게 전화를 걸어 회의 내용에 대해 문의했다. 그러나 비공개 브리핑이기 때문에 회의 내용을 공유할 수 없다고 이들은 답했다. 다만 '미국이 타이완 유사시 한국의 역할에 대해 한국 정부와 논의하고 있다고 생각하느냐?'는 질문에 이들은 약속이라도 한 듯이 비슷한 말을 했다. "미국과 한국 정부가 이 문제에 대해 협의한다고 해도 나는 놀라지 않을 것입니다." 이는 미국 전·현직 관리들이 '긍정'을 에둘러 표현할 때 하는 말이다.

## "타이완 문제, '강 건너 불구경' 아냐"

미국은 한국이 타이완 문제에 이미 한 발 담갔다고 판단할 것이다. 2021년 5월, 문재인-바이든 정상회담 이후 발표된 공동성명에는 다음과 같은 문구가 포함되었다. "바이든 대통령과 문재인 대통령은 타이완해협에서의 평화와 안정 유지의 중요성을 강조했다."[57] 한미 정상 간의 공식 문서에 처음으로 이 문구가 들어갔다. 이전까지 한국 정부는 중국이 민감하게 생각하는 타이완에 대해 전략적 모호성을 유지해왔다. 이 문구를 보고 시진핑은 눈을 크게 떴을 것이다.

이후 윤석열 대통령은 발을 좀 더 깊이 담그려는 모양새를 취했다. 윤 대통령은 2023년 4월 〈로이터통신〉과의 인터뷰에서 타이완 문제에 대해 "우리는 국제 사회와 함께 힘에 의한 현상 변경에 대해 절대 반대한다"며 "이 문제는 단순히 중국과 타이완만의 문제가 아니고, 남북한 간의 문제처럼 역내를 넘어서서 전 세계적인 문제"라고 말했다. 이 기사를 보고 시진핑은 눈살을 찌푸렸을 것이다. 국제사회의 규범적 관용적 표현일 수 있으나, 그것이 국가지도자의 입을 통해 언급될 때는 '맥락'이 더해진다. 또, 국가지도자의 말은 행동을 내포한다. 국제정치 무대에서 '힘에 의한 현상 변경에 절대 반대한다'라는 말은 중국이 타이완에 무력을 사용하는 것을 반대한다는 의미이다.

중국은 미국과 서방이 타이완 문제에 개입하는 것 자체를 현상 변경 시도로 간주한다. '타이완에서의 무력에 의한 현상 유지 변경 반대'라는 한국 대통령의 말은, 미국이 타이완 유사시 한국의 역할을 요구할 수 있는 근거가 되는 것이다.

## "주한미군 28,500명, 한반도만을 위한 것 아니다"

그렇다면 미국은 한국에 어떤 역할을 요구할까? 물론 충돌과 확전 시나리오에 따라 다를 것이다. 먼저 주한미군의 역할을 짚어볼 필요가 있다. 폴 러캐머라Paul LaCamera 주한미군사령관은 2021년 5월 미 상원 인준 청문회에서 "주한미군은 한반도 이외 지역의 비상사태와 지역 안보 위협 상황에 따른 인도태평양사령부의 요구에 응할 수 있는 능력을 갖추고 있다"고 말했다.[58] 이는 타이완 유사시 주한미군이 어떤 형태로든 개입할 수 있음을 시사한 것이다.

나는 워싱턴에 있는 동안 주한미군의 역할 범위를 한반도를 넘어 확대하는 것이 국방부의 구상임을 짐작케 하는 전·현직 관리들의 발언을 자주 들었다. 2019년 8월부터 2021년 1월까지 국방부 동아시아 담당 부차관보를 지낸 헤이노 클링크는 이렇게 말했다.

중국이 역내에서 우리의 이익과 동맹, 파트너에게 제기하는 위협이 증가하고 있습니다. 이러한 점을 고려할 때, 미국이 장기적으로 북한발 유사시 대응이라는 단 하나의 임무만을 위해 28,500명의 주한미군 병력을 유지할 것이라고 생각하지 않습니다.[59]

이러한 관측대로 중국이 타이완을 침공해 주한미군이 투입된다면, 한국에는 '안보 공백'이 생길 수 있다. 이 틈을 노린 북한의 도발 가능성도 있다. 반대로, 북한이 먼저 대규모로 대남 도발을 감행해 주한미군이 북한에 집중한 틈을 타 중국이 타이완을 침공하는 시나리오도 가능하다.[60]

미국과 중국 간 전면전이 시작되면 주요 미군 기지인 평택의 캠프 험프리스는 중국군의 핵심 표적이 될 것이다. 워싱턴의 외교안보 전략가들은 이러한 시나리오를 거론하며 타이완해협과 한반도 안보가 불가분의 관계라는 점을 강조하고 있다. 타이완 문제가 한국에 '강 건너 불구경'이 아니라는 논리가 쌓여가고 있는 것이다.

## "병참, 한국이 도와줘야"

미국은 상황에 따라 주한미군뿐만 아니라 한국의 지원을 기대할 수밖에 없다. 타이완과 지리적으로 가까운 한국은 병참 분야에서 미군을 지원할 수 있다. 병참의 중요성은 러우전쟁에서도 드러났다. 그런데 병참은 미군의 인도태평양 전력에서 큰 취약점 중 하나이다.[61] 충돌이 장기화되면 군수품과 장비, 수리에 필요한 부품과 재고 등의 수요가 높아진다. 미국 본토에서 보급하려면 시간이 걸린다. 미국은 한반도 유사시 본토 증원군을 지원하기 위한 다량의 탄약과 장비를 한국에 비축하고 있다. 소유권이 미국에 있기 때문에 타이완 대응에 전용하는 것도 가능하다.[62]

이에 더해, 한국 소유의 탄약과 군수품에 대한 요청이 필요한 상황이 벌어질 수도 있다. 한반도 유사시를 최우선으로 고려해야 하는 한국 정부로서는 쉽지 않은 정치적, 전략적 결정을 해야 할 것이다. 비전투원 철수 계획에서도 일정 부분 한국의 역할이 필요할 것이다. 그동안 미국은 잠재적 분쟁 지역에서 미국 시민 등 비전투원 대피 계획을 수립하고 이를 위한 훈련을 정기적으로 진행해왔다.

타이완 유사시를 상정한 관련 계획도 진행 중인 것으로 보인다. 2023년 6월, 미국 정부가 최소 6개월 이상 중국 침공 시 타이완에 거주하는 미국인 철수 계획을 수립하고 있다는 소식이 전해졌다. 그러자 중국 국무원은 "타이완해협에서 전쟁이 발발하면 타이완은 전쟁터가 될 것이지만, 타이완에 있는 미국인들은 안전하고 건강하게 떠날 것"이라고 비난했다.[63] 2025 회계연도 미 국무 지출법안에는 타이완 유사시 미국 외교 공관 직원들의 대피 작전 계획 마련이 필요하다는 내용이 처음으로 명시됐다.[64] 한국은 일본과 함께 미국 비전투요원이 대피할 수 있는 피난처가 될 것이다.

## "한국이 미국 돕지 않는데 왜 미국은 한국 지켜야 하나?"

워싱턴은 이미 한국에 이와 관련된 질문을 던지기 시작한 것으로 보인다. 윤석열 정부의 첫 국가안보실장을 지낸 김성환 고려대 교수는 "국가안보실장으로 근무할 때 미 행정부 고위 당국자들은 우리와 북한 문제를 논의할 때마다 타이완해협 사태 시 한국의 입장과 대응을 물어보곤 했다"고 밝힌 바 있다.[65] 찰스 플린Charles Flynn 미 태평양 육군사령관은 2024년 4월 한국 언론과의 인터뷰에서 타이완 유사시 "한국군이 동맹의 힘을 보여주면 기쁠 것"이라며 속내를 드러냈다.[66] 워싱턴 일각에서는 이런 이야기도 나온다. "한국이 미국과 함께 중국에 맞서 싸우는 것을 주저한다면, 미국은 왜 핵전쟁의 위험을 무릅쓰고 한국을 방어해야 하는지에 대해 의문을 제기할 것입니다."[67]

그렇다면, 미국은 타이완을 방어하기 위해 진짜로 군사적 개입을 결심한 것인가? 그것이 미국의 변치 않는 의지인가? 바이든은 "우크라이나와 달리 미군 병력이 타이완을 지킬 것인가"라는 질문에 네 차례나 "그렇다"라고 답했다.[68] 반면, 트럼프는 같은 질문에 "내 카드를 공개하고 싶지 않다"고 답했다. 최근에는 "타이완은 방어 비용을 지불해야 한다"면서 "타이완은 미국과 9,500마일 떨어져 있는데, 중국과는 68마일 떨어져 있다"고 말했다. 이는 방어가 쉽지 않을 것이라는 이야기이다. 미국은 오랫동안 중국의 타이완 침공 시 군사 개입 여부에 대해 전략적 모호성을 유지해왔다. 바이든은 이 전략적 모호성에서 크게 벗어났다. 이 문제에 있어서만큼은 오히려 트럼프가 미국의 기존 입장을 더 충실히 따르고 있다.

*

타이완은 70년 동안 그 자리에 있었다. 미국과 중국 모두 그 섬에 대해 서로 다른 생각을 가지고 있었지만, 크게 문제 삼지는 않았다. 사실 타이완해협은 군사적 문제가 아니었다. 그러나 미중 전략적 경쟁이 심화되면서 타이완해협은 군사적 전선으로 변했다. '전쟁에선 승리가 없다'라는 말이 있다. 타이완에서 전쟁이 발생한다면 비현실적인 참상이 초래될 것이다. 한반도에서의 전쟁도 마찬가지다. 비현실적인 현실을 대비하는 것은 지도자의 의무일 것이다. 그러나 비현실적인 현실을 피할 방법을 찾는 것 역시 지도자의 중요한 임무이다. 르네상스 시대 인문학자 에라스뮈스는 '겪어보지 못한 자에게 전쟁은 달콤한 것'이라고 말했다. 전쟁이 결코 달콤하지 않다는 것을 우리는 지금 충분히 목격하고 있다.

두 번째 판

# 북미 관계

트럼프는 "김정은과 나는 사랑에 빠졌다"고 말했다.
바이든은 "안녕하세요 … 끝"이라고만 했다.
그러는 사이 김정은은 러시아로 갔다.
한국과 북한은 대화하지 않고 있다.
트럼프와 김정은은 다시 만날까?

# 6. 트럼프-김정은, 다시 만날까?

"트럼프, 김정은 다시 만날까?"

지난 몇 달간 가장 많이 받은 질문이다. 트럼프가 다시 돌아올 수도 있다고 하니 궁금한 게 당연하다. 내가 트럼프 1기 4년 내내 워싱턴을 지켜봤으니, 남들에겐 없는 정보나 인사이트가 있지 않을까 기대하는 것 같다. 기자는 점쟁이가 아니다. 그럼에도 이런 질문을 받으면 으레 질문자의 기대에 부응하고픈 유혹이 드는 건 사실이다. 그래서 워싱턴에 있는 여러 취재원들에게 같은 질문을 던졌다. 그들의 '지혜'를 빌리고자.

트럼프가 김정은을 만날 것이라고 전망하는 이들은 다음과 같이 말했다.

"트럼프가 여전히 김정은과 사이가 좋다고 하잖아. 만나겠다는 뜻 아냐?" "북미 정상 외교가 미완으로 끝났잖아. 자신의 레거시Legacy

를 완성해야지," "노벨상 받고 싶어서라도…," "북한 핵 프로그램
이 여전히 미국과 동맹에 대한 위협이잖아. 미국 대통령이 당연히
다뤄야 할 문제야," "바이든이 북한과 아무것도 안 했으니까."

만나지 않을 것이라고 답한 이들은 이런 이유를 들었다.

"러우전쟁, 중동, 그리고 중국, 다른 우선순위가 많아," "트럼프는 쉽
게 싫증을 느끼는 사람이야. 북한 문제가 간단치 않다는 것을 알았
을 거야," "워싱턴에서 솔직히 북한은 관심 밖이야," "그때와 지금은
달라. 김정은이 트럼프 만나려 할까?"

모두 나름의 논리와 타당성을 가지고 있어 맞는 말처럼 들린다.
흥미로운 것은, 만날 것이라고 한 전문가들도 그렇지 않다고 한 전
문가들도 공통적으로 비슷한 이야기로 마무리했다는 것이다.

"누가 알겠어? 트럼프는 매우 예측 불가능하잖아

Who knows? Trump is very unpredictable."

그렇다. 트럼프 1기, 백악관과 행정부를 떠난 그의 참모들도 대
부분 자신들의 회고록에서 보스의 예측 불가능성을 가장 큰 어려움
으로 꼽지 않았던가. 어쩌면 트럼프 자신도 현재 답을 가지고 있지
않을지도 모른다. 예측 불가능한 트럼프의 행보를 예단하는 것은

무의미하다. 많은 한국 언론들도 '트럼프 전문가'를 자처하는 이들에게 점쟁이 노릇을 요구하는 것 같다.

질문을 바꿀 필요가 있다. '트럼프가 김정은을 만날까?'가 아니라 '트럼프가 김정은을 만난다면?'으로. 그래야 더욱 건설적인 이야기가 가능하다. 특히 한국의 정책 결정자들에겐 더 그럴 것이다. '설마 만나겠어'라고 뒷짐 지고 있을 게 아니라, 그 반대의 상황을 상정하고 대비하는 것이 지혜롭고 마땅하다. 그리고 그 여정에서는 다음과 같은 질문들을 마주하게 될 것이다. 트럼프는 김정은을 왜 만났을까? 그들은 왜 협상을 매듭짓지 못했을까? 트럼프-김정은 시즌 2는 시즌 1과 어떻게 달라야 할까?

## 트럼프는 김정은을 왜 만났을까?

트럼프는 처음부터 북한 문제를 다루고 싶어했다. 그 동기는 전임 오바마 대통령에게서 비롯됐다. 오바마는 2016년 11월, 정권 인수인계를 위해 트럼프를 만나 북한 핵 위협에 대한 경고를 했다. "30대 초반의 변덕스러운 지도자 김정은이 핵무기를 보유한 데다 미국을 타격할 수 있는 ICBM도 개발할 것이다. 트럼프, 당신은 북한 핵 문제를 다루는 데 가장 많은 시간을 써야 할지도 모른다."[69] 오바마 행정부의 다른 인사들도 트럼프 행정부의 인수위 팀을 만나 차기 정부의 최대 안보 과제로 북한 핵 위협을 꼽았다.[70]

트럼프는 전임 정부의 충고를 허투루 듣지 않았다. 그는 취임 6일째 되는 날, 자신의 안보팀을 불러 북한을 다룰 모든 방법을 강구하라고 지시했다. 그러면서 "틀을 벗어난 방법을 찾아라think outside the box!"고 특별 주문을 했다.[71] 백악관은 국무부, 국방부, CIA 등 모든 관계 부처에 대통령의 지시를 하달했다. 그 어떤 정부도, 특히 오바마도 풀지 못했던 북한 문제를 자신이 해결해 보이리라 다짐했을 것이다.

## '리틀 로켓맨'과 주고받은 말 폭탄

트럼프 안보팀은 약 2개월 후 '대북 옵션 상자'를 보스의 테이블에 올려놓았다. 상자의 이름은 '최대 압박과 관여Maximum Pressure and Engagement'였다. 경제, 군사, 외교, 언어 수사 등 모든 수단을 동원해 핵무기를 보유하는 것보다 포기하는 것이 김정은에게 이익이라는 점을 깨닫도록 한다는 전략이었다.

2017년에는 '압박'에 집중했다. 북한이 6차 핵 실험과 함께 ICBM 등 탄도미사일 발사에 열을 올리자 미국은 유엔 안보리를 통해 전례 없는 대북 제재 결의를 채택했다. 석탄, 철, 섬유 등 북한의 주요 수출품을 차단하고 북한으로 들어가는 유류도 옥죄었다. 이 과정에 중국과 러시아도 동참했다. 당시 트럼프와 김정은이 주고받은 말 폭탄도 전례가 없었다. 트럼프는 북한이 미국을 계속 위협하면 "화염과 분노fire and fury에 직면할 것"이라 경고했다. 김정은은 트럼프를 향해 "늙다리 미치광이"라고 맞받았다.

트럼프의 이 같은 '틀을 벗어난' 수사에 참모들은 당혹스러워했다. 트럼프가 그해 9월 유엔 총회에서 김정은을 로켓맨이라고 조롱하며 북한을 "완전히 파괴할 준비가 됐다"고 위협하는 순간, 하필 장내 카메라는 한숨을 쉬며 고개를 가로젓는 그의 국무장관 렉스 틸러슨Rex Tillerson을 비췄다. 둘 사이에 엇박자가 나기도 했다. 틸러슨이 북한과 대화 가능성을 공개적으로 시사하자, 트럼프는 "꼬마 로켓맨과 협상을 시도하는 데 시간 낭비하지 마세요, 훌륭한 틸러슨 장관님"이라고 트위터를 날렸다. 같은 현안에 대통령과 국무장관이 다른 목소리를 내는 것 역시 워싱턴에선 '틀을 벗어난' 모습이었다. 트럼프의 이런 모습이 김정은을 압박해 협상장으로 나오도록 하려는 '미치광이madman 전략'이라는 해석도 나왔다.[72] 꿈보다 해몽이라는 빈정거림도 뒤따랐다.


## 트럼프에 화난 이들

한반도 문제를 주제로 기사를 쓰는 나로서는 묘한 감정이 들었다. 워싱턴에서 대통령이 북한 문제에 이렇게 큰 관심을 두는 것은 이례적이었다. 과거 오바마 시절의 '전략적 인내strategic patience'와 비교하면 지면이 부족할 정도로 뉴스거리가 넘쳤다. '무엇을 쓰지?' 걱정할 필요가 없었다. 문제는 '어떻게 쓰지?'였다. '틀을 벗어난' 트럼프의 행동을 분석하는 일은 워싱턴 1년차 기자에게 벅찬 일이었다. 이날도 전문가의 지혜를 찾아 나섰다. 기사에 녹일 '백그라운드 인터뷰'를 위해 CIA와 백악관 NSC에서 북한 문제를 다뤘던 전직 관리를 만났다.

"트럼프 정부의 대북 전략을 어떻게 해석하십니까?"라고 첫 질문을 던졌다. 그는 대뜸 "무슨 전략이요?"라고 되물었다. (기자들 사이에서 그는 인터뷰하기 조금 까다로운 인물로 알려져 있었다. 역시나?) 다시 질문을 했다. "트럼프 대통령이 김정은과 전례 없는 말 폭탄을 주고받고 있는데요, 일각에선 '미치광이' 전략을 펴고 있다는 분석도 나옵니다. 그런가 하면 국무장관은 북한과 대화 가능성을 시사했지만, 대통령은 시간 낭비라고 일축했는데요, 트럼프 대통령의 이런 대북 전략을 어떻게 보시는지 궁금합니다."

그는 한숨을 쉬며 말했다. "글쎄요, 무슨 말을 하는지 모르겠네요." 순간 나는 '내 질문에 문제가 있나'라는 생각이 들었다. "혹시 제 질문을 이해하지 못하시는 건가요?"라고 되물었다. "아뇨, 당신 문제가 아닙니다." 그는 잠시 나를 응시하더니 녹음기를 꺼줄 것을 부탁했다. 그리고 말을 이었다. "당신이 무슨 질문을 하려는지 알고 있습니다. 그리고 기사에 쓸 만한 코멘트를 해줄 수도 있지만 그러고 싶지 않습니다. 트럼프 대통령의 대북 전략을 물었죠? 지금 그의 백악관에는 전략이 없습니다. 오직 혼란만 있습니다." 워싱턴에서 이런 생각을 하는 사람들을 찾는 것은 어렵지 않았다.

## '핵 선제공격' 카드도 만지작

시간이 갈수록 김정은의 미사일은 미국에 가까워졌다. 7월 4일 미국 독립기념일을 맞아 북한은 미국에 도달할 능력을 보유한 첫 번째 ICBM '화성 14호'라는 축포를 날렸다. 이 미사일의 최대 사거리는 6400킬로미터에서 9000킬로미터로 관측됐다. 알래스카나 하와이, 심지어는 미국 본토 서부 해안까지 날아올 수 있는 거리였다. 이어 7월 28일에는 미국 본토 대부분을 타격할 수 있는 약 1만킬로미터 사거리의 ICBM을 발사했다. 9월에는 6차 핵 실험을 강행했다. 이는 일본 히로시마에 떨어진 원자탄보다 17배나 강한 위력을 지닌 수소폭탄 실험이었다. 11월 29일에는 정점 고도 약 4500킬로미터, 비행 거리 약 960킬로미터로 ICBM 화성-15형을 발사했다. 그리고 김정은은 '국가 핵무력 완성'을 선언했다.

트럼프는 김정은이 멈추도록 무언가 했어야 했다. 테이블에는 군사 행동부터 외교까지 모든 것이 올려져 있었다. 군사 옵션을 만지작거리기도 했다. 당시 존 켈리John Kelly 백악관 비서실장에 따르면, 트럼프는 호기롭게도 북한을 상대로 핵무기를 사용하는 아이디어를 논의했으며, 심지어 핵 선제공격을 하고 다른 나라에 책임을 돌리자고 했다.[73] 그런가 하면 대북 군사작전을 암시하는 주한미군 가족들에 대한 소개령을 내리려고도 했다. 그러나 주변 참모들에 의해 이런 호기는 번번이 꺾였다. 다행히도. 자신이 아직 시도해보지 않은 '외교' 카드가 남아 있었다. 때마침 평양에서 김정은을 직접 만나고 온 한국 특사단이 '김정은이 비핵화 의지를 표명했다'며 북미 정상회담 카드를 그의 박스에 추가했다. 그리고 그 카드를 덥석 집어 들었다. 트럼프는 자신이 주문했던 '틀을 벗어난 방법'을 마침내 찾았다고 고무됐을 것이다. '협상의 달인'인 자신이 김정은과 담판을 지어 오바마도 손대지 못한 북한 문제를 해결하면 가을에 치러지는 중간선거(2018년 11월)에도 호재일 것이라고 생각했을 것이다.

　그러나 그의 과감한 결정은 워싱턴에서 큰 환영을 받지는 못했다. 취재를 해보면, 과거 북한 문제를 직접 다룬 경험이 있는 일부만 '일단 지켜보자'는 반응을 보였다. 북한에서 핵 문제는 최고지도자의 손에 달린 만큼 '톱다운 방식'의 정상 간 직거래가 통할지도 모른다는 일말의 기대였다. 그러나 다수의 외교정책 전문가들은 트럼프가 북한 지도자에게서 아무런 확실한 약속도 끌어내지 못한 채 만나주겠다고 약속했다고 가열차게 비판했다.[74] 오바마 전 대통령의 고문이었던 아시아 문제 전문가 에반 메데이로스Evan S. Medeiros는 이렇게 말했다. "미국은 아무 대가도 받아내지 않고 정상회담에 응했습니다. 김정은은 결코 핵무기를 포기하지 않습니다. 김정은이 문재인을 가지고 놀았고 이젠 트럼프를 가지고 놀려 듭니다."[75] 워싱턴의 많은 전문가들은 김정은보다 더욱 확신에 찬 모습으로 김정은의 비핵화 의지를 선제적으로 의심했다. 마치 관심법觀心法으로 사람의 마음을 읽는 궁예처럼 말이다. 불행히도 김정은은 현재까지 그들의 관심법이 틀렸다는 것을 증명하지 못하고 있다.

## 트럼프도 '관심법'?

'관심법'은 트럼프도 애용하는 듯했다. 그는 싱가포르 북미 정상 회담을 앞두고 이렇게 말하곤 했다. "김정은을 만나 몇 마디만 나눠 보면 그에게 비핵화 의지가 있는지 없는지 알 수 있다." '척 보면 압니다'란 말인가? 자칭 그는 '협상의 달인'이다. 뉴욕의 부동산 재벌인 그는 부동산 거래를 할 때 수많은 사람들을 상대하면서 상대의 마음을 읽는 법을 터득했다는 것이다. 김정은과 하루를 보낸 트럼프는 그를 "대단히 똑똑하며 위대한 협상가이다"라고 평가했다.[76] 그리고 "북한의 핵 위협은 더 이상 없습니다"라고 공언했다.

역사적인 싱가포르 북미 정상회담에서 트럼프와 김정은은 네 가지를 합의했다. 첫째, 새로운 북미 관계를 수립하고, 둘째, 한반도의 지속적이고 안정적인 평화 체제를 구축하며, 셋째, 한반도의 완전한 비핵화를 위해 노력할 것을 약속했다. 또한, 넷째로 전쟁 포로와 실종자 유해 발굴과 송환에 협력하기로 했다. 북한의 비핵화를 이루기 위해선 북미 관계와 남북 관계의 근본적인 변화와 개선이 선행 또는 병행돼야 한다는 인식을 반영한 합의였다. 그러나 이 합의는 비핵화에 대한 구체적인 약속이 부족하다는 비판에 직면했다.

그럼에도 불구하고 트럼프는 8개월 만에 베트남 하노이에서 김정은을 다시 만났다. 합의에는 이르지 못했다. 이후 4개월 만에 한반도 비무장지대DMZ에서 김정은과 '번개 회동'을 가졌다. 1년 반 동안 트럼프는 김정은을 세 번이나 만났다. 세계에서 가장 바쁜 미국 대통령이었음에도 불구하고 말이다. 트럼프는 김정은에게 비핵화 의지가 있다고 믿었던 걸까? 아니면 일각에서 비판하듯이, 자신의 사진이 신문 1면에 실리는 것을 단지 즐겼던 것일까? 혹은 김정은과 정말로 사랑에 빠졌던 걸까?

그의 전문 분야인 부동산 거래에서도 서로가 거래에 관심이 있다고 느낄 때 협상이 지속될 것이다. 분명한 건 트럼프와 김정은 모두 시즌 1에서는 거래에 마음이 있었다는 점이다. 다만 양자가 모두 만족하는 거래의 값을 찾지 못했다. 여전히 서로의 물건에 관심이 있다면 시즌 2가 이어질 가능성이 높다. 트럼프는 '오바마도 풀지 못한 문제를 내가 풀겠다'고 했으나 요란하게 변죽만 울렸다. 그리고 김정은은 핵 무기고를 계속 늘리며 몸값을 높이고 있다.

# 7. 하노이 노딜, 볼턴만 탓할 수 없는 이유

트럼프는 싱가포르 회담 이후 8개월 만에 하노이에서 김정은을 다시 만났다. 1박 2일 동안 회담했지만 합의를 이루지는 못했다. 하노이에서의 결렬을 가장 아쉬워한 것은 미국도 북한도 아닌 당시 한국 정부였던 것 같다. 당시 중재자 역할을 했던 문재인 전 대통령은 "두고두고 통탄스러운 일"이라고 회고했다.[77] 하노이 회담은 북미 정상이 비핵화와 관련해 사실상 처음 본론으로 들어가는 자리였다. 어떻게든 합의를 이뤘다면 새로운 한반도를 여는 분수령이 됐을 것이다. 그래서 아쉬움이 남는 건 당연하다.

한국에서 합의를 바랐던 이들 중에는 하노이 노딜의 책임을 존 볼턴John Bolton 백악관 국가안보좌관에게 돌리기도 했다. 양측 협상가들이 북한의 영변 핵 시설 폐기와 미국의 일부 제재 완화를 담은 단계적이고 병행적인 협상안을 마련했으나, 막판에 볼턴이 나타나 탄도미사일을 포함한 생화학무기 해체까지 요구하는 바람에 판이 깨졌다는 것이다. 볼턴이 그런 내용을 담은 '노란 봉투'를 들고 협상장에 나타나 재를 뿌렸다고 비판한 이들도 있었다.

하노이에서 미국 측의 주요 플레이어는 모두 4명이었다. 먼저 백악관에는 도널드 트럼프 대통령과 존 볼턴 국가안보보좌관이 있었고, 국무부에는 마이크 폼페이오Mike Pompeo 국무장관, 스티븐 비건Stephen Biegun 대북특별대표가 있었다. 하노이 담판을 위한 'Team USA'. 그러나 이들은 진정한 '원 팀'이 아니었다. 포지션에 따라 역할이 달라도 같은 목표를 향해 뛰는 것이 원 팀이다. 그러나 하노이를 복기해보면 이들은 처음부터 같은 곳을 바라보지 않았다. 목표가 달랐다. 자신들에게 주어진 시간에 각자의 어젠다에만 충실했다.


## 협상 대표 비건의 시간

북한과의 실무 협상을 맡은 비건의 목표는 하노이 회담의 주요 의제와 큰 틀의 합의 초안을 마련하는 것이었다. 그러나 그의 시간은 충분하지 않았다. 하노이 회담은 북한 김영철 조선노동당 부위원장이 백악관을 방문해 김정은의 친서를 트럼프에게 전달한 직후 확정됐다. 그때가 1월 18일이었다. 시간이 촉박한 만큼 실무 협상도 거의 동시에 시작됐다. 비건은 하노이 회담 전까지 북한 측과 세 차례 만났다. 1월 19일 스웨덴 스톡홀름, 2월 6일 북한 평양, 그리고 정상회담 직전 베트남 하노이였다. 핵심 쟁점은 북한이 취할 구체적인 비핵화 조치와 이에 대한 미국의 상응 조치였다. 비핵화 정의와 이를 위한 로드맵이 필요하다는 논의도 진행한 것으로 보인다. 당시 비건의 협상 기조는 1월 31일 스탠퍼드대학 공개 연설에서 처음으로 공개됐다. 당시 연설의 핵심은 이 대목이었다.

> 우리는 북한 측에 지난 여름 싱가포르에서 양국 정상이 공동성명에서 밝힌 모든 약속을 '동시적이고 병행적'으로 추구할 준비가 되어 있다.[78]
> We are prepared to pursue -simultaneously and in parallel-all of the commitments our two leaders made in their joint statement at Singapore last summer.

비건은 제재 완화에 대해서는 비핵화가 전제돼야 한다는 기존 원칙을 재확인했다. 다만 "북한이 모든 것을 다하기 전까지 아무것도 하지 않겠다고는 말하지 않았다"고 덧붙여 제재 완화 대신 다른 상응 조치를 할 용의가 있음을 시사했다. 그럼에도 비건의 '동시적이고 병행적' 언급은 주목할 만했다. 이는 북한이 원하는 '행동 대 행동'과 유사하다.

일괄 타결에 무게를 뒀던 트럼프 행정부의 기존 입장보다 유연한 것이다. 북핵 6자 회담 등 과거 북미 합의는 모두 '동시적·병행적' 접근법을 취했다. 합의가 깨진 것은 이러한 접근 방식의 결함 때문이라기보다는 상호 신뢰 문제에서 비롯되었다고 봐야 한다. 단계적 조치가 실패했으니 일괄 타결로 가자는 것은 마치 높이뛰기 경기에서 1미터에서 실패했으니 3미터로 해보자는 격이 아닐까.

이날 비건의 연설을 워싱턴에서 화상으로 지켜보면서 질문 하나가 떠올랐다. '그런데 그는 첫 공개 연설 장소로 왜 서부 스탠퍼드를 선택했을까?' 워싱턴에서 스탠퍼드가 있는 캘리포니아주까지 왔다 갔다 하는 데만 한나절 이상이 걸린다. 그 시간도 아껴야할 때가 아니었던가. 미 정부 고위 관리들은 새로운 정책을 설명하는 자리로 워싱턴의 싱크탱크를 주로 활용한다. 혹시 비건은 대북 강경파들이 똬리를 틀고 있는 워싱턴 조야에서 '행동 대 행동' 접근을 이야기하기가 부담스러웠던 것이 아니었을까?

워싱턴에서는 '행동 대 행동' 원칙에 대한 반감이 적지 않다. 과거의 경험 때문이다. 이전 정부들이 북한과 맺은 합의 대부분이 행동 대 행동 원칙에 따른 것이었지만 북한이 번번이 약속을 파기해 합의가 종잇조각이 됐다는 불신이 깊다. 그런데 장소에 대한 궁금증은 얼마 지나지 않아 풀렸다. 비건이 스탠퍼드대학의 전문가들로부터 자문을 받는다는 것이 〈워싱턴포스트〉의 저명 외교전문 칼럼니스트 데이비드 이그내티우스David Ignatius의 칼럼을 통해 처음으로 알려졌다.[79]

이 칼럼에 따르면, 스탠퍼드 대학 국제안보협력센터에서 활동하는 핵물리학자 지그프리드 헤커Siegfried Hecker 박사, 로버트 칼린Robert Carlin 전 국무부 정보조사국 북한정보분석관, 엘리엇 세르빈Elliot Serbin 연구원 등이 비건과 북한 문제에 대해 토론하고 조언해왔다.

오랫동안 북한 문제에 관여해온 이들은 워싱턴의 다른 전문가들과는 조금 다른 대북 접근법을 제안해왔다. 북한 비핵화는 장기전이기 때문에 단계적 방식으로 차근차근 진전을 이루면서 상호 신뢰를 쌓는 것이 중요하다는 것이다. 강경 매파 존 볼턴 같은 이들에게는 가당치 않은 소리였다. 그런 볼턴과 비건이, 즉 물과 기름이 '원팀'으로 하노이 회담을 준비하고 있었다. 다만 회담을 성사시키려는 비건의 결의가 확고하다는 점은 볼턴도 인정했다.[80] 그러나 비건의 시간은 딱 거기까지였다.

## 국가안보보좌관 볼턴의 시간

볼턴의 결의 또한 확고했다. 물론 방향은 비건과 달랐다. 그 역시 시간이 많지는 않았지만 가용할 재원은 많았다. 무엇보다 트럼프와 마주할 시간이 많다는 것이 그의 무기였다. 볼턴은 하노이 회담에 앞서 세 차례의 백악관 상황실 회의를 준비했다. 트럼프가 김정은과 '나쁜 거래bad deal'를 하지 못하도록 하는 것이 목적이었다. 그의 기준에서 비건이 준비하는 협상안은 나쁜 거래에 가까웠다.

2월 12일 첫 회의가 열렸다. 볼턴은 읽기를 즐겨하지 않는 보스를 위해 영상을 준비했다. 영상에는 카터, 클린턴, 부시, 오바마 등 과거 북한과 합의를 이룬 미 정부의 대통령이 등장했다. 이 지도자들은 하나같이 북한과 대단한 협상을 이뤄냈다고 자랑했지만 '북한은 지금도 우리를 속이고 있다'는 것이 영상의 메시지였다. 그러면서 1986년 레이건 대통령이 소련의 고르바초프Горбачёв 공산당 서기장과 군축회담에서 협상을 결렬시키고 씩씩하게 회담장을 떠나는 모습을 끝으로 보여줬다. 트럼프의 반응이 나쁘지 않았다. "언제라도 협상장을 박차고 나갈 수 있다"고 말했다. 볼턴은 안심했다.

두 번째 준비 회의에서는 북한이 제시하는 단계적 접근 방식을 국무부가 덥석 받아들여서는 안 된다는 점을 트럼프에게 강조했다. 하노이로 떠나기 전 마지막 준비 회의에서도 "쓸데없는 양보는 안 된다"고 거듭 호소했다.[81] 볼턴은 하노이로 향하는 길에도 쉬지 않았다. 비건 팀이 작성한 북미 성명서 초안을 건네받고는 '북한이 작성한 것이 아닌가 의심이 될 정도의 내용'에 경악하며 콜롬비아에 있는 마이크 펜스Mike Pence 부통령, 워싱턴에 있는 믹 멀베이니Mick Mulvaney 백악관 비서실장 대행과 스티븐 밀러Stephen Miller 선임고문에게 전화를 걸어 "이건 아니잖냐!"며 분위기 조성에 나서기도 했다.[82]

하노이 회담 첫날인 27일, 볼턴의 시간은 잠시 멈췄다. 정상 간 일대일 회담이 있었고, 이어 만찬이 진행됐으나 볼턴은 참석하지 못했다. (볼턴은 북한의 반대 때문이라고 회고록에 썼다.) 회담 둘째 날, 회담장으로 향하는 차 안에서 트럼프가 물었다. "스몰딜과 협상파기 중 어느 쪽이 더 큰 파급 효과를 낼 것 같나?" 볼턴은 트럼프가 후자에 마음이 기울어진 것으로 판단했다. 그러나 공식적으로 협상파기가 선언될 때까지는 안심하지 않기로 했다.[83]

확대 회담은 볼턴에게 주어진 마지막 시간이었다. 쟁점은 북한의 '영변 핵단지'였다. 김정은은 영변 핵 시설을 포기하는 대가로 2016년 이후 유엔 안보리의 대북 제재 5건을 해제해 줄 것을 요구했다.[84] 이 5건은 대부분 북한 정권의 돈줄을 죄는 것으로 안보리 대북 제재의 핵심이다. 볼턴은 영변이 없어도 북한은 핵 프로그램을 지속할 수 있는 시설을 많이 보유하고 있다며 김정은의 제안을 평가절하했다. (김정은이 2024년 9월 전격 공개한 우라늄 농축시설을 의미했을 것이다.)

트럼프도 '영변'만으로는 부족하다고 김정은에게 말했다. 그런데 트럼프가 다시 제재의 전면 해제보다는 일부 완화를 요청할 생각은 없냐고 김정은에게 묻는 게 아닌가. 볼턴의 신념은 제재 일부 완화조차도 줘서는 안 된다는 것이었으므로, 그때가 그에겐 회담 기간 중 최악의 순간이었다. 김정은이 '좋다'라고 하는 순간 거래가 이뤄지는 것이다. 볼턴은 김정은의 입만 주시했다. 다행히도 김정은은 고개를 가로저었다. 볼턴이 걱정한 최악의 순간은 오지 않았다.

최악의 순간이 지난 뒤 반전의 기회가 찾아왔다. 트럼프가 갑자기 김정은에게 장거리 미사일 폐기를 제안하더니 대뜸 "볼턴, 당신은 어떻게 생각하시오?"라고 묻는 것이 아닌가. 볼턴은 기회를 놓치지 않았다. "북한의 핵과 생화학 그리고 탄도미사일 프로그램에 관한 북한 측의 총체적이고 분명한 입장이 필요하다"고 쐐기를 박았다. 이후 몇 차례 줄다리기가 있었지만 하노이 회담은 사실상 거기서 멈췄다.

## 국무장관 폼페이오의 시간

폼페이오는, 그도 자랑스럽게 이야기했듯이, 미국 정치인 중 김정은과 가장 오랜 시간을 보낸 인물이다. 2018년 4월, 5월, 7월, 10월 등 4차례 평양을 방문해 3차례 김정은과 면담했다. 김정은에 대해 트럼프보다 더 잘 알 것이다. 그리고 당시 북미 협상과 관련해 트럼프 다음으로 실권을 쥐고 있었다. 미국 육사를 수석 졸업한 엘리트 정치인 출신으로 CIA 국장에서부터 국무장관까지, 트럼프의 신임도 두텁다. 대통령과의 개인적인 친밀도로 보나 국무장관이라는 직책으로 보나 그는 협상에 큰 영향력을 행사할 수 있었다. 그러나 하노이에서 폼페이오의 시간은 사실상 보이지 않았다.

폼페이오는 '빅딜'과 '스몰딜', 그리고 '파기' 중 어떤 것을 바랐을까. 협상이 이루어지도록 하는 것이 국무장관이란 직책의 존재의 이유인 만큼 파기는 선택지가 아닐 것이다. 폼페이오는 영변 폐기가 골자인 스몰딜에 대해 처음에는 큰 반감이 없었던 것으로 보인다. 볼턴은 자신의 회고록에 비건이 마련한 북미 성명서 초안에 대해 "북한이 작성한 것이 아닌지 의심될 정도의 내용"이라고 혹평한 뒤 "나로서는 폼페이오가 어째서 그런 문서를 승인했는지 전혀 이해할 수 없었다"고 썼다.[85] 폼페이오도 처음에는 영변 거래에 마음이 있었다는 이야기이다.

그러다 입장이 바뀐 것 같다. 볼턴에 따르면 하노이 회담 첫날 폼페이오는 비건의 성명서가 마음에 들지 않는다고 말하며 "너무 나간 내용"이라고 언급했다.[86] 폼페이오는 자신의 회고록에서 "회담에 들어가기 전까지 우리는 북한이 주요 핵 시설인 영변 단지의 완전하고 검증 가능한 해체에 동의했다고 믿었다"고 기록했다. 그러면서 "한국의 소규모 (대북) 투자계획을 승인해주는 대가로 이런 감축을 이루는 것은 의미 있는 거래라고 생각했다"고 덧붙였다. 그러나 회담장에 들어가보니 북한이 딴소리를 했다고 폼페이오는 지적했다. 미국이 제재를 완전히 해제해야만 북한은 영변 단지 해체에 착수할 것이라고 했다는 것이다.

폼페이오는 볼턴과 달리 영변 폐기를 가치 있는 것으로 판단했다. 다만 북한이 요구한 상응 조치가 과하다고 여겼던 것으로 보인다. 그렇다면 폼페이오는 '영변'을 일단 받겠다는 생각으로 북한이 바라는 상응 조치를 조금 낮춰보는 협상을 해볼 생각은 없었던 것일까. 하노이에서 국무장관으로서 폼페오의 시간이 있었다면 결과는 달라질 수 있었을 것이다. 그러나 폼페이오는 그러는 대신 협상 파기를 어떻게 포장할까를 고민하는 트럼프에게 이렇게 조언했다. "협상 팀이 계속 만나서 어느 정도 진전이 있었고, 여전히 핵 실험은 없으며, 이 회담이 무산된 것과 상관없이 앞으로 또 만날 것이라고 언론에 발표하십시오."[87] 그는 마치 비서실장이나 대변인처럼 행동했다.

폼페이오는 하노이 회담의 소회를 이같이 밝혔다. "독재자의 손에서 핵무기를 빼앗는 방법에 대한 좌절감과 불확실성을 안고 다시 원점으로 돌아갔지만, 저는 트럼프 행정부가 조금도 양보하지 않았다는 사실에 만족했습니다." 그는 국무장관으로서 사실상 아무것도 하지 않은 것으로 보이는 하노이의 시간을 만족해했다.

폼페이오의 인식은 워싱턴의 전형적인 '협상 비지니스' 방식을 반영한다. 폼페이오는 '영변'을 거래하기 제법 괜찮은 '물건'으로 봤다. 그러나 상대방 입장에선 헐값에 사려고 했다. 심지어 그 물건 값도 미국이 아닌 한국 주머니에서 치르려했다. 과거 1990년대 미국은 북미제네바합의에 따른 대북 경수로 건설과 중유 제공 비용 대부분을 한국과 일본이 부담하도록 했다. 외국과 협상에서 최대한 많은 것을 챙겨오면서 비용 부담은 최소화하려는 것이 워싱턴의 오래된 방식이다. 사실 모든 나라가 이런 협상을 하고 싶을 것이다. 그러나 '슈퍼 갑'만이 가능하다.


## 대통령 트럼프의 시간


정상회담은 온전히 대통령의 시간이다. 최종 선택은 대통령의 권한이다. 트럼프도 그것을 알고 있었다. 혹자는 트럼프가 비핵화 협상 자체에는 관심이 없다고 비판했지만 꼭 그렇지도 않았다. 준비회의에서 볼턴이 강조한 '완전한 비핵화 정의' 등을 한 페이지로 정리해줄 것을 요청하며 협상 내용에 관심을 보이기도 했다.[88] 다만 자신이 좋아하는 김정은을 만나 무엇을 이룰지에 대한 목표는 명확히 없었던 것 같다. 그의 말에서 그런 점들이 드러났다. "우리가 협상장을 박차고 나가는 일이 있어도 상관없다"라고 말하는가 하면 "그들에게 내가 김 위원장을 얼마나 좋아하는지 말하되, 내가 원하는 것이 무엇인지도 똑똑히 전달하시오"라고 지시하기도 했다.[89]

트럼프는 이번 회담에서 그가 추가해야 할 목표가 '빅딜'인지 '스몰딜'인지 아니면 '파기'인지 결정을 내리지 못하고 있었으나 시간이 지나면서 파기로 기울고 있었던 것 같다. "어차피 내가 어떤 행동을 하든 비판받게 되어 있어"라고 자조 섞인 말도 던졌다.[90] 이렇게 마음이 왔다 갔다 하는 데는 이유가 있었다. 사실 하노이에서 트럼프의 관심은 마이클 코언Michael Cohen 변호사의 청문회 증인 출석에 가 있었다. 코언은 12년간 트럼프와 함께하며 해결사 역할을 해오다 등을 돌린 인물로, 그가 27일 하원 청문회에 출석해 트럼프의 각종 비리 의혹에 관해 공개 증언할 예정이었다. 트럼프는 하필이면 북한 지도자와 회담하는 당일 야당인 민주당이 이런 청문회를 연다는 것에 화가 나 있었다.

트럼프는 김정은과 회담 첫날까지는 핵심 의제를 거론하지 않으려고 했다.[91] 둘째 날 회담에서 본격적인 협상에 들어가려 했다. 그럼에도 전날 밤늦게까지 코언의 증언 장면을 지켜보느라, 정작 그렇게 중요한 날을 위한 아침 준비회의를 갑자기 취소했다. 트럼프는 회담장으로 이동하는 차에서도 전날 청문회 생각을 계속했다. 트럼프는 언론에서 코언 청문회 건을 증발시킬 수 있는 일이라면 무엇이든 할 것처럼 보였다.[92]

회담장으로 가는 차 안에서 폼페이오와 볼턴에게 "스몰딜과 협상파기 중 어느 쪽이 더 파급 효과를 낼 것 같냐"고 묻기도 했다. 트럼프는 오전 김정은과 일대일 회담을 마치고 대기하는 방으로 오자마자 〈폭스뉴스〉를 틀어 지난밤 코언 청문회 관련 소식을 다시 확인했다. 청문회에서는 코언이 트럼프가 불륜 상대였던 포르노 배우 스테퍼니 클리퍼드Stephanie Clifford의 입을 막기 위해 13만 달러를 지급했다는 폭로도 있었다.

트럼프는 서서히 마음을 굳혔다. 빅딜이 일어날 가능성이 없으니 파기가 최상이라고 생각했다. 비건이 준비한 스몰딜을 선택하는 것은 정치적 이해에 반하는 일임에 틀림없다고 여겼다.[93] 다만 66시간 기차를 타고 여기까지 온 김정은에게 미안한 마음이 들긴 했다. 그래서 북한까지 자신의 전용기로 태워줄 수 있다고 제안하기도 했다. 또 김정은에게 영변 말고 다른 제안을 할 생각은 없는지도 물었다. 이른바 '영변 플러스 알파'를 요구한 것이다. 김정은이 원하는 전면 제재 해제는 안 되지만 약간의 제재는 완화해줄 마음을 내비치기도 했다. 그러나 김정은의 마음이 완강함을 확인하고 결국 파기를 선택했다. 트럼프의 시간은 하노이가 아닌 워싱턴에서 흐르고 있었다.

\*

한반도에 큰 분수령이 될 수 있었던 하노이 회담은 그렇게 끝났다. 결렬의 근본적 원인은 비핵화 협상의 영원한 난제인 서로가 원하는 비핵화 조치와 상응 조치 간의 간극이었다. 또한 비건이 이야기했던 '동시적이고 병행적인' 접근은 예측 불가능한 대통령의 국내 정치적 위기와 슈퍼 매파 대북 강경론자의 집요함, 그리고 뒷짐진 엘리트 정치인의 관망을 넘지 못함으로써 유효한 전략이 되지 못했다.

볼턴은 2019년 9월 경질됐다. 그러나 워싱턴에는 볼턴과 같은 수많은 '매'들이 날아다닌다. '폼페이오'는 더 많을지도 모른다. 북한 같은 적성국과의 협상에는 언제나 정치적 리스크가 뒤따른다. 잘해야 본전인 경우가 많다고 생각할 것이다.

하노이 결렬 이후 서울에서 한탄의 소리가 들려올 무렵, 나는 백악관 출신의 전직 관리와 하노이 회담에 대해 이야기를 나눌 기회가 있었다. "그래도 미국이 영변이라도 받았어야 하는 거 아니냐? 그것이 미국에도 손해 보는 장사는 아니지 않느냐?"라고 묻자, 다른 해석을 그는 내놨다. 하노이 협상 파기가 정치적 위기에 직면했던 트럼프 개인에게는 물론 미국에도 손해는 아니었다는 것이다. 당시 북미 대화의 궁극적인 목표는 물론 '한반도의 완전한 비핵화'였겠지만, 당장 현실적인 목적은 미국 본토를 위협할 수 있는 북한의 핵미사일 역량 개발을 중단시키는 데 있었을 것이라는 이야기다.

북한은 싱가포르 정상회담 성사를 위해 '핵·ICBM 시험 유예'를 약속했고, 결렬됐던 하노이에서도 미국은 북한에게 대화가 진행되는 동안 그 약속이 유효하다는 점을 거듭 확약받았다는 것이다. 비핵화 진전이 없었음에도 트럼프와 폼페이오가 '미국은 더욱 안전해졌다'라고 주장할 수 있었던 이유라는 것이다. 그리고 트럼프는 '러브레터'로 김정은을 계속 붙들어 놓으면서 "서두를 것 없다"고 한 것 아니겠냐는 것이다. 그러면서 그 전직 관리는 덧붙였다. "많은 언론이 트럼프와 김정은의 만남과 러브레터를 비판했지만 트럼프는, 최소한 미국 정부는 바보가 아니다." 이 전직 관리의 분석이 맞다면 하노이는 트럼프의 '미국 우선주의'의 또 다른 발현이었다는 말인가.

문재인 전 대통령은 문재인 정부의 외교안보를 기록한 《변방에서 중심으로》에서 하노이 노딜과 관련해 트럼프 전 대통령은 북한의 단계적 조치 요구를 수용하려 했으나 볼턴 보좌관이 강하게 반대했고 폼페이오 국무장관까지 동조해 불발됐다고 밝혔다.[94] 그러자 당사자들이 반박했다. 폼페이오는 하노이 결렬은 "트럼프 대통령의 선택이었다"고 말했다.[95] 볼턴도 북한의 제안을 거부한 것은 트럼프의 결정이었다며 "저는 그 방에 있었고, 문재인 대통령은 없었다"고 반박했다.[96] 그렇다. 문재인 대통령은 트럼프와 김정은을 그 방으로 안내하는 데 결정적인 역할을 했음에도 정작 그 방에는 들어가지 못했다. 앞으로도 한국은 우리의 운명을 결정하는 중요한 자리인 '그 방'에는 정작 들어가지 못할 것이다. 고사장에 들어가지 못한 채 북핵이라는 고차방정식을 풀어내야 하는 것이 한국의 현실이다. 볼턴이 없다고 그 방정식이 쉬워지는 것도 아니다. 그리고 지금의 정세는 그 방정식을 더욱 복잡하게 하고 있다.

# 8. 전략적 인내 2.0,
## 인내도 쓰고 열매도 쓰다?

"안녕하세요Hello… 끝period"

2022년 5월 22일, 한국을 방문한 조 바이든 미국 대통령이 북한 김정은에게 보내는 외마디 메시지였다. 정의선 현대차그룹 회장을 만난 뒤 기자들에게 소감을 설명하는 자리였다. 바이든의 발언이 끝날 무렵 CNN 기자가 "김정은에게 전할 메시지가 있습니까?"라고 갑작스럽게 묻자 나온 답변이었다. 질문보다 더 짧은 답변. 이 모습은 바이든 행정부 4년간의 대북 온도를 상징적으로 보여주는 장면이다. 바이든 행정부는 1차 북핵 위기가 시작된 1990년대 이후 평양과 대화하지 않은 유일한 미국 정부로 남았다. 하지 못한 걸까? 하지 않은 걸까?

바이든 행정부는 출범 이후 약 100일 만인 2021년 4월 말, 대북 정책의 기본 방향을 발표했다. 이는 전임 트럼프 행정부보다 약 한

달가량 늦은 시점이었다. 이 정책의 핵심은 '세밀히 조정된 실용적 접근을 통해 북한과의 외교를 모색한다'였다. 또한 한반도의 완전한 비핵화를 목표로 삼고 있지만, 오바마 행정부 시절의 '전략적 인내'나 트럼프 행정부의 '일괄 타결' 방식과는 다를 것이라고 설명했다. 북한과 언제 어디서든 조건 없이 만날 준비가 되어 있다는 점도 강조했다.[97]

이어 5월, 문재인 대통령과의 정상회담 공동 기자회견에서 성 김 Sung Kim 국무부 동아시아·태평양 차관보 대행을 대북특별대표로 전격 임명했다. 당시 워싱턴에서는 인권 외교를 중시하는 바이든 행정부가 북한인권특사를 먼저 임명할 것이라는 관측이 많았었다. 예상을 뒤집은 깜짝 발표였다. 그리고 미국의 새로운 대북 정책 검토 결과를 전달하기 위해 북한에 접촉을 여러 차례 시도했다. 북한은 호응하지 않았다.[98]

1년 뒤, 바이든 정부의 기조도 조금씩 바뀌었다. 윤석열 정부 출범 직후인 2022년 5월 한미 정상 공동성명에선 달라진 어조를 확인할 수 있었다. 당시 성명에는 북한의 위협에 대응해 핵과 미사일 방어를 포함한 확장억제, 한미 연합군사훈련 확대, 전략자산 전개 등 군사적 조치가 구체적으로 포함되었다.[99] 전년도 성명에 포함된 '판문점 선언과 싱가포르 공동성명이 한반도 비핵화에 필수적'이라는 문구는 더는 등장하지 않았다. 바이든 행정부가 1년 이상 조건 없는 대화를 제시했지만, 북한이 대화에 응하지 않고 미사일 발사와 대남 위협 수사를 높임에 따라 한미도 대북 군사력 억제로 무게 중심을 옮겼다. 이런 분위기는 2023년과 2024년에도 이어졌다. 그러는 사이 한미 공조는 일본까지 더해져 한미일로 확대됐다. 2018년 조성된 '대화의 판'이 무르익지도 못하고 '힘겨루기 판'으로 바뀐 것이다.

결국 바이든의 대북 정책은 '전략적 인내 2.0'으로 흘렀다. 전략적 인내는 북핵이나 미사일 등에서 북한이 먼저 변화를 선택하지 않는 한 미국이 먼저 협상에 나서지 않고 대신 경제적 압박을 지속한다는 오바마 행정부의 대북 기조였다. 북한은 오바마 행정부가 '인내'하는 동안 핵과 미사일 역량을 꾸준히 강화했다. 오바마의 전략적 인내가 비판받는 대목이다.

물론 바이든 행정부는 자신들의 대북 정책이 전략적 인내로 돌아갔다는 지적에 동의하지 않았다.[100] 그러나 미국의 주류 언론들도 바이든의 대북 정책을 전략적 인내 2.0으로 명명했다. 다만 바이든 정부가 처음부터 북한 문제를 외면하기로 의도한 것인지, 아니면 어쩔 수 없이 전략적 인내로 귀결된 것인지에 대해서는 이견이 있을 것이다. 나는 전자에 무게를 둔다.


## 무조건 트럼프와 다르게


먼저, 바이든은 북한 문제에 본능적으로 거리를 둔 것으로 보인다. 그 이유는 전임자인 트럼프가 북한 문제에 올인했기 때문이다.

민주주의 국가에서 외교는 국내 정치와 뗄 수 없다. 바이든은 트럼프의 대부분을 부정하고 비판하며 집권에 성공했다. 북한 문제도 마찬가지였다. 트럼프는 김정은과 개인적 친분을 과시하며 세 차례나 만났지만 실질적인 비핵화 진전은 이루지 못했다. 오히려 미국 대통령이 김정은을 만나줌으로써 독재자에게 정당성을 부여하고 대북 제재를 와해시켰다는 비판에 시달렸다. 북한 문제가 얼마나 해결하기 어려운 문제인지, 또 국내 정치적으로도 인기 없는 어젠다인지 바이든은 트럼프를 통해 거듭 확인했다. 트럼프와 달라야 하는 것은 어쩌면 너무나 당연했다.

사실 바이든은 굳이 '트럼프 효과'가 아니더라도 북한에 큰 기대를 갖지 않았을 것이다. 많은 사람들이 잊고 있지만, 바이든은 이미 북한을 경험했었다. 바로 윤달 합의로 불리는 북미 2·29 합의를 통해서였다. 2012년 2월 29일 체결된 윤달 합의는 김정은 집권 이후 처음으로 체결된 북미 간 합의였다. 합의에 따라 북한은 핵 실험과 장거리 미사일 발사, 영변 우라늄 농축 활동을 임시 중단하기로 했고, 미국은 북한에 식량을 지원하기로 했다. 그러나 북한이 인공위성이라고 주장하며 장거리 로켓을 발사하면서 합의는 두 달 만에 깨졌다. 미국 측이 일찌감치 북한에 '위성 발사가 합의를 무산시킬 수 있다'고 경고했음에도 불구하고, 북한이 발사를 강행한 것이다.

흥미로운 점은 '윤달 합의'에 직간접적으로 관여했던 당시 오바마 행정부의 사람들이 그대로 바이든 행정부에서도 외교안보 요직을 차지하고 있다는 것이다. 바이든은 당시 부통령으로 외교 경험이 많지 않았던 오바마의 외교 참모 역할을 했다. 바이든 백악관의 '아시아 차르'로 불리는 커트 캠벨Kurt Campbell 인도태평양 담당 조정관도 당시 국무부 동아시아태평양 차관보로 협상에 관여했다. 제이크 설리번 백악관 국가안보보좌관, 토니 블링컨Tony Blinken 국무장관, 웬디 셔먼 국무부 부장관 모두 오바마 행정부 시절 북한과의 협상에 직간접적으로 관여했던 인사들이다. 이러한 경험 때문에 바이든과 그의 팀은 '북한을 믿을 수 있겠어? 먼저 움직일 필요 없어'라는 회의적 시각을 공유했던 것으로 보인다.[101]

## 인내는 쓰지만 열매는 달다

바이든 행정부는 역내 전략적 우선순위와 이익을 위해서도 북한을 외면했던 것일까? 오바마의 대북 전략적 인내는 당시의 아시아 회귀Pivot to Asia 정책의 부산물로 보는 시각이 있다. 이는 중국 견제를 위한 동아시아 봉쇄망 구축의 '자원'으로 북한을 활용한다는 접근이다. 이를 통해 역내 미사일 방어망을 구축하고 동맹의 협력을 확대, 강화하는 것이다. 오바마의 아시아 회귀 정책은 유럽과 중동의 안정이 뒷받침되어야 탄력을 받는 구조였다.[102] 미국의 재원을 여기저기 나눠 쓰는 데는 한계가 있기 때문이다. 트럼프 정부가 채택하고 바이든 행정부도 계승한 인도태평양 전략은 아시아 회귀 정책이 진화한 버전이다. 바이든 행정부에서도 미중 갈등은 상수였다. 중국의 협력 없이 북한 문제를 푸는 것이 쉽지 않다는 것을 누구보다 잘 아는 바이든 정부였다.

바이든 행정부는 2022년 2월 발표한 인도태평양 전략에서 "중국으로부터의 도전이 커지고 있다"면서 쿼드, 한미일 3각 협력 등 동맹들과의 협력을 강화할 것임을 분명히 했다.[103] 인도태평양전략에서 북한 문제는 '다른 주요도전other major challenges'으로 기후변화와 코로나19 등과 함께 언급됐다. 바이든 행정부가 인도태평양 전략에서 강조한 한미일 3각 협력을 촉진하는 직접적인 동인은 공교롭게도 북한발 위협이었다.

북한의 위협은 오바마 시절과는 달리, 미국 본토를 위협할 정도로 고도화되었다. 그렇다면 바이든 행정부는 결과를 예측할 수 있는 전략적 인내보다는 더 적극적인 접근으로 북한 문제 해결에 집중하는 것이 논리적으로 맞을 것이다. 그러나 미국은 '우리는 조건 없이 대화하자고 했는데 북한이 응하지 않는 것을 어떻게 하겠느냐'라며 한미일의 억지력을 강화하는 쪽을 선택했다. 한미일 협력 강화는 바이든 정부의 최대 외교 성과 중 하나가 됐다. 북한의 입장에서 보면, 바이든의 조건 없는 대화 제의는 그저 '우리 언제 밥 한번 먹자'는 식의 공허한 이야기처럼 들렸을 것이다. 판을 새롭게 하기 위한 과감한 접근이 필요했지만, 코로나 사태, 미중 관계 악화, 러우전쟁 등으로 인해 바이든 정부가 적극적으로 움직일 수 있는 공간은 제한적이었을 것이다.

다른 우선순위에 대응하느라 겨를이 없는 바이든 행정부로서는,

오히려 북한이 '좋아! 대화하자'라고 나섰다면 머리가 더 아팠을지도 모른다. 북한 위협을 명목으로 한미일이 결집하고 있는 상황에서 북한과의 대화가 시작되면 그 흐름이 깨질 수 있다. 미국과 한국, 일본의 대북 우선순위와 이해관계는 동일하지 않기 때문이다. 바이든 행정부가 처음부터 전략적 인내 2.0을 작정하지는 않았더라도 이 기조가 어떤 효과를 가져올지 알고 있었다고 보는 것이 타당하다.

## 중간 단계? 군축 협상?

최근 한국에서는 2024년 미국 대선을 앞두고 바이든 행정부의 대북 정책에 변화가 있는지에 대해 관심이 쏠렸다. 지난 3월, 백악관과 국무부 관리들이 잇따라 북한과의 핵 협상에서 중간 단계interim steps를 논의할 용의가 있다고 언급한 것이 계기가 되었다. 먼저 미라 랩-후퍼Mira Rapp-Hooper NSC 동아시아·오세아니아 담당 선임 보좌관이 "미국의 목표는 한반도의 완전한 비핵화"라면서도 "하지만 만약 전 세계를 더 안전하게 만들 수 있다면 비핵화를 향한 중간 단계도 고려할 용의가 있다"고 밝혔다. 다음 날에는 정 박Jung H. Pak 국무부 대북 고위 관리가 "궁극적인 비핵화로 가는 중간 단계가 있어야 한다는 것은 말할 필요도 없다"고 재확인했다.[104]

한국 언론 등에서는 이를 두고 바이든 행정부가 북한이 협상에 응하도록 하기 위해 전략 변화를 시사하는 신호로 해석하기도 했

트럼프 청구서

다. 더 나아가 미국과 북한의 잠재적인 '군축 협상' 가능성도 제기되었다. 이에 장호진 한국 대통령실 국가안보실장은 언론에 나와 "미국의 고위층을 포함해 여러 차례 '중간 단계'라는 것은 없다고 확인받았다"며 "그 문제에 대해 크게 우려하지 않아도 된다"고 진화에 나섰다. 이는 미국이 핵 동결과 제재 완화를 맞바꾸려는 협상안을 검토하고 있지 않다는 설명이었다.[105]

한국에서 관심을 보였던 중간 단계 자체는 사실 새로운 것이 아니다. 미 관리들도 언급했듯이, 북한의 완전한 비핵화를 위해서는 단계적 비핵화, 즉 중간 단계가 반드시 필요하다는 것은 오래된 상식이다. 따라서 관리들의 이런 언급을 바이든 행정부의 대북 기조 전환으로 해석하는 데는 무리가 있어 보인다. 그리고 미 관리들은 중간 단계가 구체적으로 무엇을 의미하는지도 설명하지 않았다.

중간 단계를 곧바로 군축 협상으로 연결 짓는 것도 무리가 있다. 군축 협상은 북한의 핵무기를 제한하는 군비 통제에 중점을 두는 접근이다. 이 과정에서 북한의 핵 역량이 상당 기간 유지될 수밖에 없기 때문에, 사실상 '핵보유국'으로 인정하는 모양새로 비춰질 수 있어 민감한 문제이다. 특히 미국이 자신들에게 직접적인 위협이 되는 북한의 핵 역량 제거에만 우선순위를 둔다면 한국과 일본에 안보 우려를 낳을 수 있다.

*

북한의 핵 역량이 고도화되면서 워싱턴 조야에서는 현실적인 접근을 주문하는 목소리가 나오고 있다. 군축 혹은 군비 통제도 그중 하나이다. 이러한 아이디어는 바이든 행정부 고위 관리의 입에서도 나온 적이 있다. 2022년 10월, 보니 젠킨스Bonne Jenkins 국무부 군축·국제안보 담당 차관은 워싱턴 민간 연구소인 카네기국제평화재단 Carnegie Endowment for International Peace, CEIP 행사에서 북한과의 군축 논의 가능성에 대해 "만약 그들(북한)이 저와 대화하려 한다면, 군축은 언제나 선택지가 될 수 있다고 생각한다"고 밝혔다. 그러면서 "만약 두 나라가 기꺼이 테이블에 마주 앉아 대화를 할 의향이 있다면 단지 군축만이 아니라 전통적인 군축 조약으로 이어지는 모든 위험 감소와 우리가 그들과 함께 할 수 있는 군축의 다른 측면들에 대해 이야기할 수 있다"고 언급했다.

흥미로운 점은 그다음인데, "만약 그(김정은)가 (전화) 수화기를 들고 군축에 대해 얘기하고 싶다고 말했다면 우리는 '안 돼NO'라고 말하지 않을 것"이라고 젠킨스는 덧붙였다.[106] 이 발언은 '북한과의 군축 협상? Why not!'으로 해석할 수밖에 없다.

이후 국무부 대변인은 미국의 목표는 여전히 '한반도의 완전한 비핵화'라고 언급하며 확대해석에 선을 그었다. 그렇다면 젠킨스 차관이 엇박자를 낸 것일까? 이 발언이 카네기국제평화재단 행사에서 나온 점을 주목할 필요가 있다. 이 단체에는 북한 비핵화의 중간 단계로 군축 협상을 지지하는 전문가들이 포진하고 있다. 젠킨스도 이러한 접근에 열려 있는 것으로 보인다. 다만 그는 고위직이긴 하지만, 바이든 행정부의 대북 정책에 직접적인 영향력을 행사하는 인물은 아니다. 북한 문제의 해법에 대해 행정부 내 여러 아이디어가 있다는 차원으로 이해하는 것이 합리적일 것이다. 그리고 그 아이디어는 결국 바이든 행정부의 '인도태평양 전략'의 큰 틀에서 유용한 것으로 증명되어야 정책으로 지속 가능할 것이다.

앞서 언급했듯이 북한 문제는 미국의 인도태평양 전략에서 최상위 우선순위가 아니다. 한국에게는 북한 문제가 여전히 최대 안보 우려 사안이다. 따라서 이 문제에 대해 더 많은 고민을 해야 하는 쪽은 한국이다. 한국이 미국의 우선순위를 바꿀 수는 없다. 그러나 동맹으로서 '아이디어'를 얼마든지 제시할 수 있다. '인내는 쓰고 열매는 달다'는 말이 항상 맞는 것은 아니다.

# 9. 미국과 북한, 어디서 시작해야 할까?

트럼프와 김정은의 협상은 2019년 2월 베트남 하노이에서 멈췄다. 이후 2019년 6월 판문점에서 깜짝 조우했지만 협상 동력을 만들지는 못했다. 게다가 2020년 초 코로나 팬데믹 사태가 발생하자 김정은은 모든 문을 꽁꽁 걸어 잠갔다. 미국이 북한에 미국 제약회사 모더나의 백신을 지원한다면 대화 모멘텀이 살아날 것이라는 이야기도 나왔지만, 김정은은 모든 외부 지원을 거절했다. 그리고 미국은 대선 국면으로 들어갔고, 트럼프는 재선에 실패했다. 워싱턴과 평양의 관계는 2019년 2월 사실상 멈춰선 것이다. 그리고 5년이 지났다. 옛날에는 강산이 변하는 데 10년이 걸렸다. 지금은 1~2년이면 충분한 것 같다. 북미 관계를 둘러싼 정세가 너무 변했다.

트럼프의 마음은 변치 않은 것으로 보인다. 적어도 표면적으로는 그렇다. 그는 2024년 7월 공화당 대선 후보 수락 연설에서 그 마음을 드러냈다. "나는 김정은과 잘 지냈고 (앞으로 백악관에) 돌아가면 그와 잘 지낼 것"이라고 밝혔다. "그 역시 내가 돌아오길 바랄 것이고 나를 그리워할 것"이라고도 했다.[107] 며칠 뒤에는 김정은을 향해 "당신은 너무 많은 핵을 가지고 있다"면서 "긴장 풀고 야구 경기나 보러 가자. 우리는 양키스 경기를 보러 갈 수 있다"고 제안했다.[108] '김정은이여~ 미국에 와서 핵 협상을 매듭짓고 관계를 돈독히 하자'는 트럼프식 표현인 걸까?

## 누가 먼저 손 내밀까?

서먹서먹한 관계를 개선하려면 어느 한쪽이 먼저 손을 내밀어야 한다. 지난 북미 정상회담은 김정은이 먼저 손을 뻗었다. 김정은은 2018년 3월 5일, 평양을 방문한 정의용 국가안보실장 등 한국 특사단에게 북미 정상회담 의사를 밝혔다. 이어, 정의용 실장 등은 3월 8일 백악관을 방문해 트럼프에게 김정은의 메시지를 전달했다. 한국 특사단에 따르면, 김정은은 네 가지 구체적인 약속을 했다. '비핵화 의지가 있다. 앞으로 핵과 미사일 시험을 자제하겠다. 의례적인 한미 군사훈련을 문제 삼지 않겠다. 트럼프 대통령을 만나고 싶다.'[109] 이 말을 듣고 트럼프는 바로 김정은과의 만남을 결정했다.

이번에는 트럼프가 김정은에게 먼저 손을 뻗을 가능성이 높다. 재선에 성공한 트럼프는 정치적 자신감을 바탕으로 자신의 대외 어젠다를 추진할 것이다. 1기에서 변죽만 울리고 매듭짓지 못했던 김정은과의 핵 협상도 그중 하나이다. 트럼프는 자신이 김정은과 '좋은 관계'를 맺은 덕분에, 협상을 타결하지는 못했지만 양국 간의 군사적 긴장을 낮추는 데 성공했다고 본다. 그러나 바이든이 대통령이 되면서 김정은을 내버려두었고, 평양은 ICBM 시험을 재개하고 우크라이나를 침략한 러시아를 지원하면서 미국을 다시 적대시하고 있다. 따라서 자신이 다시 대통령이 된다면 김정은을 만나 핵 협상을 매듭짓고 '미국을 다시 안전하게' 만들어야 한다고 생각할 것이다. 김정은과의 협상 타결, 나아가 70년간 적대적이었던 북미 관계 개선은 '트럼프의 유산Legacy'으로 기록될 수 있다. 이것이 트럼프의 바람일 것이다.

## '러우전쟁' 때문에라도 김정은 만날 것

나는 2024년 7월, 트럼프의 외교안보 분야 측근으로 알려진 프레드 플라이츠Fred Fleitz 미국우선주의정책연구소America First Policy Institute, AFPI 부소장과의 인터뷰를 통해 트럼프가 김정은과 만날 의지가 확고함을 확인할 수 있었다. 플라이츠 부소장은 트럼프 행정부에서 백악관 NSC 비서실장 등을 지냈으며, 존 볼턴이 경질된 후에는 국가안보보좌관 후보로도 거론된 인물이다. 그는 트럼프가 김정은을 다시 만나려는 데는 러우전쟁 문제도 얽혀 있다고 설명했다. 트럼프는 재선에 성공하면 러우전쟁을 끝낼 것이라고 공언했다. 플라이츠는

2024년 6월, 러우전쟁 종료를 위한 시나리오를 트럼프에게 제시한 것으로 알려졌다.[110]

저는 트럼프가 김정은을 다시 만나 정상 외교를 재개하고 북한과 러시아 사이의 관계를 끝내기 위해 노력할 것이라고 생각합니다. 이는 러우전쟁 종식과도 연결된 것이라고 봅니다. 저는 북한과 러시아의 동맹이 오래 지속되지는 않을 것이라고 생각합니다. 러시아가 북한을 이용할 필요가 없다면, 즉 러시아가 북한의 탄약과 미사일을 필요로 하지 않는다면 그 관계는 악화될 수 있습니다.

## 김정은의 마음은?

2019년 이후 김정은의 입장은 많이 달라졌다. 김정은은 문재인 대통령과의 '판문점 선언' 그리고 트럼프 대통령과의 '싱가포르 공동선언'에서 "한반도 비핵화를 위해 노력할 것"이라고 밝혔다. 2018년 4월, 평양을 방문한 마이크 폼페이오 국무장관에게는 "내 자녀가 평생 핵을 지고 살기를 원하지 않는다"고 말했다.[111] 그러나 북미 협상 결렬 이후 그들의 비핵화 약속은 자취를 감췄다. 오히려 김정은은 2022년 9월, "절대로 먼저 핵 포기란, 비핵화란 없으며, 그를 위한 어떤 협상도, 그 과정에서 서로 맞바꿀 홍정물도 없다"고 공언했다. 또한 법령을 통해 자신들이 핵보유국임을 선언했다.[112] 이는 미국과 더는 비핵화 협상을 하지 않겠다는 뜻이다.

북한 핵무기는 고도화되고 있다. 스톡홀름국제평화연구소 Stockholm International Peace Research Institute, SIPRI에 따르면, 2020년 북한은 약 30개의 핵무기를 보유하고 있으며, 이를 최대 40~50개로 늘릴 수 있는 핵분열 물질을 보유한 것으로 추정된다. 이 단체는 2024년 1월 기준으로 북한이 약 50개의 핵탄두를 보유한 가운데 이를 최대 90기로 늘릴 수 있는 핵분열 물질을 가진 것으로 추정했다.[113] 불과 4년 만에 핵 역량이 2배 이상 증가한 것이다.

미사일도 다변화를 꾀하고 있다. 신형 및 고체연료 ICBM, 순항미사일, 극초음속 미사일, 잠수함발사탄도미사일Submarine-Launched Ballistic Missile, SLBM, 수중 드론 등을 시험 발사했다. 물론 실패도 있었다. 그러나 "북한은 매번 미사일을 발사할 때마다 성공하든 실패하든 배우고 역량 개선을 도모한다"는 것이 미국 당국의 평가다.[114] 이를 통해 다종화된 미사일을 실전 배치하고 있다.

특히 군사정찰 위성 개발에 박차를 가하고 있는 점을 주목해야 한다. 군사정찰 위성은 적의 군사기지, 무기 체계, 군사 동향에 대한 정보를 수집하고, 미사일 운용 시 효율성과 정확도를 높이는 데 필수적이다. 북한 미사일이 적을 향해 날아갈 때 길잡이를 해주는 것이다. 북한의 이런 행보는 '북한식 3축 체계' 즉 '전술핵+전략핵+정찰위성'의 3축 플랫폼을 완성하려는 것이다. 전술핵무기는 한국과 일본을, ICBM 등 전략핵무기는 미국 본토 전역을 겨냥하면서 군사정찰 위성 개발을 통해 핵·미사일의 운용성을 높이려는 차원이다.[115]

대외적 입지도 2019년과 다르다. 북한은 러우전쟁 이후 러시아와 더욱 밀착했다. 김정은은 푸틴에게 포탄을 제공하고, 푸틴은 김정은에게 에너지를 지원해주고 있다. 2024년 7월, 북러는 '포괄적 전략 동반자 조약'을 체결하며 사실상 '동맹 복원'에 나섰다. 급기야 북한은 파병까지 했다. 북한은 러시아가 군사정찰 위성, 핵추진 잠수함 등 핵·미사일 고도화 기술도 이전해주기를 바라고 있다.

김정은은 중국 시진핑과도 2019년 1월과 6월 두 차례 정상회담을 한 이후 꾸준히 유대를 이어오고 있다. 북러 관계가 두드러지면서 '북중 이상기류설'이 제기됐지만, 중국 외교부는 양국의 "협력 관계 중시·발전 입장은 변함이 없다"고 반박했다.[116] 북한이 중국과 러시아 사이에서 '줄타기 외교'를 즐기고 있다고까지는 못하겠지만 트럼프를 처음 만났을 때처럼 고립된 상황이 아닌 것은 분명하다. (중국의 입장은 다음 장에서 살펴보고자 한다.)

물론, 한국의 상황도 2019년과 많이 다르다. 2019년 당시 문재인 정부는 트럼프와 김정은의 만남을 중재했다. 남북 관계 진전과 북미 관계 개선을 이루는 데 모든 정치적 자산을 활용했다. 그러나 현재 윤석열 정부는 북한과의 대화를 거의 언급하지 않고 있다. 문재인 정부는 트럼프와 김정은의 직거래에 어느 정도 열려 있었지만, 윤석열 정부는 미국이 북한과 단독으로 무언가를 하는 것을 전혀 달가워하지 않을 것이다.

트럼프 행정부 초기 국무부 대북정책특별대표를 지낸 조셉 윤 Joseph Yun 대사는 "북한은 2019년 이후 몸값이 엄청나게 올랐다"고 말했다. 그는 2024년 7월 인터뷰에서 나에게 이같이 말했다.

저는 미국의 입장은 덜 변한 반면 북한의 입장은 더 변했다고 생각합니다. 트럼프가 김정은 위원장을 만날 의향이 있다면 김정은 위원장이 어떤 조건에서 트럼프와 만나는 데 동의할 것인가? 이 부분이 중요하겠죠. 트럼프가 만나자고 할 시점에 북중, 북러 관계에 대해, 그리고 우크라이나 상황에 대해 김정은이 어떻게 판단하는지에 따라 달라질 것입니다. 물론 북한으로서는 의미 있는 거래로 이어질 것 같지 않더라도 미국 대통령과의 만남을 거부하기는 매우 어려울 것입니다. 결국은 만나겠죠. 진전을 못 이루더라도⋯.

## 하노이보다 판은 커질 것

북한은 트럼프가 선거 유세에서 김정은과의 친분을 과시하자, "공은 공이고 사는 사"라며 선을 그었다. 북한 관영 〈조선중앙통신〉은 "트럼프가 대통령으로 있을 때 수뇌들 사이의 개인적 친분 관계를 내세우면서 국가 간 관계에도 반영하려고 한 것은 사실"이라면서도, 그런 움직임이 "실질적인 긍정적 변화를 가져오지는 못했다"고 논평했다.[117] 북한도 가끔은 옳은 소리를 한다. 트럼프와 김정은이 20여 통이 넘는 '러브레터'를 주고받았지만, 미국과 북한의 거리는 1미터도 가까워지지 않았다. 공은 공이고 사는 사이다. 이는 미국과 트럼프 역시 마찬가지일 것이다. 비즈니스맨 트럼프가 손해 볼 장사를 하겠는가.

결국 트럼프와 김정은이 다시 마주 앉을 때, 테이블에 각자 무엇을 올려놓느냐가 관건이다. 그들은 판이 깨진 하노이를 기반으로 시작할 수도 있다. 그때 북한은 영변 핵단지 폐기를 올려놨다. 미국은 한미 연합 군사훈련 유예 지속, 일부 제재 완화, 종전 선언 정도를 만지작거렸다. 조셉 윤 대사는 트럼프-김정은이 다시 만나면 미국은 '하노이 플러스'를 북한에 원할 것이라고 말했다. '플러스'에는 북한 핵무기 보유량 신고 등이 포함될 수 있다. 더 나아가면 핵과 미사일 시험 유예는 물론 핵물질 생산 동결을 요구할 수도 있을 것이다. 조셉 윤 대사의 이야기를 다시 들어보자.

미국 측이나 트럼프 측에서는 이른바 '하노이 플러스'를 원할 것이라고 생각합니다. 그 플러스가 얼마나 큰지는 아직 지켜봐야 합니다. 제 생각에 '플러스'에는 핵무기 보유량에 대한 일종의 신고가 포함될 수 있습니다. 예를 들어 하노이에선 농축 우라늄 시설에 대한 북한의 시인을 원했었죠. 워싱턴의 많은 사람들은 영변 외에도 북한이 인정하지 않은 핵 시설이 더 있다고 믿고 있습니다.

비핵화는 통상 '합의 → 동결 → 신고 → 불능화 → 검증 → 폐기 → 검증' 과정으로 진행된다. 양측이 합의하면 핵을 보유한 국가는 추가적인 핵물질 생산을 동결한다. 이후 핵무기, 핵물질, 시설을 공개·신고하고 이를 파괴해 불능화한다. 그러면 전문가들이 들어가 핵 시설, 물질, 무기를 검증하고, 핵무기와 핵물질을 외부로 반출해 폐기한다. 이후에도 숨겨놓은 물질이 없는지, 폐기한 시설을 재가동하지 않는지 등을 검증한다. 워싱턴의 전문가들은 이런 절차를 선호한다.

싱가포르 북미 정상회담 이후 마이크 폼페이오 국무장관은 북한에 모든 핵 시설을 신고하라고 요구했다. 그러자 북한은 그를 향해 '강도 같다'고 힐난했다. 그러나 이는 교과서적 순서일 뿐이며, 합의에 따라 순서는 얼마든지 바뀔 수 있다.[118] 북한 수준의 핵무기를 보유한 국가를 비핵화한 전례는 없다. 가보지 않은 길을 가는 것이다. 트럼프는 북한의 핵무기 몇 개를 평양에서 직접 워싱턴으로 가져오는 '쇼'를 원할지도 모른다.


## 북한, 파키스탄처럼 되고 싶지만

김정은이 원하는 것은 분명해 보인다. 국제 사회가 사실상 '핵보유국'으로 인정하는 파키스탄처럼 되는 것이다. 핵무기를 남겨놓은 채 유엔 안보리의 대북 제재 해제를 얻어내길 원한다. 조셉 윤 대사는 "북한이 의미 있는 조치를 취하지 않는 한 그런 일은 일어나지 않을 것"이라고 말했다. 그리고 "북한은 파키스탄과 같은 지위를 얻기 위해 그만한 비용을 지불할 의사가 없어 보인다"고 진단했다. 그러면서 "미국도 북한이 부르는 가격을 맞춰줄 마음이 없을 것"이라고 덧붙였다. 하노이보다 미국과 북한의 거리가 더 멀어졌다고 봐야 한다.

중간에서 만나는 방안도 거론된다. 이른바 중간 합의이다. 이는 바이든 행정부에서 먼저 꺼냈다. 바이든 행정부의 백악관과 국무부 관리들이 "미국의 목표는 한반도의 완전한 비핵화"이지만 "만약 전 세계 지역을 더 안전하게 만들 수 있다면 비핵화를 향한 중간 단계도 고려할 용의가 있다"고 밝혔다.

워싱턴에서는 북한이 사실상 핵보유국인 만큼 비핵화 대신 위협 감소, 군축을 시도해야 한다는 이야기들이 나오고 있다. 사실 70년 간 적대 관계에 있었던 두 나라가 '비핵화'라는 미지의 세계로 나아가려 할 때 중간에서 만나는 것은 지극히 상식적이다. 문제는 그 중간이 어디냐는 것이다. 그리고 그것을 결정하는 지도자가 트럼프처럼 예측 불가능한 인물이라면 그 중간의 폭은 예상 밖일지도 모른다.

## 북한 핵 용인하고 한국엔 전술핵 재배치?

트럼프의 예측 불가능성에 대해 여러 이야기가 나온다. 이를 테면 북한의 핵을 용인하면서 동결을 대가로 대북 제재 상당 부분을 완화할 수 있다는 것이다. 또 주한미군 철수 내지 감축을 놓고 김정은과 협상을 벌일 수 있다는 우려도 있다. 한국의 안보 이익을 침해하는 협상이 이뤄질 수 있다는 것이다.

과거 문재인 정부에서는 북미 회담과 함께 남북 대화를 병행하여 9·19 군사합의 등을 통해 남북 간 군사적 긴장을 해소하는 방안을 마련하려 했다. 그러나 남북 관계가 단절된 지금은 북한이 한국을 제쳐두고 미국과 거래를 시도할 가능성도 배제할 수 없다. 이른바 통미봉남通美封南이다.

그런가 하면 트럼프가 김정은에게는 일부 핵을 용인해주면서 한국에는 주한미군 감축을 전제로 전술핵 재배치 등을 제공할 가능성도 거론된다. 차기 미국 정부가 북핵 문제에 대한 실질적인 진전을 이루면서도 한국의 안보 우려를 해소하는 방향으로 움직이도록 한국 정부가 외교력을 발휘해야 하는 대목이다. 조셉 윤 대사는 불확실성이 높은 상황에서 한국 정부가 이 모든 시나리오에 대비해야 한다고 강조했다.

한국은 독자 핵무기를 갖고 싶어합니다. 트럼프의 예측 불가능성에 대해 사람들이 말하는데요, 트럼프가 돈이 많이 든다고 생각하는 주한미군을 감축하고 그 대가로 한국에는 더 강력한 핵 억지력을 제공하겠다고 결정할 수도 있겠죠. 핵 공유나 전술핵무기 제공 말입니다. 이 모든 것이 불가능한 시나리오라고 할 순 없을 것입니다. 얼마나 현실적인지는 모르겠습니다. 그러나 트럼프는 과거 주한미군 일부 철수를 원했고, 대규모 연합훈련도 중단했습니다. 그가 북한과 진전을 이루기 위해 그것들을 협상 카드로 사용하고 싶어할지도 모릅니다. 안보를 책임지는 모든 사람들이 검토해야 할 시나리오입니다.

## '하노이' 아닌 '싱가포르'로?

미국과 북한이 다시 시작하려면 '하노이'가 아닌 '싱가포르'에서 출발해야 하는 건 아닐까? 2018년 6월 12일 싱가포르 카펠라 호텔의 아침으로 잠시 돌아가보자. 서로를 '리틀 로켓맨'과 '늙다리 미치광이'라고 조롱했던 이들은 얼굴을 마주하고 이렇게 말문을 열었다.

**트럼프** 매우 기분이 좋습니다. 우리는 좋은 토론을 할 것이고, 굉장한 성공을 예상합니다. 엄청난 성공을 거둘 것으로 보입니다. 매우 영예스러운 일입니다. 그리고 우리는 앞으로 좋은 관계를 가질 것이라고 믿어 의심치 않습니다.

**김정은** 여기까지 오는 길이 그리 쉬운 길은 아니었습니다. 우리에게는 우리 발목을 잡는 과거가 있고, 또 그릇된 편견과 관행들이 때로는 우리 눈과 귀를 가리고 있었습니다. 우리는 모든 것을 이겨내고 이 자리까지 왔습니다.

그리고 이들은 다음과 같이 합의했다. 먼저 '평화와 번영에 대한 국민들의 열망에 따라 양국 간 새로운 관계를 구축하자'고 다짐했다. 궁극적으로 관계 정상화로 나아가자는 것이다. 앞으로 워싱턴과 평양에 연락사무소, 나아가 대사관을 설치하자는 이야기일 것이다. 그리고 '두 나라가 항구적이고 안정적인 한반도의 평화체제를 만들기 위해 노력하자'고 약속했다. 한반도에서 70년간 지속된 휴전을 종전 상태로 바꾸고 궁극적으로 평화협정을 맺을 수 있다는 비전이다. 이어 '북한은 한반도의 완전한 비핵화를 위해 노력하겠다'고 확약했다.

'북한의 완전한 비핵화'와 '핵 없는 한반도'를 실현하기로 한 '남북 판문점 선언'을 재확인한다는 전제도 달았다. 남북한 합의에 기초해 북한이 완전한 비핵화의 길을 가겠다는 것에 미국이 동의한 것이다. 끝으로 '한국전쟁 참전 미군 유해를 송환하겠다'고 명시했다. 비교적 이른 시일 내 구체적인 이행이 가능한 약속을 통해 신뢰를 쌓으면서 동시에 트럼프의 국내 정치적 이익도 고려했다.

구체적인 비핵화 내용과 시간표 등이 결여됐다는 비판이 있었지만, 70년간 적대 관계였던 두 국가의 정상이 만나 양국 관계의 비전을 제시한 선언이었다. 하노이에서는 결국 '믿을 수 없다'로 바뀌긴 했지만, 싱가포르에서는 '한번 믿어보자'로 출발했다. 바이든 정부도 이후 싱가포르 공동선언을 존중한다고 했다.

그러나 현재 북미 관계, 그리고 남북 관계는 싱가포르 이전으로 후퇴한 상황이다. 과거 북핵 6자 회담 미국 측 차석대표를 지낸 조셉 디트라니Joseph DeTrani 전 국무부 특사는 나에게 이렇게 말했다.

우리가 북한과의 관계에서 놓치고 있는 것이 있습니다. 바이든 행정부와 윤석열 정부 등 우리는 모두 북한을 억제할 수 있을 것이라고 했습니다. 그런데 사실 그렇게 하지 못했습니다. 북한은 더 많은 핵무기를 만들었고, 러시아와 동맹 관계를 맺었죠. 심지어 하마스에도 무기를 지원하고 있습니다. 우리는 그들이 더 많은 핵무기와 미사일을 만드는 것을 막지 못했습니다. 그리고 그들은 미국과 한국을 향해 '적'이라고 아주 분명하게 말합니다. 선제공격도 거론하고 있죠. 하노이 이후 북한은 전혀 다른 방향으로 가고 있습니다.

## 바로 '본론'으로 들어가지 말고 '신뢰' 쌓아야

CIA 출신인 디트라니 전 특사는 "현재 미국과 북한의 거리가 엄청나게 벌어졌다"며 "단순히 하노이로 돌아가서 바로 영변에 대해 이야기할 상황이 아니다"라고 진단했다. 그러면서 미국과 북한이 핵이라는 본론으로 성급히 들어가지 말아야 한다고 말했다.

영변에서부터 시작하지 않을 것이라고 봅니다. 북미 관계에 현재 신뢰가 전혀 없습니다. 미국과 북한의 수석 협상가들이 양국 관계의 일반적인 문제를 먼저 논의해야 하지 않을까요? 어떻게 좀 더 가까워질 수 있는지, 정상회담을 한다면 의제는 무엇일지, 하노이에서처럼 영변으로 바로 갈 것인지, 아니면 양국 관계에 대해 이야기할 것인지? 미국은 또 북러 관계에 대해 이야기하고 싶어할 것입니다. 그 문제를 다루지 않고 바로 핵 문제로 갈 수는 없습니다. 좀 더 많은 대화를 통해 서로에 대한 신뢰와 이해가 시작되어야 다음 단계로 갈 수 있습니다.

디트라니 전 특사는 인터뷰 내내 "우리가 놓치고 있는 것이 있다"면서 신뢰를 거듭 강조했다. 적대적인 상대와의 협상에서 신뢰가 과연 가능할까? 필요할까? 신뢰를 어떻게 보여주고 검증할 수 있는 것일까? 우리를 적이라고 부르는 상대와 신뢰를 쌓자고 말하는 건 너무 약해 보이는 게 아닐까? 그러나 수십 년간 이 문제에 천착해온 전직 협상가는 '문제는 신뢰야'라고 말한다. 그래서 더 어려워 보인다.

# 10. 워싱턴의 경고:
## 중국이 북한을 멈추지 않는다면

2024년 1월 말, 바이든 대통령의 국가안보보좌관인 제이크 설리번이 중국의 왕이王毅 공산당 중앙정치국위원 겸 외교부장을 태국 방콕에서 만났다. 두 사람은 1박 2일 동안 12시간이 넘는 마라톤 회의를 진행했다.[119] 2023년 11월 미국 샌프란시스코에서 열린 바이든-시진핑 정상회담의 후속 조치를 논의하는 자리였다. 미국은 11월에 있을 대통령 선거를 앞두고 미중 갈등을 관리할 필요가 컸다.

이 회담에서 미국의 핵심 관심사는 두 가지였다. 첫째, 바이든-시진핑 정상회담에서 합의한 양국 군사 소통 채널을 유지하는 것이었다. 타이완 선거에서 독립 성향의 라이칭더賴清德 민진당 후보가 당선되면서 양안 긴장이 높아질 가능성이 커진 상황에서 양국 군사 소통 채널을 통해 오해로 인한 충돌을 방지하는 것이 중요해졌다. 둘째, 마약성 진통제 원료인 중국산 펜타닐 문제도 미국의 큰 우려 사안이었다. 미국 전역에서 펜타닐로 인한 사망자 수가 급증하고 있으며, 샌프란시스코 등 일부 지역은 이 마약으로 인해 '좀비 도시'로 변하고 있다. 중국은 멕시코와 함께 펜타닐의 주요 공급처이다.

트럼프 전 대통령은 바이든 정부가 중국산 펜타닐 문제 해결에 '손을 놓고 있다'는 식으로 공세를 폈다. 이러한 상황에서 설리번과 왕이는 이 문제를 논의할 실무그룹 출범을 협의했다. 양국 안보수장 간의 여덟 번째 만남이었다. 이 채널은 바이든 시대의 미중 전략 경쟁을 관리하는 핵심 창구이다. 이들이 만날 때마다 빠지지 않는 이슈 중 하나가 바로 '북한 문제'였다. 이번에도 백악관은 이들이 "러우전쟁, 중동, 북한, 남중국해, 미얀마 등 국제 및 지역 현안에 대해 솔직하고 실질적이며 건설적인 논의candid, substantive and constructive discussion를 진행했다"고 밝혔다.

'솔직하고 실질적이며 건설적인 논의'라는 표현은 긍정적인 말로 들리지만, 그 안에는 외교적인 의미가 담겨 있다. '솔직한 논의를 했다'는 것은 양측이 특정 사안에 대해 의견 차이를 드러냈음을 의미한다. 미국 외교관들은 회의에서 격한 논쟁을 벌이고 나서도 '오늘 양측이 솔직하고 진솔한 대화를 나눴다'고 표현한다. '실질적인 논의를 했다'는 것은 원칙적인 협의를 넘어 구체적인 방법론에 대한 이야기가 오갔다는 의미이다. '건설적인 논의'는 특정 현안에 대해 일부 진전이 있었거나 모종의 합의 가능성을 확인했음을 내포한다.

그렇다면 설리번과 왕이는 북한 문제에 관련해 어떤 종류의 논의를 했을까? 회담 이후 백악관에서 기자들을 대상으로 진행한 백그라운드 브리핑을 통해 힌트를 얻을 수 있다. (백그라운드 브리핑은 정부 당국자가 회담 결과를 좀 더 구체적으로 설명하고 기자들의 질문을 받는 형식으로 진행된다. 기자들은 이런 브리핑 내용을 기사에 쓸 때 당국자의 실명과 직책을 밝히는 대신 '정부 고위 당국자'로 언급하도록 요청받는다.) 미 정부 고위 당국자는 북한의 미사일 발사와 북러 밀착 움직임 등을 거론하며 "깊이 우려한다"고 말했다. 그러면서 "우리는 중국의 북한에 대한 영향력을 고려해 이러한 문제들을 직접적으로 제기했다"고 설명했다.

중국이 북한 문제와 관련해 건설적인 영향력을 행사하고 있는지에 대해선 '건설적'이라고 표현할 수 있을지 모르겠다고 답변했다. 이어 "하지만 중국은 분명히 영향력을 유지하고 있으며, 우리는 중국이 이를 비핵화의 길로 되돌려놓는 데 사용하길 기대하고 있다"고 강조했다. 반면, 중국 측에서 발표한 보도자료에는 북한 문제에 대한 언급이 없었다. 북한 문제에 대한 워싱턴과 베이징의 이 같은 '솔직한 논의'는 몇 년째 같은 패턴으로 공전하고 있다.

2년 전에도 상황은 비슷했다. 2022년 3월, 설리번 보좌관은 이탈리아 로마에서 양제츠杨洁篪 중국 공산당 외교 담당 정치국원과 7시간에 걸쳐 회담을 했다. 러시아가 우크라이나 수도 키이우에 대한 공격을 단행한 지 20일 만이었다. 한반도에서는 북한이 2017년 이후 처음으로 ICBM 시험 발사를 재개할 징후가 포착됐다. 따라서 이 주제가 미중 간 대화 테이블에 올라왔을 가능성이 있었다. 회담 직후 백악관이 발표한 보도자료에는 북한에 대한 언급이 없었지만, 이후 백악관 NSC 고위당국자의 백그라운드 브리핑에서 북한 문제도 양측이 논의했음이 확인되었다. 그러나 그날 백악관 기자들의 관심사는 당연히 우크라이나 문제에 집중되었다. 브리핑에서 모두 5명의 기자에게 질문 기회가 주어졌고, 나는 마지막으로 질문을 하게 되었다.

북한의 연이은 도발로 한반도 정세가 고조되고 있습니다. 특히 북한의 ICBM 시험 발사가 임박했다는 보도가 있는데요, 설리번 보좌관은 이와 관련해 구체적으로 어떤 메시지를 중국에 전달했습니까? 미국이 중국에 어떤 요구를 했는지 자세히 설명해주십시오. 또한, 유엔 안보리에서 중국이 북한의 미사일 발사에 대한 대응 조치를 계속 반대하고 있는데, 이 문제도 중국에 제기했습니까?[120]

백악관 고위 당국자의 답변은 앞서 소개한 2024년 1월의 답변과 놀랍도록 비슷했다. 마치 데칼코마니 같았다.

우리는 북한의 최근 긴장 고조 행위에 대해 매우 우려하고 있습니다. 설리번 보좌관은 양제츠 정치국원에게 이러한 우려를 표명했습니다. 뿐만 아니라, 우리가 지금 필요하다고 믿는 조치와 중국이 맡아주길 희망하는 역할에 대해서도 분명히 전달했습니다. 미국과 중국은 북한 문제에 대해 협력했던 역사가 있습니다. 가까운 미래에 미국과 중국의 당국자들이 북한이 긴장 고조 행위 대신 다른 길을 선택하도록 압박할 수 있는 구체적인 방법에 대해 더 논의할 예정입니다.[121]

며칠 뒤, 북한은 4년 4개월 만에 ICBM 발사를 재개했다.


## 시진핑은 김정은의 목줄을 쥐고 있는가?

워싱턴에서는 북한을 중국의 종속 변수로 보는 시각이 강하다. 중국이 북한에 절대적인 영향력을 가지고 있다는 것이 미국의 외교 안보 전략가들의 판단이다. 이들은 중국이 북한 경제의 '생명줄'을 쥐고 있다고 생각한다. 중국은 북한의 최대 교역국이다. 2022년 북한의 무역총액 15억 9천만 달러 중 96.7%가 중국과의 무역에서 발생했다.[122] 또한 중국은 헤이룽장성 다칭 유전에서 생산한 원유를 국제가격보다 낮게 북한에 제공하고 있다. 2017년까지 매년 약 5억 달러어치의 원유를 북한에 공급한 것으로 알려졌다.[123]

북한이 필요할 때 식량과 비료도 지원한다. 중국이 대북 제재의 열쇠를 쥐고 있는 셈이다. 김정은이 2018년 대외 관계 개선에 나서면서 가장 먼저 만난 외국 지도자도 시진핑이었다. 이런 북중 관계를 고려할 때 미국 정부가 대북 정책에서 중국을 핵심 요소로 여기는 것은 당연하다. 북핵 문제 악화의 책임을 중국에 돌리기 위해 중국의 영향력을 일부러 과대평가한다는 일부 시각도 있지만, 중국의 협조 없이 북한 문제에 진전을 내기 어렵다는 견해는 워싱턴에서 상식으로 통한다.

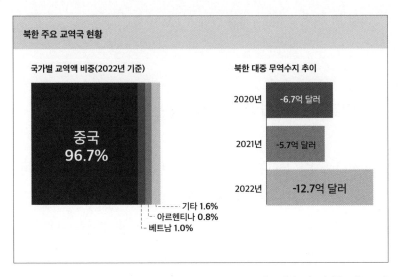

북한 주요 교역국 현황

국가별 교역액 비중(2022년 기준)

중국
96.7%

기타 1.6%
아르헨티나 0.8%
베트남 1.0%

북한 대중 무역수지 추이

2020년 -6.7억 달러

2021년 -5.7억 달러

2022년 -12.7억 달러

자료: 대한무역투자진흥공사(코트라)

　트럼프 백악관의 내부를 적나라하게 드러내어 화제를 모았던 〈워싱턴포스트〉의 밥 우드워드Bob Woodward에 따르면 트럼프가 김정은과 정상회담을 결정했을 때, 당시 국무장관이었던 렉스 틸러슨은 "중국을 배제한 이러한 접근은 잘못됐다"며 불쾌감을 드러냈다.[124] 틸러슨은 시진핑과의 만남에서 이렇게 물었다고 한다. "당신이 김정은의 뒤에서 그의 목을 손으로 감싸 쥐고 있는지 알고 싶다. 그가 잘못된 행동을 할 때마다, 당신이 그의 목을 쥐고 있는 손에 가볍게 힘을 주어 당신이 그곳에 있음을 알게 해주는지 궁금하다." 시진핑은 그 말을 듣고 "가만히 웃기만 했다"고 밥 우드워드는 전했다. 시진핑의 웃음은 어떤 의미였을까.

　2022년 11월, 인도네시아 발리에서 시진핑을 만난 바이든 대통령도 같은 질문을 했을지도 모른다. 시진핑과의 대화 이후 바이든은 기자들에게 흥미로운 말을 했다. 당시는 북한의 7차 핵 실험 가능성이 제기됐던 때였다. 기자회견에서 '중국이 북한의 7차 핵 실험을 저지하는 데 어느 정도 능력이 있다고 판단하느냐'는 질문이 나오자 바이든은 이렇게 대답했다.

중국이 북한을 통제할 수 있다고 단언하기 어렵습니다.
It's difficult to say that I am certain that - that China can control North Korea.

바이든은 중국이 북한의 핵 실험을 저지할 능력이 있는지 단정하긴 어렵다는 말을 두 번이나 했다. 능력 대신 중국의 의무를 강조했다. 장거리미사일과 핵 실험을 더는 해서는 안 된다는 점을 북한에 분명히 해야할 의무가 중국에 있다고 시진핑에게 말했다는 것이다. 이날 바이든 등의 발언을 톺아보면, 미국은 중국의 대북 영향력이 김정은의 셈법을 바꿀 수 있을 만큼은 아닐지도 모른다는 현실적 판단을 하기 시작한 것으로 보인다. 다만 중국에 여전히 북한을 압박할 수단이 있으니 그것을 긍정적으로 사용하라는 요구를 하는 것이다.

## 중국의 우선순위는 '한반도 현상유지'

과거 미국과 중국은 북한 핵 문제를 해결하기 위해 협력한 적이 있었다. 북핵 6자 회담이 그 대표적인 사례이다. 6자 회담은 북한의 핵 프로그램을 중단시키기 위해 2003년부터 2009년까지 진행된 다자간 협상이었다. 이 협상에는 한국, 북한, 미국, 중국, 일본, 러시아가 참여했고, 중국이 의장국이었다. 9·19 공동성명은 6자 회담의 최대 성과였다. 이 성명에서 북한은 핵무기를 포기하고, NPT에 복귀하며, 국제원자력기구International Atomic Energy Agency, IAEA의 사찰을 수용하겠다고 약속했다. 이에 미국은 핵무기나 재래식 무기로 북한을 공격하거나 침공할 의사가 없음을 확인했다. 6개국은 양자 혹은 다자간 에너지, 교역, 투자 분야에서 협력할 것도 약속했다.[125] 이에 따라 북한은 영변 핵 시설을 폐쇄하고 국제 사찰단의 방문을 허용하기로 했다.

2008년 6월에는 북한이 '불능화'의 일환으로 북핵 위기의 상징물로 꼽혔던 영변 원자로의 냉각탑을 폭파했으며, CNN은 이 장면을 전 세계에 생중계했다. 그러나 이후 미국과 북한이 의무 불이행 책임을 두고 공방을 벌이던 중, 2009년 4월에 북한이 로켓 발사를 강행했고 유엔 안보리가 대북 제재를 채택하면서 6자 회담은 결국 마침표를 찍어야 했다. '화염과 분노'의 시기 2017년에도 미국과 중국의 대북 협력이 이루어졌다. 당시 유엔 안보리는 북한의 거듭된 탄도미사일 발사와 핵 실험에 대응해 4건의 대북 제재를 결의했다. 이때 중국은 러시아와 함께 미국 주도의 대북 결의 채택에 협조했다.

북한 핵 문제는 중국에도 골칫거리이다. 이미 러시아, 인도, 파키스탄 등 핵보유국 이웃과 국경을 맞대고 있는 상황에서 북한까지 더해지는 것은 반가울 리 없다. 북한의 핵무력 고도화가 한국, 일본 등의 자체 핵무장을 촉발해 역내 세력 균형에 변화를 초래하는 것도 원하지 않는다. 미국과 중국 모두 '한반도 비핵화'를 공통의 목표로 삼고 있다. 특히 중국은 오랫동안 한반도 문제에 대해 '한반도 비핵화, 한반도 평화 안정, 대화를 통한 문제 해결'이라는 3대 원칙을 고수해왔다. 얼핏 보면 미국이 지향하는 것과 크게 다르지 않다. 그러나 우선순위에 차이가 있다.

중국은 '한반도 비핵화'보다 '한반도 안정'을 더 중요하게 생각한다. 한반도의 정세 불안정이 자국의 이익을 침해할 것이라고 여기기 때문이다. 또 미국이 북한에 군사행동을 하거나 제재 압박을 과도하게 가해 평양 정권이 붕괴하고, 이로 인해 북중 접경 지역에서 대규모 난민 사태가 발생하는 것도 중국은 바라지 않는다. 그러나 중국이 가장 우려하는 것은 한반도에서 무력 충돌이 발생해 미국의 군사적 영향력이 역내에서 확대되는 상황이다. 따라서 중국 입장에서는 긴장이 다소 고조되더라도 충돌은 피할 수 있는 수준의 '현상 유지'가 한반도 비핵화보다 더 중요하다. 미국이 원하는 수준은 아니었지만, 중국이 미국 측과 보조를 맞추며 북한 핵 문제 해결을 위해 일정 부분 역할을 했던 주요 동인이었다. 미중 협력 시기에는 양

국의 대북 인식 차이가 큰 문제가 되지 않았다.[126]

북한 핵 문제에 대한 중국의 비협조적인 태도가 2019년부터 뚜렷해진 점은 눈여겨볼 필요가 있다. 중국은 2019년 12월, 러시아와 함께 유엔 안보리에 북한의 해산물과 섬유 수출 금지 해제를 포함한 대북 제재 완화 결의안 초안을 제출했다. 중국 측은 "대북 제재는 그 자체가 목적이 아니라 목적을 이루기 위한 수단일 뿐"이라면서 인도적 위기를 악화시키는 제재부터 완화해야 한다고 주장했다.[127] 이 결의안은 미국과 유럽 국가들의 반대로 진전을 보지 못했지만, 유엔 안보리에서 미국 등 서방 진영과 중러 간의 균열을 보여주는 상징적인 움직임이었다. 이 시기는 트럼프 행정부가 중국과의 관여 정책을 폐기하고 전략적 경쟁을 공식화한 뒤 그 전선을 확장하던 때와 맞물린다.

## 북한은 중국의 전략적 가치 vs. 북한 위협은 중국 봉쇄의 명분

미중 전략 경쟁 시대에 워싱턴과 베이징은 북한 문제를 놓고 서로의 의도를 의심하고 있다. 중국은 미국이 북한 핵 문제를 해결할 의지가 없다고 비난한다. 미국이 오히려 한국, 일본 등 역내 동맹들과 함께 중국 봉쇄 전선을 강화하기 위해 북한의 위협을 이용한다고 의심한다. 이에 대해 중국 사회과학원의 리난李楠 연구원은 다음과 같이 말했다.

중국의 전략적 이익은 남북한 모두와 우호적인 관계를 맺으면서 안정된 한반도를 유지하고 핵 문제를 해결하는 데 있습니다. 우리는 북한의 핵과 미사일 프로그램을 우려하며, 궁극적으로 이것이 역내 다른 국가들의 자체 핵무장을 유발할 가능성도 걱정하고 있습니다. 이는 중국의 안보 이익에 반하는 것으로 인식합니다. 한미 동맹과 달리 중국이 북한과 군사훈련을 하지 않고, 북한에 군사 지원을 제공하지 않는 이유가 여기에 있습니다.[128]

리난 연구원은 "미국은 중국이 타이완해협에서 불안정을 초래한다고 보는 것처럼, 중국은 미국이 한반도를 불안정하게 만드는 주체라고 생각한다"고 말했다. 중국은 북한이 원하는 체제 안전보장과 제재 해제의 열쇠는 자신들이 아니라 미국이 쥐고 있다고 주장한다.

워싱턴은 미중 경쟁 시대에서 중국은 북중 관계를 '전략적 가치'로 인식하고 있다고 분석한다. 오랫동안 '대미 관계'라는 렌즈를 통해 한반도 문제를 다뤄왔던 중국이, 미중 경쟁이 심화하면서 북한의 전략적 가치를 더욱 크게 보고 있다는 진단이다. 미국 국무부에서 중국과 한반도 문제를 다뤘던 에번스 리비어Evans Revere 전 동아태 담당 수석부차관보는 "중국은 북한의 행동이 북중 국경 지역의 안정을 해치지 않는 한 북한의 도발을 계속 묵인할 것"이라고 말했다. 미국과 한국의 안보 셈법을 복잡하게 하는 북한의 그 어떤 행동도 중국은 자신들에게 이익이 될 것으로 간주한다는 것이다.

중국 출신의 안보 전문가 자오통Zhao Tong 카네기국제평화재단 핵
정책 프로그램 선임연구원은 베이징의 속내를 나에게 자세히 설명
했다. 그는 북한의 군사적 행동이 역내 불안정을 초래함에도 이를
잠재적인 이익으로 보는 중국 내 전략가들이 늘고 있다고 말했다.
특히 중국이 실제로 타이완을 침공할 경우, 북한의 위협이 한국과
일본, 그리고 주둔 미군의 대응을 복잡하게 만든다는 것이다. 결국
미국과 동맹국들이 북한의 위협에 대응해야 하므로, 타이완 방어에
투입할 자원이 제한될 것이라고 중국은 계산하고 있다는 것이다.[129]
자오통 연구원은 다만 북한이 한국과 일본, 심지어는 잠재적으로
중국을 향해 사용할 수 있는 소형 전술핵무기를 개발·배치하는 상
황에 대해서는 중국의 셈법이 복잡할 것이라고 말했다.


## 전략핵잠수함 한국 기항, 중국 억제 목적도


　　현재 미국은 중국이 대북 영향력을 사용하도록 하기 위해 '중국
의 안보 이익'을 자극하고 있다. 바이든 대통령은 2022년 11월 14일
미중 정상회담 이후 기자회견에서, 중국이 북한의 장거리 미사일과
핵 실험을 억제하지 않으면 "우리는 추가적인 방어 조치를 취해야
할 것"이라고 경고했다. 이어 "이는 중국을 겨냥한 것이 아니라 북
한에 메시지를 보내는 것"이라고 덧붙였다.[130]
　　나흘 뒤인 18일, 북한은 ICBM '화성-17형'을 발사했다. 이 미사일

은 일본 상공을 지나 태평양에 떨어졌으며, 북한의 ICBM 시험 발사 중 가장 큰 사거리와 위협을 보여주었다는 분석이 나왔다. 이날 백악관 NSC 대변인인 존 커비 전략소통조정관은 흥미로운 논평을 내놨다. 나는 당시 NSC 브리핑에서 커비 조정관에게 "이 미사일이 미국 본토를 타격할 역량을 보여줬냐?"고 질문했다. 이에 커비 조정관은 북한 미사일 역량에 대한 구체적인 평가는 공유하지 않겠다면서도 "이 발사 자체가 미국 본토에 대한 위협이라고 생각하지 않는다"고 답했다. 그러면서, 미국과 한국, 일본이 역내의 정보수집 역량을 강화하고 군사 협력 증진을 모색하고 있다고 강조했다. 이어, 북한의 미사일 발사를 언급하며 "그것이 우리가 새로운 능력을 역내에 적용하거나 기존 역량을 더 나은 방식으로 통합하는 방안 등을 계속 모색하는 이유"라고 덧붙였다.[131]

바이든 대통령이 거론한 '특정 방어 행동'과 커비 조정관이 언급한 '새로운 능력과 역량'은 동일한 의미이다. 이 메시지는 북한을 물론 중국을 겨냥한 것이었다. 중국이 불편해할 '무기'를 한반도 주변에 갖다놓을 것이라는 엄포다.

미국은 북한의 미사일 발사 다음날 전략폭격기 B-52를 한반도 상공에 전개했다. 2023년 초에는 니미츠급 항공모함 USS 니미츠를 포함한 항공모함 강습단을 한반도 인근 해역에 배치했다. 같은 해 7월에는 SLBM을 탑재한 핵추진탄도유도탄잠수함SSBN이 40년 만에 한국에 기항했다. 미국 측은 이 전략핵잠수함의 한국 기항이 북한뿐 아니라 중국의 타이완 공격을 억제하는 목적도 있음을 숨기지 않았다.

공화당 소속 마이클 매콜Michael McCaul 하원 외교위원장은 미국 방송에 출연해, 미국의 전략핵잠수함 기항에 대해 "북한과 시진핑 중국 국가주석에게 그들이 군사적으로 공격적인 행동을 하면 결과가 뒤따를 것임을 인식시켜야 한다"고 밝혔다. 이어 그는 "(인도)태평양사령부 함대가 한국에 간 이유는 타이완과 (중국의) 충돌 시 북한을 억제하고 통제하기 위해서"라며, "북한이 타이완에 미사일을 발사할 수 있으니 우리는 한국과 함께 북한을 억제해야 한다"고 주장했다.[132] 미국 정부의 공식 입장은 아니지만, '한반도와 타이완 유사시'를 한 묶음으로 보고 있으며, 대북 억제가 대중 억제와 무관하지 않다는 워싱턴의 인식을 보여준다. 앞에서 설명한 바로 그 '통합억제' 전략이다.

북한은 국방상 담화를 통해 미국 전략핵잠수함의 기항이 북한 핵무력 정책법이 밝힌 다섯 가지 '핵무기 사용 조건' 가운데 하나에 해당한다고 위협했다.[133] 중국은 직접적인 반응을 보이지 않았으나, 외무성 대변인은 "한반도 긴장이 다시 고조되는 이유는 분명하다"며 "관련 당사국들이 이기적인 지정학적 이익을 추구하기 위해 한반도 문제를 이용하기 때문"이라고 밝혔다. 또한 "의미 있는 대화를 통해 서로의 정당한 우려를 균형 있게 해결하고 한반도의 평화와 안정을 수호하기를 바란다"고 말했다.[134] 북한 문제 진전을 위해선 미국이 먼저 움직여야 한다는 베이징의 오랜 입장을 거듭 확인한 것이다.

2024년 4월, 미국과 중국은 17개월 만에 국방장관 회담을 재개하며 그동안 단절되었던 군사 채널을 사실상 복원했다.[135] 미중 갈등이 심화되고 있지만, 불필요한 군사 충돌을 미연에 방지해야 한다는 필요성에 따른 조치였다. 충돌 방지를 위한 소통을 강조하는 것은 미중 갈등이 결코 쉽게 끝나지 않을 것이라는 반증이기도 하다.

앞서 살펴본 것처럼, 북한 문제는 워싱턴의 바람과는 달리 미중 갈등 속에서도 협력할 수 있는 분야가 아니라, 미중 전략적 경쟁이라는 큰 판의 종속 변수가 된 것이 현실이다. 미국은 한국, 일본과 함께 군사적 억지력을 강화하는 데 집중할 것이고, 북한은 이에 반발해 위협 수위를 높이는 긴장의 악순환이 지속될 가능성이 크다. 미국과 중국만 우발적 충돌 방지를 위한 소통 채널이 필요한 것이 아니다. 남북한은 2023년 4월 7일 이후 남북공동연락사무소와 군통신선이 모두 끊겼다. 군사 충돌을 방지할 방법마저 단절된 것이다. '판'을 바꿀 수 없다면 '선'이라도 되살려야 하는 게 아닐까.

# 11. 국제 사회에서 '답정너'인 인권 문제

    2023년 8월 17일, 뉴욕 유엔 본부에서 유엔 안보리 공개회의가 열렸다. 주제는 '북한 인권 상황'이었다. 안보리 공개회의에서 북한 인권을 다루는 것은 2017년 이후 6년 만이었다. 안보리 회의를 하루 앞두고 유엔 주재 미국대표부 관계자로부터 연락이 왔다. 린다 토머스-그린필드Linda Thomas-Greenfield 유엔 주재 미국대사가 17일 안보리 의장실에서 북한 문제를 주제로 몇몇 기자들과 인터뷰를 진행할 계획인데, 나를 초대하고 싶다는 내용이었다.

    이 관계자는 대북 제재 문제나 북한 미사일 발사에 대응한 안보리 회의가 열릴 경우 미국 측의 입장이 궁금할 때마다 연락했던 사람이었다. 내가 북한 문제에 관심이 많다는 것을 기억하고 연락을 준 것이다. 마다할 이유가 없었다. 단독 인터뷰는 아니지만, 유엔 미국대사와의 인터뷰는 흔치 않은 기회였다. 문제는 워싱턴에서 뉴욕으로 가야 한다는 것이었다. 게다가 인터뷰 날짜가 내가 취재하기로 한 '캠프 데이비드 한미일 정상회담' 바로 전날이라는 것도 부담이 되었다.

에디터와 논의한 뒤 화상으로 인터뷰에 참여하는 방법을 조율해보기로 했다. 이 관계자에게 사정을 이야기했더니 화상은 어렵지만 왓츠앱으로 연결해주겠다고 했다. 왓츠앱으로까지? 조금 뜻밖의 호의였다. (그는 평소 그렇게 친절한 취재원은 아니었다.) 그러나 이런 호의에는 이유가 있었다. 미국은 당시(2023년 8월) 안보리 의장국이었다. 그리고 미국 주도로 6년 만에 안보리 차원에서 북한 인권을 다루는 것이었다. 유엔 미국 대표부는 최대한 많은 언론 기사를 원했던 것이다.

유엔 안보리는 몇 년째 북한 문제와 관련해 아무런 공동 조치를 내리지 못하고 있다. 중국과 러시아의 거부권 때문이다. 이들은 북한이 핵 실험과 탄도미사일 발사에 열을 올렸던 2017년까지만 해도 안보리 대북 제재 결의에 찬성했다. 그러나 2019년부터 대북 제재 완화를 요구하며 미국에 맞서고 있다. 특히 미중 전략적 경쟁이 심화되고 러우전쟁이 시작된 이후, 중국과 러시아는 안보리에서 미국이 하려는 모든 일에 딴지를 걸고 있다. 그 덕을 북한이 보고 있는 것이다. 이런 상황에서 미국은 북한뿐만 아니라 중국과 러시아를 상대로 장외전을 벌이고 있었다. 다른 안보리 이사국들과 함께 북한, 그리고 북한을 편드는 중국과 러시아를 규탄하는 공동성명을 발표하고, 여기에 인권 문제까지 얹은 상황이었다. 유엔 미국대표부 관계자의 '뜻밖의 호의'는 이런 맥락에서 나왔다.

이때도 중국과 러시아, 그리고 북한은 안보리 회의 개최를 반대했다. 안보리의 주요 책임은 인권 문제 해결이 아니라 국제 평화와 안보 유지라는 이유에서였다. 유엔 인권이사회에서 다룰 문제를 왜 안보리가 나서느냐며 딴지를 건 것이다. 그러나 미국 등 다른 안보리 이사국들의 입장은 달랐다. 북한의 탄도미사일 발사는 유엔 안보리 결의 위반이며, 북한 정권이 주민의 인권을 희생하며 이러한 무기를 개발한다고 비판했다. 북한의 무기 개발과 인권 탄압은 별개가 아니라 '동전의 양면'이라는 이야기다.

> 김정은 정권의 억압적이고 전체주의적인 사회 통제, 인권과 기본적 자유에 대한 조직적이고 광범위한 탄압은 북한 정권이 대중의 반대 없이 불법적인 대량살상무기와 탄도미사일 프로그램 개발에 막대한 공공 자원을 투입할 수 있도록 보장합니다.[136]

## 트럼프, 김정은 만나며 '인권 문제' 뒤로 빼

미국은 지난 6년간 왜 이 문제를 안보리에서 다루지 않았던 것일까? 안보리는 2014년에 처음으로 북한 인권 문제를 공식적으로 논의했다. 유엔 북한인권조사위원회Commission of Inquiry, COI가 북한 인권 침해 상황이 '반인류 범죄'에 해당하며 국제형사재판소International Criminal Court, ICC에 회부해야 한다는 보고서를 발표한 것이 계기가 되었다.[137] 이후 2017년까지 4년 연속 안보리 차원에서 이 문제를 다뤘다. 트럼프도 2018년 초까지는 북한 인권 상황에 대한 관심을 최고조로 끌어올렸다. 이는 북한 정권에 대한 '최대 압박' 전략의 일환이기도 했다. 트럼프는 2018년 국정 연설에서 탈북민 지성호 씨를 초대해 그의 탈북 과정을 소개했고, 지성호 씨는 청중의 기립박수에 목발을 들어 화답했다. 그러나 트럼프가 김정은을 만나면서부터 인권 문제는 사라졌다. 당시 트럼프 행정부는 "비공개로 은밀히 논의하고 있다"면서 적극적으로 나서지 않았다.[138] 그러다 바이든 행정부가 들어서면서 북한 인권 문제를 다시 꺼낸 것이다.

# 현실정치에 고개 숙인 바이든표 인권 외교

바이든은 대선 후보 시절부터 "내가 대통령이 된다면 인권이 미국 외교 정책의 핵심이 될 것"이라고 선언한 바 있다.[139] 트럼프가 탈퇴한 유엔인권이사회에도 3년 만에 복귀했다.[140] 토니 블링컨 국무장관도 기회 있을 때마다 "미국은 민주주의와 인권을 외교 정책의 핵심으로 삼고 있다"고 강조했다.[141] 실제로 바이든 정부는 홍콩·타이완·신장위구르·티베트 등 중국이 핵심 이익으로 꼽는 영역에서 인권 문제를 집요하게 제기했다.

바이든의 인권 외교가 용두사미가 된 사례도 있다. 사우디아라비아에서였다. 바이든은 대통령 후보 시절 사우디의 만연한 인권 침해를 강하게 비판하면서 사우디를 국제 사회에서 '왕따pariah'시킬 것이라고 공언했다.[142] 이는 미국 영주권자인 사우디 출신 언론인 자말 카슈끄지جمال احمد خاشقجي의 암살에 사우디 왕실이 개입된 정황이 드러난 것이 큰 영향을 줬다. 바이든은 또 예멘 내전을 이유로 사우디에 F-35 전투기 판매 등 미국산 공격형 무기 공급을 차단하겠다고 선언하며 사우디와 확실히 거리를 뒀다.

그러나 2022년 2월 러시아의 우크라이나 침공 이후 에너지 위기가 고조되고 국제유가가 치솟으면서 바이든은 입장을 바꿨다. 물가가 급등하자 그의 지지율은 내리막길을 걸었고, 재선 가도에서 빨간불이 켜졌다. 그러자 2022년 6월, 그는 사우디를 찾아 무함마드 빈 살만بن سلمان محمد بن عبد العزيز آل سعود 왕세자와 어색한 '주먹 인사'를 하며 석유 증산을 부탁해야 했다. 같은 민주당에서조차 '토막 살인범과의 만남'을 비판했다. 먹고사는 문제와 현실 정치가 인권 외교를 이긴 셈이었다. 바이든만 그런 것은 아니다. 과거 빌 클린턴Bill Clinton 대통령도 임기 초반에는 중국에 인권 문제를 강하게 제기하다가 경제 협력 등 다른 우선순위의 중요성을 실감하며 인권을 슬쩍 뒤로 감췄다. 어디 미국뿐이랴.

자료: AP연합뉴스

## 인권 압박한다고 바로 개선 안 돼

문재인 정부는 남북 관계 진전에 몰두하느라 북한 인권 문제를 외면했다는 비판을 받았다.[143] 비판의 핵심에는 유엔 북한인권결의 안 공동제안국 불참 문제가 자리잡고 있다. 해마다 유엔 총회와 유엔 인권이사회에서 '북한인권결의안'이 채택되는데, 한국은 이 결의안의 공동 제안국으로 참여해왔다. 그러다 문재인 정부는 2019년부터 임기 마지막 해인 2022년까지 4년간 공동 제안국에 참여하지 않았다.

당시 외교부 당국자는 "한반도 평화 프로세스의 실질적 진전을 확보하기 위한 한국 정부의 노력, 남북 관계의 특수한 상황 등 여러 가지 상황을 종합적으로 고려한 것"이라고 밝혔다.[144] 다만 "한국 정부는 북한 인권에 대한 깊은 관심과 우려를 바탕으로 북한 주민 인권의 실질적 증진을 위해 국제 사회와 지속해서 협력해 나간다는 확고한 입장을 갖고 있다"고 강조했다. 문재인 대통령은 2018년 10월 영국 BBC의 로라 비커Laura Bicker 서울 특파원과의 인터뷰에서 북한 인권 문제에 대한 소신을 다음과 같이 설명했다.

**로라 비커** 지난 남북 정상회담 중에 대통령께서는 김정은 위원장과 손을 잡기도 하셨고, 또 포옹하기도 했습니다. 일전에 인권 변호사로서 활동했는데, 세계적인 인권 탄압 국가의 지도자와 손을 잡고 포옹을 하시는 것에 대해서 불편한 마음이 들지는 않았습니까?

**문재인** 저는 북한 주민들의 인권에 대해서 굉장히 중요한 문제라고 생각합니다. 북한도 보편적인 그런 인권의 길로 나아가야 한다고 봅니다. 그러나 그 인권은 국제적으로 압박한다고 해서 그 인권 증진의 효과가 바로 생기는 것은 아닙니다. 북한 주민들의 인권을 가장 실질적으로 개선해주는 방법은 이런 남북 간의 협력, 그리고 국제사회와 북한 간의 어떤 협력, 그리고 또 북한이 개방의 길로 나와서 이렇게 정상적인 국가가 되어 가는 것, 이런 것들이 북한 주민들의 인권을 실질적으로 빠르게 개선하는 실효성 있는 방법이라고 생각합니다. 유엔 사무총장도 지금 이루어지고 있는 남북 간의 대화나 북미 간의 대화가 북한 주민들의 인권 증진에 실제적인 효과를 발휘할 것이라는 이런 뜻을 밝힌 바가 있습니다. 저도 그 말씀에 공감하는 바입니다.[145]

그러나 이런 입장은 국제 인권 단체와 활동가들로부터 비판을 받았다. 〈휴먼라이츠워치〉는 "인권에 관한 대화를 배제한 채 북한과 대화와 협력을 증진하려는 한국 정부의 노력은 한반도에서 지속 가능한 평화를 얻어내지 못했고, 북한의 잔혹한 인권 상황에 침묵하는 결과만을 가져왔다"고 비난했다.[146] 한국도 과거 군사 독재 시절 미국과 국제 사회가 인권 문제를 지적해줬고 한국의 민주주의 진영이 이에 감사를 표했지만, 집권 후 북한 인권 문제를 도외시하는 것은 모순적이라는 지적도 있었다. 문재인 전 대통령의 말처럼 국제 사회가 북한 인권을 압박한다고 바로 인권 증진 효과가 나타나는 것은 아니다. 그러나 인권 단체의 지적처럼 침묵도 능사는 아니다.

## 국제 사회에서 인권 문제는 '답정너'

인권을 두고 인류의 보편적 가치라고 말한다. 그러나 세계 정치 1번지인 워싱턴에 있다 보면 인권의 옷을 입은 수많은 정치적 외침과 행위를 마주하게 된다. 북한 인권 문제도 예외는 아니다. 탈북 어민 강제 북송 사건과 서해 공무원 피격 사건의 경우, 맥락을 외면한 채 한국 정부의 특정 행위만을 떼어내 인권이라는 저울에 올려놓고 '비인권적 행위'라고 비난하는 일도 있었다. 그런 비난은 여기저기 옮겨지며 확대 재생산되기도 했다.

그런 비난을 듣다 보면 세상의 모든 정부들이 진공 상태에서 흰 옷을 입고 '인권 지킴이'가 되어야 할 것 같은 생각마저 든다. 그러나 문재인 정부가 추구했던 '평화와 화해'도 진공 상태에서 이뤄지는 것이 아니다. 이를 못마땅하게 여기는 이들은 '평화와 화해'의 옷을 입은 정치라고 비난할 것이다. 문재인 정부가 북한 인권 문제를 다루는 데 있어 좀 더 정치적이었어야 했다는 생각이 든다.

국제 사회에서 다루는 북한 문제는 크게 두 가지이다. 하나는 '핵' 문제이고 다른 하나는 '인권'이다. 그리고 국제 사회는 이 두 사안을 '불법과 범죄'로 이미 결론 내렸다. 국제 사회의 규범과 상식이 작동하는 공간에서는 그것들을 규탄하는 데 동참하는 것은 당연하다. 범죄자를 처벌할지, 아니면 갱생의 길로 인도할지는 그 다음 문제이다. '답정너'인 문제인 것이다. 답을 바꾸려고 애쓸 필요가 없다. 문재인 정부가 '인권 압박이 당장 인권 증진으로 이어지지 못한다'

는 것을 국제 사회에 설득하느라 애를 쓰는 대신 '한국이 왜 국제사회의 규탄에 동참할 수밖에 없는지' 김정은을 설득하는 데 더 많은 시간을 썼다면 어땠을까. 그랬다면 '문재인은 김정은의 수석대변인'이라는 오해를 받지 않았을지도 모른다.

# 12. 이제 다시는 못 만날 것 같아

1951년, 1·4 후퇴 때 피난민이 된 김순복 씨는 고향을 떠난 지 70년이 지났지만, 고향 집 주소를 아직도 생생하게 기억하고 있었다.

평안남도 강서군 보림면 간성리 495번지. 태성역전이라고 불렀는데 기찻길 앞에 있었어요.[147]

7남매 중 맏딸인 김순복 씨는 전쟁이 터지자마자 지금의 남편이자 당시 정혼자와 함께 먼저 피난길에 올랐다. 얼마 뒤 아버지도 남쪽으로 내려왔다. 하지만 할머니와 어머니, 그리고 너무 어렸던 동생들은 미처 내려오지 못하고 북에 남았다. 모두 전쟁이 금방 끝날 것이라 생각했기 때문이다.

이렇게까지 멀리 올 줄 몰랐지. 한 3개월만 피했다가 돌아간다고 해서 급히 나온 거예요. 할머니와 어머니, 동생은 너무 어려서 못 왔지. 이렇게 오래갈 줄은 몰랐어.

하지만 석 달은 3년이 되었고, 결국 70년이 흘렀다. 20살 아가씨였던 김순복 씨는 구순의 할머니가 되었다.

김 씨는 자동차 정비사였던 남편을 따라 1974년 미국으로 이민 와 동부 버지니아주에 정착했다. 미국 내 한국전쟁 이산가족, 즉 재미 이산가족은 현재 1~2천 명 안팎인 것으로 관련 단체들은 추산하고 있다. 이 중 김순복 씨처럼 전쟁 중 북한을 떠나온 이들은 최소 90명 정도인 것으로 재미이산가족상봉추진위원회는 파악하고 있다. 2000년 미국 정부에서 실시한 인구조사에선 10만 명으로 집계됐지만, 대부분이 고령이었던 탓에 크게 줄어든 것이다.

재미 이산가족들이 그동안 북한에 있는 가족, 친지와 왕래할 길이 전혀 없었던 것은 아니다. 과거 북한 방문에 제약이 없었던 미국 시민인 경우 브로커나 친북 성향 단체를 통해 일정 비용을 내고 북한 내 가족을 만나는 사례가 있었다. 물론 브로커들이 북한에 있는 가족을 만나고자 하는 이산가족들의 희망을 다 이뤄준 것은 아니었다. 가족 상봉을 위해 많게는 수만 달러 상당의 현금을 지급했지만, 막상 약속 장소에 도착하면 아무도 없거나 가족이 아닌 다른 사람이 나와 있는 사례도 있었다고 한다.[148]

김순복 씨는 다행히 이런 사기를 당하지는 않았다. 1988년, 캐나다에서 활동하는 브로커의 도움을 받아 북한에 있는 어머니와 동생

4명의 소식을 들을 수 있었다.

이북에서 편지를 보냈더라고요. 동생이 "언니, 어머니가 이렇게 이야기했어"라고 어렸을 때 놀던 이야기를 쭉 썼더라고요. 그래서 내 동생이 맞구나 생각했어요. '아, 살아 있구나' 알았죠.

미국 사회에서 한인 이산가족 문제가 공론화되기 시작한 것은 1990년대부터이다. 소수의 이민 1세대의 노력이 있었는데, 재미이산가족상봉 추진위원회 사무총장을 맡고 있는 이차희 씨도 그중 한 명이었다. 북한에 아버지와 큰오빠를 두고 온 이차희 씨는 당시 북한에 있는 가족은 굳이 꺼내고 싶지 않은 이야기였다고 말했다.

이민 1세대들이 미국에 올 때 냉전적 생각이 그대로 있었어요. 새로운 땅에서 새출발을 하는데 미국 정부나 주변에서 가족들이 북한에 있다는 것을 알리고 싶지 않았습니다. 또 영어 문제도 있었고, 문화적 차이도 컸습니다.[149]

당시 미 중서부 시카고 근교 한인 밀집 지역인 알바니 파크의 한 도서관에서 일하고 있었던 이차희 씨는 도서관에서 만난 한인 이산가족들을 보면서 재미 이산가족 문제를 미국 주류 사회에 알려야겠다는 용기를 냈다. 특히 2000년 8월, 1차 남북 이산가족 상봉을 보면서 큰 감명을 받았다. 이차희 씨는 이 문제에 관심이 있었던 주변 사람들과 자료를 모아 2000년 연방 하원의원 선거에 출마한 공화당의 마크 커크Mark Kirk 후보를 찾아갔다.[150] 커크 후보의 부친은 6·25 참전용사였고, 여동생은 한국 출신 입양아였다. 선거에서 한인 유권자들의 지지가 필요했던 커크 후보도 이 문제에 관심을 보였다. 당선 뒤에는 한인 이산가족들과 국무부 관리들의 만남을 주선하기도 했다. 2001년 11월에는 '이산가족상봉결의안'이 미 의회에서 처음으로 채택됐다. 2008년에는 미 국방수권법National Defense Authorization Act, NDAA에 이산가족상봉법안이 포함돼 통과됐다.

남북 이산가족 상봉은 2000년 이후 20여 차례 있었지만, 북미 간 상봉은 공식적으로 단 한 차례도 없었다. 기회가 전혀 없었던 것은 아니다. 하지만 북미 관계 등 정치적 장벽을 넘어서지 못했다.

2011년, 북미 이산가족 상봉이 성사 단계까지 갔었다. 당시 로버트 킹Robert King 국무부 북한인권특사와 김계관 북한 외무성 부상이 평양과 뉴욕을 오가며 이산가족 상봉 시범 프로그램 진행을 합의했고, 미국의 적십자사가 물밑 준비에 나섰다. 그러나 협상은 쉽지 않았다. 로버트 킹 전 특사에게 당시 상황을 묻자, 이산가족 문제에 대한 양측 간의 인식 차이가 큰 장벽이었다고 설명했다.[151]

이산가족 문제는 인도주의 문제죠. 그런데 북한 당국은 그렇게 보지 않았습니다. 미국을 압박하고 양보를 얻을 수 있는 지렛대로 활용할 수 있을 것으로 생각했습니다. 그들은 이산가족 상봉을 정치적인 이슈로 접근하며 여러 요구를 했습니다.

2018년 6월, 싱가포르 1차 북미 정상회담으로 양측 간 유화 분위기가 조성되면서 기회의 문이 한 번 더 열렸다. 국무부는 북한과 협상을 위해 관련 민간 단체와 화상 상봉을 비롯해 여러 방안을 협의했다. 이에 따라 재미한인이산가족상봉추진위원회는 당시 미주 한인 신문사에 이산가족 상봉 신청자를 모집한다는 공고를 냈다.

김순복 씨도 이 공고를 보고 상봉 신청을 했다. 북한에 있는 동생들을 금방이라도 만날 것 같은 기대에 부풀었다.

난 진짜 금방 가는 줄 알았다니까요. 미국 대통령이 김정은을 만났잖아요. 그래서 더 기대했어요. 간다면 내가 1순위로 갈 줄 알았어요. 내가 제일 나이도 많고 동생들이 북쪽에 살아 있으니까.

재미한인이산가족상봉추진위원회는 당시 100여 명의 한인 이산가족 명단을 취합해 국무부에 제출했다. 그러나 하노이 회담 이후 북미 협상이 교착 상태에 빠지면서 이산가족 상봉 가능성도 사라지고 말았다.

구순으로 접어든 김순복 씨는 이제 휠체어에 의지해 생활하고 있다. 휠체어를 타고서라도 고향 땅을 밟고 동생들의 살 냄새를 맡아보고 싶다는 김 씨는 "근데 이제 못 볼 거야! 볼 수 있겠어?"라고 말을 흐렸다. 그러면서 동생들에게 꼭 하고 싶은 말이 있다고 했다.

아버지 이름은 김형초, 엄마 이름은 김정옥. 내가 살아 있으니까 너희들도 건강하게 잘 살아. 언제 만날지 모르겠지만 내 생각엔 못 만날 것 같아. 시집, 장가 들어서 할아버지 할머니 다 됐겠지만, 한시도 너희를 잊어본 적이 없어. 아무쪼록 잘 살아. 나 순복이 언니, 순복이 누나야. 기억해줘.

# 미중 관계

트럼프의 오른팔, 통상 협상의 저승사자, 보호무역의 전도사.

로버트 라이트하이저는 이렇게 말한다.

"중국이 우리에게 하는 대로, 우리도 중국에 똑같이 해야 한다."

스스로를 '반골'이라고 부르는 그는 이제 워싱턴의 '대세남'이 되었다.

한국은 어떻게 해야 할까?

# 13. "트럼프가 옳았다"

 

2021년 1월 19일, 미국 연방의회 상원에서 가장 오래된 건물인 러셀 빌딩Russell Senate Office Building. 이날 전 세계 외교계와 주요 언론의 이목이 이 건물 301호에 쏠렸다. 조 바이든 대통령의 취임식을 하루 앞두고, 새 정부의 외교를 책임질 토니 블링컨 국무장관 후보자의 인사 청문회가 열리기 때문이었다. 바이든 행정부의 출범은 미국 사회에, 어쩌면 전 세계에, 단순한 정권 교체 이상의 의미를 갖고 있었다. 적어도 '우리가 아는 미국'을 그리워하는 이들에게는 그랬다. 트럼프 대통령은 자신의 임기 막판까지 선거 결과를 인정하지 않았고, 그의 지지자들은 미 연방의회가 차기 대통령 인준 절차를 막으려 연방의회에 진입해 난동을 벌이는 초유의 사태를 벌였다.

이날 청문회가 열린 러셀 빌딩은 10여 일 전, 미국 '민주주의의 심장'이 위협받은 그 난리가 벌어진 연방의회 의사당과 불과 300미터, 걸어서 5분이 채 안 되는 거리이다. 최소한 미국인의 절반에게 이날 인준 청문회는 '걱정 마시라! 바이든 시대는 예정대로 열릴 테니'라고 웅변하는 일종의 의식처럼 느껴졌을 것이다. 또한, 지난 4년간 '트럼프의 미국'에 현기증을 느꼈던 세계인들이라면 '우리가 아는 미국이 다시 돌아오는 거야'라는 안도감을 청문회에서 느끼고 싶었을 것이다. '트럼프의 모든 것'을 어서 뒤집어주길 바라며. 실제로 블링컨은 청문회에서 트럼프의 많은 대외 정책과 기조의 퇴출을 예고했다. 한 가지를 제외하고.

> 트럼프 대통령이 중국에 대해 강경한 접근을 택한 것은 옳았습니다.
> President Trump was right in taking a tougher approach to China.

블링컨 국무장관 후보자는 청문회에서 이같이 말했다. 파리 기후협정에 탈퇴하고, 이란의 핵무기 개발 야욕에 족쇄를 채운 포괄적공동행동계획JCPOA을 일방적으로 파기하고, 동맹을 무시하고 협박하려는 등 '트럼프표' 대외 정책 대부분이 엉망이었지만, 중국을 터프tough하게 다룬 것만큼은 잘했다는 것이다. 그러면서 트럼프 행정부의 이런 대중국 강경책이 "미국의 외교 정책에 실질적으로 도움이 됐다"며 칭찬까지 했다. 트럼프 4년, 미국은 중국과 어땠길래?

트럼프는 2016년 대통령 선거 운동 때부터 '중국 때리기'에 열을 올렸다. 불법 이민 문제와 관련해 멕시코 이민자들을 싸잡아 비난했던 것처럼 경제 문제, 특히 만성적인 무역적자를 중국 탓으로 돌렸다. 중국의 불공정 무역을 막기 위해 45%의 관세를 부과할 것이고 무역전쟁을 두려워하지 않을 것이라며 으름장을 놓기도 했다. 중국이 일자리와 지식재산권을 도둑질하고, 환율도 조작한다고 비난했다. 사실 당시에는 워싱턴 곳곳에서 트럼프뿐만 아니라 '중국을 이대로 둬서는 안 된다'는 분위기가 꿈틀거리기 시작했다.

## "우리는 중국을 착각했다"

나는 오바마 행정부 말기인 2016년부터 워싱턴을 취재했는데, 당시 워싱턴 조야에 확산된 중국에 대한 반감을 직접 실감하고 다소 놀랐다. 그것은 한국 언론을 통해 보았던 것보다 강도가 높았다. 또한 백악관, 국무부, 국방부, 의회, 싱크탱크 할 것 없이 반중 정서가 폭넓게 퍼져 있었다. '워싱턴은 중국 이야기밖에 안 하나'라는 생각마저 들었다. 특히 오바마 행정부 일부 관리들이 사석에서 "우리는 중국을 착각했다. 우리가 순진했다"며 그동안 미국 정부의 중국 접근법에 대한 자성과 회의를 넘어 거침없는 쓴소리를 내뱉는 모습을 자주 경험했다.

당시 중국에 대한 워싱턴의 지적은 다음과 같았다. '시진핑 주석의 중앙집중화가 강화되면서 중국의 정치적 자유화에 대한 기대가 모두 사라졌다. 시진핑의 일대일로와 중국의 금융기관들이 세계 자유주의 개발 시스템을 짓밟고 있다. 남중국해에서 중국은 주변국의 우려에 아랑곳하지 않고 인공섬 7개를 꾸준히 준설하면서 군사화를 준비하고 있다.'[152] 즉, 수십 년간 미국은 중국의 부상을 인정하고 그들이 전후 국제질서로 통합되도록 지지하면 중국이 자유화될 것이라는 믿음에 기반해 대중국 정책을 폈지만, 이러한 가정이 틀렸음이 드러나고 있다는 것이다.[153] 특히 2016년 7월, 국제상설중재재판소Permanent Court of Arbitration, PCA 판결에 대한 중국의 거부는 워싱턴의 이런 시각을 확증하는 역할을 했다. 필리핀은 2013년 중국의 남중국해 영유권 주장(구단선Nine-Dash Line)에 대해 유엔해양법협약United Nations Convention on the Law of the Sea, UNCLOS을 위반했다고 상설중재재판소에 제소했다.

2016년 중재재판소는 남중국해 구단선의 역사적 권리를 인정하지 않는다고 판결함으로써 중국이 이 지역에서 벌여온 주권 활동에 대한 논리적 근거를 부정했다. 특히 중국이 남중국해의 암초와 산호초를 인공섬으로 확장하고 군사 기지를 건설한 것이 불법이라고 판결했다. 그러나 중국은 이 판결을 무참히 거부했다. '중국을 가장 잘 아는 서구인'으로 불리는 케빈 러드Kevin Rudd 주미 호주 대사(전 호주 총리)는 이 일을 계기로 "미국인들은 중국과의 30년간의 전략적 관계가 실패로 끝났다고 판단했다"고 분석했다.[154]

흥미롭게도 트럼프는 백악관에 입성하기 훨씬 전부터 중국을 벼르고 있었다. 트럼프가 대권 플랜을 만지작거리는 시기였던 2011년 출간된 저서 《트럼프, 강한 미국을 꿈꾸다》에는 이런 대목이 나온다. "미국을 다시 위대하게 만들려면 중국에 강경하게 대처하는 법과 중국과의 협상에서 이기는 법, 그리고 그들이 매번 우리를 골탕

먹이지 못하도록 하는 법을 아는 대통령이 필요하다." 오바마 대통령이 "중국의 성공은 전 세계의 성공이다"[155]라고 했을 때 트럼프는 코웃음을 쳤을 것이다.

## 트럼프 '브로맨스'에도 시진핑은 긴장?

트럼프 행정부 초기, 미중 간 '밀월' 기간이 없었던 것은 아니다. 트럼프는 대통령 취임 3개월 만인 2017년 3월, 시진핑 주석을 자신의 개인 별장인 플로리다주 마라라고Mar-a-Lago 리조트에 초대했다. 대선 기간 동안 물씬 두들겨 패던 적장을 백악관이 아닌 자신의 집으로 부른 셈이었다. 특별한 선물도 준비했다. 6살 된 손녀 아라벨라Arabella(이방카 트럼프Ivanka Trump와 재러드 쿠슈너Jared Kushner의 딸)가 부르는 중국 민요 '모리화'였다. 생후 16개월부터 중국어를 배웠다는 아라벨라의 열창 앞에 트럼프는 물론 시진핑도 할아버지 미소로 화답했다. 정상회담 이후 트럼프는 시진핑 주석에 대한 찬사를 아끼지 않았다. "서로 통하는 것이 많고 서로 좋아한다"며 브로맨스를 과시했다.[156] 또한 북한 핵 문제와 미중 무역 갈등 등을 언급하며 "우리는 많은 문제를 해결할 수 있을 것"이라며 기대감을 높이기도 했다. 이 때문에 향후 미중 관계가 대립보다는 협력의 방향으로 나아갈 수 있을지도 모른다는 낙관론도 흘러나왔다. 11월에는 시진핑이 트럼프를 중국으로 초청해 자금성에서 융숭한 만찬을 대접했다. 1949

년 중화인민공화국 건국 이래 자금성에서 만찬을 한 외국 정상은 트럼프가 처음이었다.

나는 트럼프의 중국 국빈방문을 목전에 두고 베이징에 머물고 있는 맥스 보커스Max Baucus 전 주중 미국 대사를 전화로 인터뷰했다.[157] 보커스 전 대사는 6선 상원의원으로 2014년부터 2017년 초까지 오바마 행정부의 마지막 주중대사를 지냈다. 당시 트럼프가 임명한 테리 브랜스태드Terry Branstad 주중 미국 대사가 부임한 지 얼마 되지 않아 자신이 베이징 현지에서 트럼프 대통령의 국빈방문을 측면 지원하고 있다고 했다.

보커스 전 대사는 트럼프의 방문에 중국 측 인사들이 얼마나 공들이고 있는지 설명했다. 중국은 트럼프의 이번 방문을 '국빈방문 플러스State Visit Plus'라고 부르면서 베이징이 미중 관계를 정말 중요하게 생각한다는 걸 보여주기 위해 고심하고 있다고 했다. 외교에서 국빈방문은 최고의 예우와 격식을 갖춘 형태인데, 중국은 트럼프의 이번 방문을 그 이상으로 준비하고 있다는 이야기였다.

손님에게 최고의 예를 갖춘다는 것은 무슨 의미일까? 상대가 그만큼 중요한 사람이라는 뜻이겠지만, 한편으로는 잘 보여야 하는 불편한 존재라는 뜻이기도 하다. 트럼프가 시진핑과 브로맨스를 과시하고 있지만 그가 언제든 변심할 수 있다는 것을, 그것이 미중 관계의 현실이라는 것을 중국은 잘 알고 있었다. 보커스 전 대사도 그것을 직감하고 있었을까? 그는 인터뷰 말미에 이 말을 강조했다. "시 주석과 중국은 자부심이 강하다는 것을 잊어서는 안 됩니다. 트럼프 대통령과 미국 또한 마찬가지죠. 그 어떤 쪽도 상대를 협박해서는 안 됩니다. 양측 모두 상대의 인식을 존중해야 합니다."

## 중국의 도전을 꺾자

밀월 관계는 곧 마침표를 찍었다. 트럼프는 중국과 '싸울 결심'을 밝혔다. 백악관은 2017년 12월 트럼프 행정부의 첫 국가안보전략National Security Strategy, NSS을 내놓았다. 여기엔 미국의 대중국 정책에 대한 중대한 기조 변화를 담았다. 중국을 '전략적 경쟁자'이자 자유주의 국제질서를 교란시키는 '수정주의 국가revisionist powers'로 규정한 것이다. 중국이 인도·태평양 지역에서 미국을 대체하고, 국가 주도 경제 모델의 범위를 확장하며, 지역을 자신들에게 유리하게 재정렬함으로써 미국의 가치와 이익에 반하는 세계를 형성하는 것을 목표로 한다는 것이다.

이어 2018년 1월 국방부가 발표한 국방전략National Defense Strategy, NDS에서도 중국을 겨냥해 '미국의 번영과 안보에 대한 핵심 도전은 수정주의 세력의 장기적, 전략적 경쟁의 재부상'이라고 명시했다.[158] 특히 중국이 '국가 차원의 장기 전략을 통해 권력을 장악하고 경제 군사적 우위를 유지하며, 단기적으로는 인도·태평양 지역의 패권을 추구하며 미국을 대체하는 군 현대화 프로그램을 계속 추진할 것'이라고 지적했다. 중국이 단순히 '부상하는 세력'이 아니라 '도전하는 세력'인만큼 미국은 자국의 이익을 지키기 위해 그 도전을 꺾거나, 최소한 견제해야 한다는 결의였다.

이런 결의는 곧 행동으로 이어졌다. 먼저 관세 폭탄이 포문을 열었다. 2018년 3월, 트럼프 행정부는 철강에 25%, 알루미늄에 10%의 관세를 부과했다. 이어 7월, 미국은 340억 달러 규모의 중국산 제품에 25%의 관세를 부과했고, 중국도 미국산 제품에 대해 보복관세로 맞대응했다. 이른바 미중 무역전쟁이 본격화되는 시기였다. 양측은 2018년 말부터 협상에 들어가 이듬해 5월, 150쪽 분량의 합의문 초안을 작성했지만 타결되지는 못했다. 그러자 미국은 다시 2000억 달러 규모의 중국산 제품에 대해 관세를 10%에서 25%로 인상했고, 중국도 추가 보복 관세에 나섰다.

기술 옥죄기도 곁들여졌다. 2018년 4월 미국 상무부는 중국 통신업체 ZTE와 미국 기업과의 거래 금지Denial Order 조치를 발표했다.[159] 중국 ZTE가 이란과 북한 제재법을 위반했다는 이유에서였다. 2019년 5월엔 중국 최대 통신장비업체 화웨이를 미국 네트워크에서 배제하는 대통령 행정명령이 나왔다. 물론 이때의 중국 기술기업 옥죄기는 무역전쟁에서 협상 카드 성격이 강했다.[160] 트럼프는 미중 무역협상이 타결되기를 바랐다. 그래야 "불공정한 무역을 하는 중국을 내가 손봐줬다. 그래서 결국 중국이 우리에게 무릎을 꿇었다"며 다음 재선에서 선전할 수 있을 테니까. 그리고 여전히 유지되고 있다고 믿는 시진핑과의 개인적 관계가 협상에 도움이 될 것이라고 생각했을 것이다.

## 헤어질 결심

그러나 2019년 12월, 중국 우한 바이러스로 시작된 코로나 사태가 모든 것을 바꿔버렸다. 공교롭게도 미국과 중국은 2020년 1월 15일 백악관에서 1단계 무역협정에 서명했다. 이후 코로나바이러스가 중국 국경을 넘고, 감염자 숫자가 백 단위에서 천 단위로 바뀌는 데는 보름이 채 걸리지 않았다. 감염자 숫자가 올라갈수록 미국의 주가는 내려갔다. 그러자 초기 중국이 코로나바이러스 억제를 위해 노력하고 있어 "시진핑에게 감사하다"고[161] 했던 트럼프는 얼굴을 바꿨다. 트럼프는 공개 석상에서 코로나를 "차이나 바이러스"라고 부르기 시작했다. 중국이 초반에 상황을 잘 공개했더라면 코로나를 사전에 막을 수 있었을 것이라고 비난했다. 급기야 트럼프는 중국이 자신의 재선을 막기 위해 "할 수 있는 모든 일을 할 것"이라고 주장했다.[162]

트럼프가 마침내 시진핑과 '헤어질 결심'을 한 것으로 보였다. 이런 결심을 재고하도록 권할 만한 사람도 주변에는 없었다. 대중 포용 정책에 그나마 우호적이었던 것으로 알려진 렉스 틸러슨 국무장관, 제임스 매티스 국방장관, 게리 콘Gary Cohn 백악관 국가경제위원회National Economic Council, NEC 위원장 등은 이미 행정부를 떠났다. 대신 트럼프의 절대 신임을 받는 마이크 폼페이오 국무장관은 "중국과의 맹목적인 관여라는 낡은 패러다임으로는 더 이상 성공할 수 없다. 우리는 그것을 계속해서는 안 된다"고 외쳤다.[163]

로버트 오브라이언Robert O'Brien 백악관 국가안보보좌관은 "중국은 이 위기의 시기에 미국을 제치려고 가능한 모든 조치를 다 취하고 있다"고 비판했다.[164] 트럼프 행정부에서 미국과 중국의 탈동조화, 즉 미국의 중국 고립을 의미하는 디커플링Decoupling은 대세가 된 것처럼 느껴졌다. 폼페이오는 미국은 물론 동맹국들도 중국의 화웨이를 퇴출할 것을 압박했다. 중국계 동영상 플랫폼 틱톡, 위챗의 미국 배포를 금지하는 행정명령도 나왔다. 미국의 회계감사 기준을 충족시키지 못한 중국 기업을 미국 증시에서 퇴출할 수 있게 한 외국회사문책법The Holding Foreign Companies Accountable Act을 도입했다. 무역, 기술에 이어 중국 금융권도 고립시키려는 조치였다.

전선은 인권 영역으로도 넓혀졌다. 위구르족 등 이슬람 소수민족 인권 탄압 논란을 빚어온 중국 신장위구르자치구 당국자들을 제재할 수 있도록 하는 2020년 위구르인권정책법안Uyghur Human Rights Policy Act of 2020이 만들어졌고, 트럼프 행정부는 실제로 이를 이행했다. 홍콩 내 인권 탄압 논란을 일으킨 새로운 국가보안법 시행과 관련해 중국과 홍콩 관리들도 제재했다.

미중 수교의 상징이었던 텍사스 휴스턴 주재 중국 영사관도 문을 닫았다. 미국이 중국 외교관들의 간첩 활동 혐의로 폐쇄한 것이다. 중국도 청두 주재 미국 영사관에 대해 같은 보복 조치를 내렸다.

전선은 남중국해에서도 펼쳐졌다. 트럼프 행정부는 남중국해에서 중국을 겨냥한 항행의자유작전Freedom of Navigation Operation도 코로나 이후 강화했다.[165] 트럼프는 미중 관계의 레드라인으로 여겨지는 '하나의 중국 원칙'을 자극하는 데도 주저하지 않았다.[166] 타이완이 과거 40년간 미국에서 도입한 전체 규모를 넘어선 규모의 무기를 트럼프 행정부는 타이완에 건네기로 결정했다.[167] 이와 함께 장관급을 비롯해 고위 관리들을 잇따라 타이완에 파견하며 베이징의 심기를 건드렸다. 이런 상황에서 중국에 대한 미국의 부정적인 시각이 2020년 역대 최대치를 기록한 것은 놀랄 일이 아니었다.[168] 시진핑에게 2020년은 악몽이었을 것이다.

# 14. 중국에 한술 더 뜬 바이든

2021년 '트럼프의 퇴장, 바이든의 등장'은 시진핑에게 '희망'이었을까? 희망까지는 아니더라도 안도했을까? 그렇지는 않았을 것이다. 똑똑한 시진핑은 일찌감치 눈치챘을 것이다. 워싱턴에서 '중국 때리기'는 대세라는 것을. 백악관의 주인이 누구든 마주해야 할 현실이라는 것을. 그리고 시진핑은 누구보다 바이든을 잘안다. 시진핑은 트럼프보다 바이든과 인연이 더 오래됐다. 2011년부터 두 사람은 각국의 2인자(부통령과 부주석)로 만났다. 2011년 초부터 18개월간 미중을 오가며 최소 8차례 만났고, 통역만 대동해 식사한 시간만 25시간이 넘는다고 한다.[169] "내가 세상 어떤 지도자보다 시진핑과 더 많은 시간을 보냈다"고 바이든은 말하기도했다. 트럼프에 비하면 바이든은 '신사'이다. 바이든 행정부 외교안보의 투톱인 제이크 설리번 국가안보보좌관과 토니 블링컨 국무장관은 워싱턴에서 점잖기로 유명한 인사이다. 그러나 '품격 있는 말'이 외교의 전부는 아니라는 것을 시진핑은 알았을 것이다. 또한 점잖은 이들이 휘두르는 '방망이'가 더욱 매서울 수 있다는 것도.

## "유일한 경쟁자는 중국"

바이든 행정부는 전임 트럼프 행정부의 대중국 전략을 사실상 그대로 승계했다. 일각의 전망과 달리 전임 정부에서 부과한 무역, 기술, 금융, 비자 등에 대한 제재 조치도 철회하지 않았다. 그리고 2022년 10월, 바이든 행정부는 중국에 대해 한걸음 더 나아간 국가안보전략을 내놓았다. 중국에 대해 "중국은 국제 질서를 재편하려는 의도와 그것을 할 수 있는 경제적, 외교적, 군사적, 기술적 힘을 모두 가진 유일한 경쟁자"라고 못 박았다. 특히 "중국은 미국의 가장 중대한 지정학적 도전"이라는 표현을 여러 차례 사용했다. 바이든의 국가안보전략이 앞선 트럼프의 NSS와 구별되는 점은 미국에 심각한 도전을 제기하는 '유일한 국가'로 중국만을 지목한 것이다. 트럼프 행정부의 NSS에서는 중국을 러시아와 함께 '수정주의' 국가로 규정했었다. 즉, 중국과 러시아를 동급으로 취급했었다.

## 전략 경쟁 넘어 패권 경쟁으로?

바이든의 NSS에서는 미국과 중국의 경쟁을 '민주주의와 권위주의' 진영 간 대결과 투쟁으로 규정하는 대목도 눈에 띄었다. 러시아와 함께 중국에 대해 "독재자들은 민주주의를 약화시키고, 국내에서는 탄압, 외국에 대해서는 강압을 저지르는 통치 모델을 수출하려고 열심히 노력하고 있다"고 비난했다. 이어, 이들은 민주주의가 독재 정치보다 약하다고 잘못 믿고 있지만 민주주의야말로 "미국을 끊임없이 재상상토록 만들고 미국의 국력을 새롭게 하는 것"이라고 역설했다. 아울러 중국을 제압하는 방법의 하나로 동맹·우방·파트너 국가들과의 연대를 강조했는데, 이는 바이든 정부의 정체성이 반영된 것으로 보였다. 이런 대목들은 바이든 행정부 들어 미중 경쟁이 전략적 경쟁에서 '패권 경쟁', 혹은 '이념 대결'로까지 확장되고 있다는 인상을 주기도 했다.

실제로 바이든은 전임 정부에서 이행한 무역, 금융, 기술, 인권, 남중국해와 타이완 문제 등 지정학적 압박, 체제 우위 등 전방위적인 대중 전선을 유지 확장했다. 특히 코로나 이후 확대된 미국 내 반중 정서와 역시 코로나로 노출된 핵심 공급망에 대한 취약성은 이같은 노선에 정당성을 부여해주는 듯 보였다. 대중국 견제에 동맹과 파트너를 규합하는 작업도 착착 진행됐다. 먼저 2021년 3월, 미국, 일본, 인도, 호주가 참여하는 4자 협의체인 쿼드가 정상 협의체로 격상됐다. 이듬해 일본 도쿄에서 열린 쿼드 정상회담에서는 인도·태평양 지역의 안보 강화, 경제 협력, 공급망 회복력, 사이버 보안, 기후변화 대응 등 광범위한 의제들이 다뤄지며 무게감을 더했다.

이와 함께 2021년 9월에는 호주, 영국, 미국 간의 3자 안보 파트너십인 오커스가 출범했다. 미국과 영국이 호주와 핵잠수함 추진 기술을 공유한다는 것이 핵심이었다. 2021년엔 전 세계 민주주의를 강화하고 권위주의적 경향에 대응하기 위한 국제적 협력을 촉진한다는 목표 아래 민주주의정상회의Summit for Democracy를 개최했다. 2022년 6월엔 NATO가 중국을 '안보 도전'으로 명시한 새로운 전략 개념을 채택하고 한국, 일본, 뉴질랜드, 호주 등 미국의 아시아 동맹들을 정상회의에 초대했다.

러시아의 우크라이나 침략을 계기로 NATO·아시아 연대는 계속되고 있다. 그리고 2023년 8월엔 한미일 정상회담이 '정례화'를 선포했다. 중국 견제 성격이 강한 미국 중심의 연합이 더욱 촘촘해지고 있는 것이다. 이에 대해 중국은 "미국이 '작은 파벌'을 만들고 '다자주의를 이념 대립을 부치기는 구실로 사용한다"며 반발했다.


## 공간 줄어드는 한국


바이든 행정부는 미중 관계에 대해 "경쟁해야 할 때는 경쟁하고, 협력할 수 있을 때는 협력하며, 적대적이어야 할 때는 적대적일 것"

이라고 말한다. 또한, 중국과 "충돌conflict을 바라지 않는다"고 강조한다.[170] 그리고 미국은 어쩌면 이런 기조를 대부분 행동에 옮겼을지도 모른다. 미국과 중국은 무역 정책과 관세 등 경제 분야에서, 인공지능과 반도체, 5G 등 첨단 기술 분야, 핵심 공급망에서 경쟁하고 있다. 또한, 신장위구르자치구의 인권 탄압과 홍콩의 민주화 운동 탄압에 대해 비판했고, 남중국해와 타이완해협 주변에서의 중국의 위협 행위에 대해 동맹국들과 대응하며 대치하기도 했다. 이러한 미중의 경쟁과 대치는 공교롭게도 한국을 비롯해 동아시아의 지정학적 구조를 중심에 두고 벌어지고 있다. 미국이 바라지 않는 충돌이 일어난다면 바로 이곳일 것이다.

'협력'은 어떤가? 미국은 중국과 협력할 분야로 기후변화, 글로벌 보건, 핵 비확산 문제를 꼽는다. 핵 비확산 문제에는 북한의 핵 문제가 걸려있다. 중국은 유엔 안보리 상임이사국이자 북한이 정치경제적으로 가장 의존하는 나라이다. 최근 러우전쟁 이후 북한과 러시아의 밀착이 두드러지고 있지만, 평양의 목줄은 여전히 베이징이 쥐고 있다는 것이 워싱턴의 대체적인 인식이다.

미중 갈등 국면에서 중국은 북한 문제에 대해 미국에 전혀 협력하지 않고 있다. 중국은 2017년까지 북한 핵 실험과 ICBM 발사에 대응하는 유엔 안보리 대북 제재 결의 채택에 협조했었다. 그러나 미중 갈등 이후 중국은 안보리에서 노골적으로 북한 편을 들고 있다. 북한이 예뻐서라기보다는 미국이 싫어서다. 이에 대해 워싱턴의 전문가들은 "중국은 현재 미국이 하려는 어떤 것이든 반대할 준비가 돼 있다"라고 꼬집기도 했다. 미중 갈등이 지속되는 한 북한 문제 진전도 어렵다는 이야기다. 미국과 중국의 경쟁과 대치가 지속되고 어떤 협력도 이뤄지지 않을 때, 한국이 움직일 수 있는 공간은 더욱 줄어든다.

# 15. 중국 때리기 시즌 2, 주인공은 나야

 

1990년대 미 중서부 오하이오주 미들타운에는 한 소년이 있었다. 가정 폭력을 일삼던 소년의 아버지는 일찌감치 그를 버렸다. 어머니는 병원에서 일하며 마약성 진통제에 손을 대더니 헤로인까지 찾는 약물 중독자가 되었다. 어느 날, 남겨진, 아니 버려진 모자는 차 안에서 말다툼을 벌였다. 소년의 거친 말에 운전대를 잡고 있던 엄마는 이성을 잃었다. "차라리 같이 죽자"며 가속 페달을 밟기 시작했다. 겁에 질린 소년은 차에서 뛰어내렸다. 그리고 엄마를 경찰에 신고했다. 수갑을 찬 채 엄마의 뒷모습을 보고도 소년은 울지 않았다. 오히려 안도감을 느꼈다고 한다.[171]

이들이 살던 오하이오주 미들타운은 철강 도시였다. 펜실베이니아주, 미시건주, 위스콘신주, 일리노이주 등과 함께 러스트 벨트로 불리며 1950년대까지만 해도 미국 제조업의 심장부로 미국 경제를 이끌었다. 그러다가 1960년대에 미국 남부의 선벨트Sun Belt를 중심으로 첨단 기술 산업이 떠오르면서 러스트 벨트에는 그림자가 드리워졌다. 이어 불어닥친 세계화 바람은 매서웠다. 중국 등에서 값싼 철강 제품이 밀고 들어오면서 미들타운은 직격탄을 맞았다. 한때 중산층이었던 이곳의 백인 노동자들은 경제적 박탈감과 상실감을 안고 일상을 견뎌야 하는 '힐빌리Hillbilly(가난한 백인을 비하하는 표현)'가 되었다. 소년의 아버지가 소년을 버렸던 것처럼, 누군가가 힐빌리를 버렸다고, 그곳의 사람들은 생각했을 것이다.

2024년 7월 15일, 또 다른 러스트 벨트 위스콘신주 밀워키. 오하이오주 미들타운에서 차로 6시간 거리인 이곳에서 미 공화당전국전당대회Republican National Convention가 열렸다. 도널드 트럼프를 2024년 11월 미국 대통령 선거의 공화당 후보로 공식 확정하는 행사였다. 위스콘신주는 트럼프가 백악관으로 귀환하기 위해 반드시 사수해야 하는 곳이다. 2016년 선거에선 트럼프의, 2020년에는 바이든의 손을 들어줬다. 트럼프는 총에 맞은 오른쪽 귀에 큰 사각 붕대를 붙이고 나타났다. 총격 사건 이틀 만이었다. 대회장의 지지자들은 '싸우자fight'라는 구호를 외치며 환호했다. 마치 대선 승리를 미리 축하하는 자리 같았다.

## 중화권 자금도 긴장한 '힐빌리 소년의 등장'

이날 트럼프만큼 주목받은 이가 있었다. 트럼프의 부통령 러닝

메이트로 선택된 제임스 데이비드 밴스James David Vance였다. 밴스는 1984년생으로 40세에 불과하지만 경력은 화려하다. 미국인들이 좋아할 만한 이력을 두루 갖췄다. 미 해병으로 이라크에서 복무했고, 오하이오 주립대학을 나와 예일대 로스쿨을 졸업했다. 변호사로 활동하다 벤처 캐피털 회사를 차렸고 베스트셀러 작가로 전국적으로 이름을 날리기도 했다. 30대 중반에는 연방 상원의원 배지를 달았다. 그리고 1952년 이래 최연소 부통령 후보로 지명된 것이다. 그가 바로 그 '소년'이었다.

30여 년 전, 오하이오주 미들타운에서 마약에 취해 자신을 극단으로 몰고 가려 했던 어머니를 경찰에 신고했던 그 소년. 쇠락한 러스트 벨트에서 신음하던 그 소년은, 이제 러스트 벨트의 그림자를 자신이 걷어내겠다고, 미국을 다시 위대하게 만들겠다고, 트럼프와 함께 외치고 있다. 트럼프가 쇠퇴한 러스트 벨트의 성공 스토리 주

인공 밴스를 택한 것은 백악관 재입성을 위해 꼭 필요한 러스트 벨트를 자신의 편으로 확실히 붙들겠다는 전략이었다. 그리고 또 하나의 중요한 메시지를 트럼프는 담았다.

이 메시지를 바로 알아차린 곳은 중화권 자금이었다. 밴스의 부통령 후보 지명 직후 홍콩 항생지수를 비롯해 중국계 증시가 일제히 하락했다.[172] 트럼프가 밴스를 '트럼프 2기'의 파트너로 결정함으로써 중국에 보내는 시그널이 무엇인지 중화권 자금들이 정확히 읽은 것이다. 밴스는 보호무역론자이다. 또한 대표적인 대중 강경파로 꼽힌다. 자신의 고향 러스트 벨트 몰락은 조 바이든 같은 정치인들이 중국에 달콤한 무역협정을 제공하며 미국의 중산층 제조업 일자리를 파괴한 탓이라고 했다.[173] 우크라이나 지원을 당장 중단하고 중국에 맞서는데 집중해야 한다고 했다.[174] 부통령 후보 지명 직후 언론 인터뷰에서도 같은 주장을 되풀이하며 중국을 "미국의 최대 위협"이라고 꼬집었다.[175] 트럼프는 밴스를 통해 시진핑에 '각오하라'는 메시지를 보낸 것이다.

## 중국을 '적국'으로 부르는 사람들

새 정부는 언제나 지난 정부에 대한 강력한 비판과 부정으로 출발한다. 한국이나 미국이나 마찬가지이다. 그렇게 함으로써 차별성과 정당성을 부여하려 한다. 트럼프는 바이든의 중국 정책을 어떻게 평가할까? 바이든은 중국에 대해서만큼은 '트럼프보다 더 트럼프스러웠다'는 평가를 받았다. 그럼에도 트럼프의 사람들은 부족했다고 혹평한다. 중국에 대한 정의부터 틀렸단다. 미국의 안보 전략가들은 특정 대상에 대한 규정 방식을 중요하게 생각하는 경향이 있다. 특히 적대적인 대상에겐 더욱 그렇다. 적Enemy, 상대편Adversary, 위협Threat, 도전Challenge, 경쟁자Competitor 등 부르는 방식도 다양하다.

대상을 무엇으로 규정하느냐에 따라 전략과 목표가 달라진다. 총과 칼로 상대해야 할지 몽둥이로 충분할지 결정하려면 위협에 대한 정확한 진단이 먼저라는 논리이다. 적이 '파괴해야 할 대상'이라면 상대편은 '꺾어야 할 대상'일 것이다. 과거 네오콘이 득세했던 조지 W. 부시 대통령은 2002년 의회 연두교서에서 이라크와 이란, 북한을 하나로 묶어 악의 축Axis of Evil으로 규정했다. 그리고 2003년 이라크를 침공했다. 2023년에는 미치 매코널Mitch McConnell 상원 공화당 원내대표가 중국, 러시아, 북한, 이란을 새로운 악의 축으로 불렀다.[176]

본격적인 대선 레이스를 앞둔 2024년 초부터 트럼프 사람들의 레토릭이 달라졌다. 중국을 '적국'으로 규정하자며 날을 세웠다. 앞서 설명했듯이 바이든은 중국을 '유일한 경쟁자,' '가장 결정적인 지정학적인 도전,' '전략적 경쟁자'로 규정했다. 경쟁자와 적은 다르다. 전자는 결승선에 나란히 설 수 있지만, 후자는 한 명만 남을 수 있다.

트럼프 사람들 가운데 중국에 가장 묵직한 레토릭을 날리는 사람은 로버트 오브라이언이다. 트럼프 행정부에서 마지막 국가안보보좌관을 지냈고 트럼프 2기가 들어선다면 중책을 맡을 것으로 예상

되는 인물이다. 그는 바이든 정부가 중국에 엇갈린 메시지를 보내는 것은 중국을 적이 아니라고 믿기 때문이라고 비판했다. 그러면서 미국과 중국 경제를 단절(디커플링)하고, 미국은 핵무기를 증강해야 한다고 주장했다. [177]

## '중국 레짐 체인지' 목표 삼아야?

오브라이언과 함께 트럼프 행정부의 백악관 NSC에서 일했던 매튜 포틴저Matthew Pottinger의 레토릭은 더욱 거칠다. 미 해병대 출신인 포틴저는 〈월스트리트저널〉의 베이징 특파원으로 일했다. 그는 코로나 팬데믹 당시 트럼프에게 중국발 여행자들의 입국을 금지하라고 권하기도 했다. 그러다 2021년 1월 6일 트럼프 지지자들의 의회 난입 사건 직후 백악관을 떠났다. 그러나 트럼프가 백악관으로 귀환하면 그도 다시 돌아올 가능성이 있다. 그는 미국의 대중국 정책이 중국 공산당의 붕괴regime collapse로 귀결돼야 한다고 주장했다. [178] 포틴저는 바이든의 대중 정책이 1970년대 소련에 대한 유화책인 '데탕트'와 같다고 비판하면서, 미중 경쟁은 '관리'가 아니라 반드시 이겨야 하는 경쟁이라고 강조했다.

특히 차기 정부는 1980년대 구소련의 붕괴를 초래한 레이건의 '힘의 외교'를 구사해야 한다고 밝혔다. 그러면서 "미국의 효과적인 전략은 자연스럽게 어떤 형태의 정권 붕괴로 이어질 수 있다"고 주장했다. 중국 공산당의 붕괴가 미국의 목표여야 한다는 이야기를 에둘러 표현한 것이다. 포틴저는 마이크 갤러거Mike Gallagher 전 하원 미중전략경쟁특위 위원장(공화당)과 함께 이 같은 주장을 담은 글을 외교 전문지 〈포린어페어스〉 2024년 5·6월호에 기고해 파장을 일으켰다. 그러자 바이든의 백악관은 "미국은 중국의 정권 교체를 원하지 않는다"며, 트럼프 측의 이런 주장이 "무모하고 비생산적"이라고 비판했다.[179]

되돌아보면 '중국 정권 교체' 발언은 트럼프 1기에도 나왔었다. 당시 마이크 폼페이오 국무장관은 코로나가 한창인 2020년 7월 23일 캘리포니아주 요바린다에 위치한 닉슨 도서관 앞에서 '공산주의자 중국과 자유세계의 미래Communist China and the Free World's Future'라는 주제로 연설하며 이같이 주장했다.

> 중국 공산당의 도전으로부터 자유를 확보하는 것이 우리 시대의 사명이며, 미국은 이에 앞장설 것입니다. 우리가 중국을 바꾸지 않으면, 중국이 우리를 바꿀 것입니다. 중국 공산당을 바꾸기 위해 반체제 인사를 포함한 중국인들과 손을 잡고 자유세계의 민주주의 국가들과의 새로운 동맹을 추진하겠습니다.[180]

이날 폼페이오의 레토릭은 미국의 외교 수장인 국무장관의 언어처럼 들리지 않았다. 마치 중국 공산당과 일전을 불사하겠다는 장수의 출정 선포처럼 들렸다. 시진핑을 향해 "파산한 전체주의 이념의 진짜 신봉자"라고 비난했고, 중국 공산당의 궁극적 목표는 "미국을 습격하는 것"이라고 단언했다. 그야말로 신냉전을 선포하는 것 같은 '이념'이 가득한 연설이었다. 일부 미국 언론은 폼페이오가 "중국 인민을 향해 정권 교체를 촉구한 것"이라고 해석했다.[181]

트럼프 행정부는 미국의 대중 정책을 '관여engagement'에서 '봉쇄containment'로 확실히 전환했다. 그렇다면 폼페이오의 정권 교체 발언은 진심이었을까? 정말 트럼프 행정부는 더 나아가려 했을까? 아니면 정치인 출신 국무장관의 레토릭에 불과했을까? 불행인지 다행인지 그것을 확인할 기회는 바로 주어지지 않았다. 코로나 팬데믹과 함께 치러진 선거에서 트럼프는 바이든에게 백악관을 내주어야 했기 때문이다.

그러나 백악관 재입성을 기대하는 트럼프 측 인사들은 베이징을 향해 '정권 교체'라는 메시지로 기선을 제압하려 하고 있다. 물론 비즈니스맨 출신인 트럼프는 그의 참모들과 달리 '공산주의'나 '정권 교체'와 같은 말을 즐겨 쓰지 않는다. 시진핑이 의도적으로 '중국 바이러스'를 퍼뜨려 자신의 재선을 막았다고 생각할지라도, 평양의 '리틀 로켓맨'에게 퍼부었던 '화염과 분노' 같은 거친 수사는 시진핑에게는 자제하고 있다.

그러나 트럼프보다 앞서 나가 베이징을 향해 거친 수사를 날리는 '트럼프맨'들은 얼마든지 많다. 동서고금을 막론하고 결전에 앞서 말싸움으로 몸을 푸는 법이다. 때로는 말이 격해져 예상치 못한 순간에 주먹이 날아올 수도 있다. 베이징은 워싱턴에서 날아오는 매캐한 연기에 '마스크'를 써야 할지 '방독면'을 준비해야 할지 파악하느라 당분간 정신이 없을 것이다.

# 16. 미중 관계, 이 사람 알아야 보인다

트럼프가 돌아올 때, 미중 관계에서 키 맨을 꼽으라면 로버트 라이트하이저Robert Lighthizer일 것이다. 지난 10년간 미중 전략 경쟁의 전선이 전방위로 확대되고 있지만, 가장 뜨거운 분야는 단연 무역이다. 로버트 라이트하이저는 바로 그 중심에 있는 인물이다.

그는 트럼프 행정부의 무역대표부Office of the United States Trade Representative, USTR 대표로서 미중 관세전쟁을 이끌었다. 과거 트럼프 행정부에서 많은 참모들이 트럼프의 '넌 해고야You are fired' 때문에 짐을 싸야 했지만, 그는 4년 내내 자리를 지킨 몇 안 되는 참모였다. 그 기간 그는 중국의 대미 수출 4분의 3에 관세를 퍼부었다. 또한, 캐나다, 멕시코와의 북미자유무역협정NAFTA을 없애고 '미국 우선주의'를 듬뿍 더한 미국·멕시코·캐나다협정USMCA을 탄생시켰다. 공화당은 물론 민주당도 결국 이 협정을 지지했다. 바이든 역시도 미국 산업을 보호한다는 명분으로 그가 둘러놓은 대중 관세를 비롯한 각종 보호 장막을 굳이 치우려 하지 않았다.

미국의 대외 경제 정책에서 보호무역주의가 대세로 자리 잡으면서, 그것을 사실상 설계한 그 역시 '대세남'이 됐다. 트럼프 2기에서도 그는 '경제 사령탑' 자리를 꿰찰 가능성이 높다.[182] 해리스 정부가 들어섰더라도 라이트하이저가 짠 미국 우선주의 무역은 여전히 유효할 것이다. 그를 알아야 하는 이유이다.


## 미국 중산층, 이제는 '투 잡' 뛰어야

로버트 라이트하이저는 지난 수십 년간 자유주의에 입각한 미국의 무역 정책을 실패로 규정한다. 그 결과 미국의 중산층과 노동자 계층이 무너졌다고 진단한다.

수십 년 동안 민주당과 공화당을 막론하고 많은 미국 지도자들은 기업 이익과 경제적 효율성을 극대화하고 가격을 최소화하거나 최적화하는 데만 집중했습니다. 그래서 국가 차원에서 일방적으로 무역 장벽을 낮추면서 막대한 무역 적자를 초래했습니다.

이런 상황에서 수입업체, 기술 기업, 소매업체, 은행 등 일부만 배를 불렸고, 미국 산업의 핵심이었던 제조업은 쪼그라들었다는 것이다. 많은 미국인들이 저임금 일자리와 생산성이 낮은 일자리로 내몰렸다고 지적한다. 부가 한쪽으로 기울어지며 미국을 병들게 했다고 비판한다. 이러한 근본적인 불공정이 미국 사회의 건강을 위협하고, 미국 전역의 커뮤니티를 파괴하며, 중산층과 중하위 계층의 많은 사람들을 절망으로 몰아갔다는 것이다.

1963년부터 1983년까지 미국인의 부는 경제 계층에 관계없이 비례적으로 증가했습니다. 이 기간 동안 상위 1% 가구의 자산과 미국 중위 가구의 자산은 모두 약 2배로 증가했죠. 그러나 1983년부터 2016년 사이에는 상위 1% 가구의 자산이 3배 늘었지만, 중간 가구의 자산은 17% 증가하는 데 그쳤습니다. 이제 평범한 미국인들은 과거 공장 한 곳의 일자리가 제공했던 삶의 질을 유지하기 위해 하위 서비스직에서 '투 잡'을 뛰어야 합니다.

라이트하이저는 트럼프 행정부가 미국 사회의 이런 문제를 해결하려 노력했다고 자평한다. 양질의 제조업 일자리를 보호하고 여러 무역 협정을 재협상함으로써 이 문제를 해결하려 했다는 것이다.

## 중국은 실존적인 위협이다!

그가 생각하는 중국은 어떤 존재일까?

> 저는 중국에 적대적이지 않습니다. 중국 역사와 문학, 문화를 알아갈수록 그들을 존경하게 됩니다. 정권 교체나 중국 공산당 자체를 적대시하는 것은 미국의 역할이 아니라고 생각합니다. '무엇이 미국에 이익인가'에 집중하면 됩니다.

라이트하이저는 중국 역사 공부를 많이 했다고 한다. 특히 중국 역사의 장구한 흥망성쇠를 알면 알수록 감탄스럽다고 말한다. 그러나 "중국은 미국에 대한 실존적인 위협existential threat"이라고 단호하게 규정짓는다. 중국은 자신들이 세계 최고가 되어야 한다고 오랫동안 확신해왔지만, 미국이 그 목표에 장해물이라고 판단한다는 것이다. 그러면서 중국의 군사력 증강이 미국을 겨냥한다고 꼬집었다.

1980년대부터 중국은 아시아에서 미국의 영향력에 도전하기 위해 군대를 증강해왔으며, 세계 최대 규모의 육군과 해군을 보유하고 있습니다. 중국은 미국 항모전단을 공격하기 위해 설계된 미사일과 레이더 시스템을 조달하고 있습니다. 사막에 미 해군 함정 모형을 만들어 실제와 같은 표적 연습을 하고 있습니다.

라이트하이저는 국제무대에서도 중국의 행태는 갈수록 공격적이라고 말한다. 중국 해군과 공군은 국제 해역과 공해에서 반복적으로 미국을 위협하고 있다. 이웃 국가인 인도, 필리핀, 베트남, 일본에 대해서는 광범위한 영유권을 주장하고 있다. 남중국해를 군사화하고 있으며, 타이완을 점점 더 위협하고 일본 주변에 군함을 파견하고 있다. 게다가 러시아의 우크라이나 침공을 승인했으며, 지금도 에너지를 구매하고 군사 장비를 판매함으로써 이를 지원하고 있다. 중국은 중동에서도 미국의 적들을 지원하며 미국의 이익을 훼손하기 위해 대리전을 벌이고 있다는 것이다.


## '메이드 인 차이나'가 미국 골목까지 위협해

이뿐만이 아니다. 현재 미국 곳곳에 파고든 이른바 '좀비 마약' 펜타닐의 상당량은 중국산이다. 중국은 미국의 경제적 지위도 위협하고 있다. 중국에 들어오는 미국 기업에 합작 투자와 기술 이전을 요구하고, 해킹과 산업 스파이 활동으로 미국 기술을 훔치고 있다. 그러는 동안 지난 20년간 미국의 대중 무역수지 적자는 상품 분야에서만 6조 달러를 넘어섰다. 가장 큰 문제는 중국이 세계 공급망에서 최상위 포식자가 된 것이라고 그는 지적한다.

> 우리의 기술과 부의 이전 결과를 보십시오. 지금 중국 기업들은 글로벌 가치 사슬 전반에 걸쳐 지배적인 플레이어가 되었습니다. 이들은 원자력 발전소, 상업용 선박, 리튬 이온 배터리, 주요 광물, 철강, 알루미늄 및 고속 열차와 같은 전략적 상품 시장에서 지배력을 행사하고 있습니다. 중국이 이런 산업을 통제하면서 자국 군대의 현대화를 지원하고 있습니다. 현재 중국 군대는 방공 시스템, 순항 및 탄도 미사일, 해군 조선 등 중요한 군사 능력에서 세계적입니다.

한마디로 중국이 미국에서 빼앗아 만든 '메이드 인 차이나'로 미국의 경제는 물론 안보까지 위협하고 있다는 것이다. 이것이 그가 인식하는 미중 관계의 본질이자 현주소이다. 그리고 이러한 인식과 진단은 워싱턴에서 이미 대세로 자리 잡았다. 다만 처방에 대한 합의는 아직 이루어지지 않았다.

워싱턴에서는 크게 세 가지 처방이 존재한다.

### 1) 자연 치유

먼저, '자연 치유'이다. 이를 지지하는 사람들은 현재 미중 관계에 큰 문제가 없다고 생각한다. 중국이 아시아에서 영향력을 계속 확대하는 것도 자연스러운 일로 여긴다. 시간이 지나면 적절한 힘의 배분과 관계 설정이 이루어질 것이라는 낙관론이다. 라이트하이저는 이들을 향해 "무덤에서 호루라기나 부는 사람들"이라고 비난했다. 한가하게 공염불이나 외는 사람들이라는 뜻이다. 이들은 중국발 위협을 제대로 직시하지 못하며, 어떠한 조치도 거부하고 있다는 것이다. 중국과의 무역으로 돈을 버는 기업이나, 훗날 이런 기업의 임원이 되기를 원하는 관리들이 이런 부류에 속한다고 그는 비꼬았다. 그러나 "다행히도" 워싱턴에서 이런 부류는 점점 더 배척당하고 있다고 그는 말한다.

## 2) '디리스킹'이 만병통치약? "사실은 진통제"

요즘 가장 유행하는 만병통치약은 '디리스킹derisking'이다. 중국과의 관계 단절을 의미하는 디커플링보다 압박 강도가 완화된 개념이다. 디리스킹은 중국과 경제 협력을 유지하면서도 중국에 대한 과도한 경제적 의존을 낮춰 이로 인해 발생할 수 있는 위험 요소를 줄이자는 의미이다. 즉 '플랜 B'를 준비하자는 것이다. 2023년 3월 유럽연합European Union, EU 집행위원회의 수장 우르줄라 폰데어라이엔Ursula von der Leyen이 처음 언급한 이후, 지금은 주요 서방 국가들이 공식적인 대중국 정책 노선으로 채택했다. 바이든도 2023년 11월 "우리는 중국과의 경제 관계에서 디커플링이 아니라 디리스킹과 다변화를 추구한다"고 천명했다.

바이든 행정부의 디리스킹 전략에는 세 가지 원칙이 있다. 첫째,

트럼프 청구서

청정에너지 기술이나 반도체 등 핵심 분야에서 탄력적인 공급망을 확보해 한 국가에만 의존하지 않도록 하는 것, 둘째, 군사 용도로 사용되는 최첨단 기술을 보호하는 것, 셋째, 국내 산업의 원천에 근본적으로 투자하는 것이다.[183] 이는 중국과의 모든 경제 관계를 단절하는 대신 국가 안보에 직결되는 일부 분야에서만 중국과 결별한다는 뜻이다. 이른바 '마당은 좁게 담장은 높게small yard, high fence' 전략이다. 반도체, 양자 컴퓨팅, AI 등을 좁은 마당에 넣고 수출 통제와 투자 제한 등으로 높은 담을 쌓아 중국이 넘보지 못하게 한다는 접근이다.

라이트하이저에게 이런 바이든식 디리스킹은 '반쪽짜리' 처방이다. 중국이 제기하는 위협의 일부만을 인식해 해법도 완전하지 못하다는 지적이다. 그러면서 조목조목 따진다. 먼저 '마당은 좁게 담장은 높게'가 전략적이고 똑똑하게 들리지만 탁상공론이라고 비판한다. '군사 안보에 직결되는 첨단 기술인 것과 아닌 것을 나누는 것이 가능하냐'고 반문한다. 그러면서 극자외선 리소그래피Extreme Ultraviolet Lithography 기술을 예로 든다. 이 '작은 기술'이 처음 개발됐을 때만 해도 항공기와 폭탄 유도 장치에 쓰이는 반도체 제조 기술이 될지는 아무도 예측하지 못했다는 것이다. 높은 담장이 필요한 마당의 크기가 얼마나 될지 아무도 모른다는 것이다.

오늘날 어떤 기술이 5년 뒤 군사적 용도로 사용될지 아무도 모릅니다. 이것이 최첨단 과학의 본질 아닙니까? 미래의 향방을 예측할 수 있는 것은 이미 최첨단 과학이 아닙니다. 지금 미국 기업들이 중국

에 판매하는 모든 첨단 제품과 기술은 그들의 군사 산업에 통합될
위험이 있습니다.

그는 디리스킹의 목적이 데탕트 즉 긴장 완화이며, 데탕트의 효
과는 '현상 유지'라고 설명한다. 그러면서 데탕트를 통해 고착되는
현상유지가 미국에 유리하다면 이런 접근이 의미가 있다고 말한다.
그러나 중국에 유리한 것이라면 무익하다는 것이다.

현재의 궤적은 중국에 유리합니다. 저는 지금이 데탕트를 추구할
때가 아니라고 생각합니다. 중국의 경제 성장이 둔화되고 있지만
그들의 첨단 산업은 계속해서 큰 진전을 이루고 있죠. 중국 지도자
들은 제조업 주도의 성장 전략을 더욱 강화하고 수출 확대에 더 집
중할 것입니다. 이로 인해 미국 등 서방과의 충돌 가능성이 높아질
것입니다. 그들은 또한 첨단 군사 시스템을 개발하고 군대를 강화
하며 AI 및 첨단 컴퓨팅 연구에 수십억 달러를 쏟아붓고 있습니다.
이러한 추세를 감안할 때, 오늘날 미국이 중국과의 충돌에서 승리
할 것이라는 보장은 없습니다. 이런 현상 유지를 바라는 겁니까?

### 3) 전략적 디커플링

라이트하이저가 내미는 처방전은 '전략적 디커플링strategic decoupling'
이다. 전략적 디커플링은 '균형 잡힌 무역balanced trade'에서 출발한다.
수단은 역시 관세이다.

전략적 탈동조화는 중국 상품에 관세를 부과하여 무역 균형을 맞추는 것을 의미합니다. 이것은 부의 이전을 막고 미국 자금이 중국 기업의 이익을 불균형적으로 채우지 않도록 할 것입니다. 예를 들어, 중국이 미국에서 150억 달러의 상품을 구매하면, 우리도 동일한 금액만을 수입하는 겁니다.

전략적 디커플링은 미국과 동맹들이 함께 새로운 기술을 개발하는 것을 동반한다. 또한 중국 등 적대 국가에 군사적 전용이 가능한 '이중용도' 기술을 수출하지 않도록 엄격히 제한해야 한다. 중국 자본의 미국 투자도 무턱대고 받아들여서는 안 된다. 특히 미국의 전략 분야에 투자하지 못하도록 해야 한다. 미국 자본이 중국으로 갈 때도 미국의 이익에 부합하는지 면밀히 살펴봐야 한다. 라이트하이저에 따르면, 중국이 지금 미국에 하고 있는 것이 '전략적 디커플링'이다. 중국이 미국을 대하듯이, 미국도 중국을 대해야 한다는 것이다. 그는 과거 트럼프 행정부에서 이미 전략적 디커플링의 1단계를 시작했다고 설명한다.

우리는 3,700억 달러의 중국 수입품에 관세를 부과했습니다. 특히 기술 수입에 높은 관세를 부과하고 광범위한 수출 통제를 시작했습니다. 이 관세는 중국 공급망에 대한 우리의 의존도를 줄였습니다. 우리 기업들이 일부 제조업을 국내나 우호국으로 이전하도록 했습니다.

## 관세, 중국만 겨냥하는 것 아냐

일찌감치 트럼프는 재집권할 경우 중국산 수입품에 60% 관세를 부과하겠다고 밝혔다. 문제는 관세라는 카드가 중국용만은 아니라는 것이다. 라이트하이저는 중국뿐만 아니라 전 세계와의 무역 균형을 목표로 한다. 그는 "미국의 무역 적자를 줄이고 재산업화를 가속화하기 위해 전반적으로 최소 10%의 새로운 관세가 필요하다"고 밝힌 바 있다.[184] 특히 무역 상대국이 달러 대비 자국 통화의 가치를 재평가하는 조치에 동의하지 않으면 관세를 부과할 수 있음을 내비치기도 했다. 라이트하이저는 중국과 경제 전면전은 물론 다른 국가들과의 국지전도 치를 셈이다. 한국도 그의 복귀 가능성을 긴장해야 하는 대목이다.

*

로버트 라이트하이저는 1947년 10월에 태어났다. 그해 같은 달에는 WTO의 전신인 관세무역일반협정General Agreement on Tariffs and Trade, GATT도 탄생했다. GATT는 관세 장벽과 수출입 제한을 제거하고 국제무역을 촉진하기 위해 2차 세계대전 승전국들이 맺은 무역 협정이다. 훗날 보호무역주의의 상징이 된 인물과 세계 자유무역의 상징인 국제 체제가 같은 해 같은 달에 태어난 것이다. 우연치고는 참 얄궂다.

2024년 2월 하버드대학 강연에서 '국제관계 분야에서 일하고자 하는 학생들에게 어떤 조언을 하겠느냐'는 질문을 받고 그는 이렇게 답했다. "항상 대세에 따르지 말고 반대의 의견을 가지라고 말하고 싶습니다. '반골'이 될 필요가 있습니다." 그리고 덧붙였다. "스스로 생각할 시간을 가져야 합니다. 미국인이라면 미국의 관점에서, 유럽인이라면 유럽의 관점에서, 중국인이라면 중국의 관점에서 생각해야 합니다. 각자의 입장에서 자신을 돌봐야 합니다."

'각자의 입장에서 생각해보라?' 조용한 선전포고처럼 들렸다. 한평생 '반골'로 살다 '대세남'이 된 그의 조언이다.

# 17. 중국에 너무 약해 떠나야 했던 외교관

  이제 미국과 중국은 헤어질 일만 남은 걸까? 디리스킹이든 전략적 디커플링이든, 결국은 이혼이라는 결말을 향해 가고 있는 걸까? 남은 건 양육권과 재산 분할의 싸움뿐일까? '미워도 다시 한 번…' 다시 예전처럼 돌아갈 수는 없는 것일까? 모두가 그런 결말을 바라는 것은 아니다. 비록 소수이지만, 워싱턴에서는 여전히 미중 관계의 현 궤도를 바꾸어야 한다고 주장하는 이들이 있다. 미 국무부의 대표적인 중국 전문가였던 수전 손튼Susan Thornton도 그중 한 명이다. 그는 대중 강경파들로부터 '중국에 너무 약하다'는 공격을 받으며 국무부를 떠났던 사람이다.

  내가 그의 존재를 처음 알게 된 것은 트럼프 1기 초창기인 2017년 3월이었다. 당시 국무장관이던 렉스 틸러슨은 그를 국무부 동아시아태평양 담당 차관보 대행으로 발탁했다. 국무부 동아태 차관보는 미국의 핵심 동맹국 한국과 일본, 최대 라이벌 중국, 그리고 역내

214    

골칫거리 북한 문제 등을 담당하는 자리로 의회 인준을 거쳐야 하는 고위직이다. 한미 관계를 담당하는 기자에겐 가장 중요한 취재 대상이다.

수전 손튼은 1991년 국무부 합류 이래 동아태 지역에서 오래 근무했다. 중국어에 능통한 중국 전문가이며, 북한 문제를 다뤄본 경험도 풍부한 베테랑 외교관이었다. 2017년 11월 트럼프의 첫 아시아 순방도 수행했다. 트럼프도 순방 기간 손튼과 직접 대화를 하며 그의 전문성에 매우 깊은 인상을 받은 것으로 전해졌다.[185] 그럼에도 불구하고 그는 '대행'으로 발탁된 지 9개월이 지난 그해 12월에야 동아태 차관보로 공식 지명됐다. 그렇게 된 데는 사연이 있었다.

## "더 강경파를 데려와"

일찌감치 손튼의 실력을 인정한 틸러슨 장관은 그해 6월부터 그를 동아태 차관보로 지명해줄 것을 백악관에 요청했다. 그러나 백악관 일부 인사들의 방해 공작에 직면했다. 손튼이 중국에 강경하지 않아서 안 된다는 것이었다. 특히 백악관 수석 전략가로 일했던 트럼프 측근 스티브 배넌Steve Bannon은 "손튼을 내보내고 강경파를 앉힐 것"이라고 딴지를 걸었다.[186] 배넌은 2016년 트럼프 대선 승리의 1등 공신으로 백악관에 입성했으나 다른 참모와 끊임없이 충돌하다 8개월 만에 백악관을 떠났다. 일단 배넌의 사퇴로 틸러슨은 자신의 뜻을 관철해 12월 손튼을 차관보로 공식 지명했다.

당시 〈워싱턴포스트〉는 손튼의 지명을 "백악관을 꺾은 틸러슨의 승리"라고 보도하기도 했다. 동아태 차관보 지명 문제를 통해 당시 백악관 참모들과 국무장관 간의 알력 다툼이 드러난 것이었다. 우여곡절 끝에 손튼은 이듬해 2월 상원 인준 청문회까지 마쳤다. 그러나 3월 틸러슨이 트럼프에게 '트위터 해고'를 당하면서 또다시 위기가 찾아왔다. 틸러슨이라는 방패막이가 사라지자 이번에는 공화당의 대중 강경파 의원들이 제동을 걸었다.

마르코 루비오Marco Rubio 상원의원은 손튼을 향해 "타이완과 같은 전략적 동맹들을 경시하고 중국의 인권 유린에 대해서는 눈을 감았다. 그래서 그의 임명을 지지할 수 없다"고 공개적으로 반대하고 나섰다.[187] 이렇게 일부 의원들이 인준 절차를 뭉개기 하면서 손튼은 그해 7월 '대행' 꼬리표를 떼지도 못한 채 국무부를 떠나야 했다.

나는 국무부를 떠나 자연인 신분이 된 그를 인터뷰하기 위해 여러 차례 접촉했으나 성과가 없었다. 물론 대부분의 고위 관리들은 퇴임 이후 일정 시간이 지난 뒤에야 언론에 모습을 드러내곤 한다. 일종의 불문율이다. 다만 그의 첫 인터뷰 상대가 나이기를 바랐다. 그러나 그는 미국 언론이 아닌 일본 언론을 선택했다. 사퇴 이후 4개월 만인 2018년 11월, 일본 〈아사히신문〉과 첫 인터뷰를 한 것이다. 여기서 손튼은 자신의 퇴임 배경에 대해 '중국과 대화를 중시하는 사람들을 배제하려는 트럼프 행정부 내 움직임' 때문이라고 밝혔다. 트럼프 행정부에서 손튼과 같은 대화파가 점점 자리를 잃어

가고 있었다.

그는 트럼프 행정부가 중국 때리기에 나선 것은 "정치적인 이유 때문"이라고 일갈했다. 그러면서 "미국이 중국과 협력하는 길을 찾지 않으면 우리는 매우 어려운 미래를 맞이할 수 있다"고 경고했다. 그는 국무부를 떠나기 전 약 3개월 동안, 틸러슨 후임으로 임명된 마이크 폼페이오를 상사로 모셨다. 폼페이오는 훗날 '중국 인민과 손잡고 중국 공산당을 교체하자'라고 외쳤던 인물이다. 이런 폼페이오와의 3개월이 손튼에게 어떤 시간이었을지는 굳이 말하지 않아도 될 것 같다. 대개 옷을 벗은 지 얼마 안 된 전직 관리들은 여전히 현직처럼 두루뭉실하게 말하는 경우가 많다. 그는 달랐다. 사안과 쟁점에 대한 자신의 시선을 굳이 감추지 않았다.

\*

손튼과 몇 차례 이메일을 주고받은 이후, 2019년 1월 초에 첫 인터뷰가 이뤄졌다. 그때는 트럼프와 김정은이 2차 정상회담을 준비하는 시기여서 주로 북미 핵 협상에 대한 이야기를 나눴다. 이후에도 사안이 있을 때마다 그의 견해를 물었는데 나의 질문은 대부분 북미 관계에 대한 것이었다. 하루는 그가 말했다. "우리가 머지않아 북한보다는 중국에 대해 더 많은 이야기를 해야 할지도 모릅니다." 실제로 트럼프가 퇴장하고 바이든이 등장하면서 워싱턴에서 '북한'은 사라져갔다. 2023년 1월부터 그와 본격적으로 중국 이야기를 시작했다. 격화되는 미중 경쟁이 모든 국제 관계의 역학을 규정짓고 있었던 때였다. 손튼은 인터뷰할 때마다 "미국과 중국은 건설적인 경쟁을 해야 하며, 이것이 두 나라는 물론 전 세계에도 이익"이라는 점을 강조했다. 손튼은 언론 기고 등을 통해서도 같은 메시지를 역설하고 있다. 언뜻 들으면 미 정부 고위 관리들이 전가의 보도처럼 하는 말 같으나, 자세히 들여다보고 행간을 보면 결이 다르다.

## 미국 내 '중국 위협'은 과장됐어

그는 현재 미중 관계의 악화가 상당 부분 양측의 정치적 동기에 기인한다고 해석했다.[188] 본격적으로는 2017년부터 트럼프와 시진핑이 각자의 국내 정치적 입지를 강화하기 위해 상대방에 대해 지속적으로 과장된 이야기exaggerated narratives를 주고받기 시작했다는 것이다. '저들 때문에 우리가 어려움을 겪고 있다'는 식의 이야기들이다. 코로나 이후, 미국 정치인들은 '중국 공산당이 역사 속으로 사라지길 바란다'라는 식으로 발언하고, 중국 관리들은 공공연히 '미국의 쇠퇴'를 언급하기도 했다. 이러한 과장된 이야기들이 마치 밈meme처럼 퍼지며 미중 대립을 부추기고 있지만, 이는 실체적인 내용이 아닌 정치적 내러티브 성격이 강하다는 것이 그의 진단이다.

손튼은 미중 관계 쇠퇴의 또 다른 원인으로 '미국의 자신감 상실'을 지적했다.[189] 2000년대 들어 9·11 테러, 이라크전쟁과 아프가니스탄전쟁의 실패, 그리고 세계 경제를 휘청하게 만든 미국발 금융 위기 등을 겪으면서 미국이 위축됐다는 것이다. 그러는 동안 경제력과 군사력, 지정학적 영향력을 확대하고 있는 중국을 보면서 두려움이 커졌다고 그는 말했다.

이러한 분석은 '투키디데스의 함정Thucydides Trap' 이론과 맥락을 같이한다. 이 이론은 기원전 400여 년 전 《펠로폰네소스 전쟁사》를 쓴 투키디데스에게서 유래한 것으로, 아테네의 부상을 두려워한 스파르타가 결국 전쟁을 일으켰다는 내용이다. 이는 전쟁의 원인이 세력의 차이가 아닌 두려움이라는 것을 강조한다. 즉, 신흥 강국의 부상은 기존 강대국에 위협감을 주고, 그로 인한 불안감은 필연적으로 전쟁을 초래한다는 것이다. 이를 미중 갈등에 적용해보면 '미중전쟁은 중국의 부상과 이에 따른 미국의 두려움 때문'이라는 결론을 도출할 수 있다.

그러나 손튼은 미국이 중국을 과도하게 두려워하고 있다고 주장했다.

> 현재 미국은 중국보다 훨씬 더 많은 자원을 보유하고 있으며, 더 강력한 국가입니다. 미국이 현명한 전략과 정책을 추구한다면 앞으로도 수십 년간 건설적인 글로벌 리더십을 유지할 수 있을 것입니다.[190]

동시에 미국이 중국의 선택에 영향력을 행사할 수 있다는 착각도 경계해야 한다고 손튼은 지적했다.

> 미국은 중국뿐만 아니라 중국보다 훨씬 작은 나라의 진로나 발전
> 에 미치는 자신의 영향력을 과대평가하는 경향이 있습니다. 우리는
> 과거에 중국을 얼마나 변화시켰는지, 그리고 앞으로 중국의 미래를
> 얼마나 바꿀 수 있을지에 대해 좀 더 겸손해야 합니다.[191]

  앞에서 언급한 로버트 라이트하이저를 비롯한 미국 정부 관계
자들은 미중 갈등의 원인을 중국에서 찾는 경향이 있다. 이들은 중
국이 국제 규범을 어기고 정치·경제적 위협을 일삼고 있으며 그 강
도가 점점 세지기 때문에, 미국의 대응도 그에 상응할 수밖에 없다
는 논리를 펼친다. 이는 마치 '나무는 가만히 있으려 하나 바람이
그치지 않는다'처럼 들린다. 이에 비해 손튼의 진단은 좀 더 자기
성찰적이다.

## 미중 경쟁 때문에 동맹의 이익을 무시해서는 안 된다

  손튼은 미국이 중국과의 경쟁에 집착하게 되면 본래의 장점을
약화시키는 왜곡된 정책을 추구할 수 있다고 경고했다. 특히, 건강
한 동맹 관계를 유지하고 동맹국의 이익을 존중해야 한다고 강조
했다. 중국과의 경쟁 때문에 동맹국의 이익을 무시해서는 안 된다

는 것이다. 워싱턴이 동맹들에게 미국과 중국 중 양자택일을 강요하지 않는다면서 사실은 강요하고 있는 상황을 꼬집은 것이다. 또한, 미국과 중국 모두 "합의된 원칙과 규칙, 국제 질서에서 벗어나려 하고 있다"면서 이를 경계해야 한다고 말했다. 그는 미국과 중국이 서로 분리되는 것이 아니라 건설적인 경쟁을 해야 한다고 거듭 역설했다.

> 미국과 중국이 진정으로 보여줘야 하는 모습은 하나의 세계 질서를 유지할 수 있는 건설적인 경쟁입니다. 두 개의 축으로 분열되는 모습이 아닙니다. 우리는 그런 상황을 과거에 겪었습니다. 21세기에는 그런 방식이 도움이 되지 않을 것입니다. 저는 두 진영으로 나뉘는 것이 현실적인지, 또 가능한지도 모르겠습니다.[192]

그의 말처럼, 지금과 같은 상황에서 미중 간 건설적인 협력이 가능할까? 타이완을 놓고 잠재적인 물리적 충돌 가능성까지 언급되는 상황에서 말이다. 그도 타이완이 미중 간 군사적 대결이 벌어지는 유일하고 가장 첨예한 전선이라고 진단한다. 그러나 그것 때문에 협력이 불가능한 것은 아니라고 역설했다. 미중은 지난 45년간 타이완 문제로 갈등했지만, 다른 부분에서 협력하지 못했던 것은 아니지 않느냐고 반문했다. 다만 과거와 달리 지금은 양국 지도자들이 협력의 이유를 찾지 못하는 것이 문제라고 지적했다. 냉전 시대에는 소련 견제라는 공동 이익을 위해 협력했고, 2000년대 들어서는 경제적 이해관계를 이유로 협력했지만, 지금은 서로가 결별의 이유를 찾는 데 집중한다는 비판이다. 특히 2018년 미국이 대중 관여 정책을 포기하고 전략적 경쟁을 천명했을 때, 중국은 경쟁을 대결로 인식한 것 같다고 분석했다.

## 트럼프 '한국·일본 분담금 증액' 인정하지만…

2025년 미중 관계는 어떤 방향으로 전개될까? 그는 바이든이 재집권하면 관계 개선을 시도할 것으로 전망했다. 그러나 트럼프가 돌아오면 '중국 때리기'에 더욱 고삐를 쥘 것으로 예상했다. 공화당을 비롯해 트럼프 주변의 참모들은 러우전쟁을 비롯해 유럽에서 벗어나 아시아, 즉 중국에 집중해야 한다고 말하고 있다.

이런 상황에서 트럼프가 돌아오면 아시아 동맹들에게 무엇을 요구할까? 손튼은 한국 입장에서 '안도'와 '우려'가 교차하는 전망을 내놨다. 먼저 아시아 동맹에 대한 트럼프의 인식이 달라진 것으로 보인다고 관측했다.

트럼프 대통령이 첫 임기 이후 태평양 지역 동맹국에 대한 생각이 변화한 것 같습니다. 미국은 한국과 일본이 국방비를 늘리고 분담금을 인상하는 것을 지켜봤습니다. 트럼프가 불만을 표출했던 부분이 나아지는 것을 본 것이죠. 게다가 트럼프는 중국 봉쇄에 집중할

것이기 때문에 아시아보다는 유럽 동맹국들에 대한 분노에 더 집중할 것으로 보입니다.[193]

그는 트럼프가 미중 관계에서 무역 문제에 집중할 것으로 전망했다. 이 과정에서 트럼프가 동맹국들에게 어떤 역할을 요구할지는 동맹국들에겐 '골칫거리'가 될 수 있다고 보았다.

## 한국도 미국에 요구하라

손튼은 윤석열 한국 정부가 북한발 안보 위협이 고조되는 상황에서 워싱턴과의 동맹 강화를 선택하며 중국에 대해 강경한 태도를 취한 것 같다고 진단했다. 그러나 그로 인한 어려움을 감내해야 할 것이라고 말했다.

한국은 항상 어느 한쪽 편을 들기를 원하지 않으며, 또한 한쪽 편을 선택하지 않아도 되기를 바란다고 말해왔습니다. 그러나 윤석열 정부는 워싱턴과 동맹을 선택하는 방향으로 훨씬 더 기울고 있는 게 분명해 보입니다. 이러한 움직임은 긴장이 고조되며 한반도 안보를 위협하는 북한의 무기 프로그램 개발이 빠르게 진화하는 상황을 감안할 때 타당해 보입니다. 윤석열 정부는 미국 정책과 일치를 이루면서 대중 접근이 전임 정부보다 더욱 강경해졌습니다. 그렇지만 윤석열 정부는 대중 접근에서 어려운 길을 걸어야 할 것입니다. 한국 경제에서 중국의 중요성, 지리적 인접성, 그리고 중국의 대북 영향력 등도 고려해야 하니까요.[194]

끝으로 손튼은 동맹국들이 미국에 더욱 목소리를 내야 한다고 강조했다. '디리스킹'이나 '전략적 디커플링'과 같은 애매모호한 말 대신, 이러한 정책들이 무엇을 의미하는지 미국이 명확히 설명하도록 해야 한다는 것이다. 특히 한국을 비롯한 동맹국들은 미중 갈등과 대립의 구도 속에서 다른 국가들이 휘말리지 않도록 미국에 지속적으로 대책을 요구해야 한다고 강조했다. 단순히 미국의 요구만 들어줄 것이 아니라, 우리가 필요한 것을 적극적으로 요구해야 한다는 말이다.

\*

미국에는 손튼이라는 성을 가진 또 다른 중국 전문가가 있다. 그의 이름은 존 손튼John L. Thornton이다. 그는 1990년대 월가의 사관학교로 불리는 골드만삭스의 사장을 지낸 금융계의 거물이다. 골드만삭스를 떠난 뒤에는 중국 칭화대에서 비중국인으로는 첫 정교수를 지냈다. 또한, 워싱턴의 민간 연구소인 브루킹스연구소에 거액을 기부해 자신의 이름을 딴 중국 연구센터를 설립하기도 했다. 그는 트럼프 행정부와 바이든 행정부에서 미중 관계의 막후 채널로 활약하기도 했다. 손튼이라는 흔하지 않은 성을 가진 두 사람이 모두 '중국통'으로 활약하고 있는 것이다.

나는 그들이 서로 가족이 아닌지 무척 궁금했다. 그래서 언젠가 인터뷰가 끝난 뒤 조심스럽게 수전에게 물었다. 그는 아주 쿨하게 웃으면서 답했다. "우린 아무 관련이 없습니다. 많은 사람들이 궁금해하면서도 묻지 않던데 물어줘서 고맙습니다. 기사에 한 줄 써주세요. '수전 손튼과 존 손튼은 남남이다'라고 말이죠." 물론 기사에는 쓰지 않았다. 대신 이 자리를 빌어 말해야겠다. "그들은 아무 사이도 아니다."

부록

# 인터뷰

1) 트럼프 안보 참모, 프레드 플라이츠
2) 워싱턴 슈퍼 매파, 존 볼턴
3) 북핵협상 대부, 조셉 디트라니
4) WMD 차르, 게리 세이모어
5) 중국통 핵안보 전문가, 자오통

# 1) 트럼프 안보 참모, 프레드 플라이츠

## 전 백악관 국가안보회의 사무총장

미국 공화당 진영의 안보 전문가이다. CIA, DIA, 국무부 등에서 일했으며, 2018년 트럼프 행정부에서 대통령 부보좌관, NSC 사무총장을 역임했다. 지금은 미국우선주의연구소의 부소장을 맡고 있다. 이 인터뷰는 2024년 7월 진행됐다.

## Q. 트럼프 2기가 들어선다면 어떤 모습일까요?

트럼프 1기와 유사한 점이 많을 거라고 생각합니다. 우리는 미국의 국가 안보를 위한 트럼프의 '아메리카 퍼스트' 정책의 복귀를 보게 될 것입니다. 외국 청중에게는 이 정책이 '고립주의'나 '나 홀로 행보'처럼 들릴 수 있다는 것을 압니다. 그러나 실제로는 그렇지 않습니다. 이는 결단력 있는 리더십을 의미합니다. 유능한 외교 정책과 필요할 때 군사력을 사용하는 강력한 군대, 그리고 불필요한 전쟁을 피하면서 국가를 지키는 신중한 접근을 의미합니다.

또한 한국, 일본, 이스라엘과 같은 동맹국들과 긴밀히 협력해 미국에 위협이 되는 지역 위기와 위협에 대응할 것입니다. 안전한 공급망을 구축하는 것도 중요한 목표입니다. 이런 점에서 트럼프 1기와 유사한 점이 많을 것이라고 생각합니다. 트럼프 1기의 접근법은 어느 정도 성공을 거뒀습니다. 북한과의 긴장 완화가 그 사례입니다.

## Q. 그렇다면 1기와 다른 건 무엇일까요?

가장 큰 차이점은 '인사'일 것입니다. 트럼프 대통령도 1기에서 인사가 가장 큰 문제였다는 점을 인정할 것입니다. 그는 대통령의 의제를 지지하지 않는 몇몇 인물을 임명했으며, 그들을 1년 정도 후에 해고했습니다. 존 볼턴, H. R. 맥매스터 국가안보보좌관, 렉스 틸러슨 국무장관이 그 예입니다. 트럼프 2기에서는 대통령의 의제를 적극 지지하는 사람들로 팀을 구성할 것입니다.

또한, 2기에서는 연방정부 관료 조직을 통제하려는 노력이 더 잘 이루어질 것입니다. 이는 공직자들이 정치적 중립을 유지하고 대통령을 지원해야 한다는 점을 명확히 하기 위한 것입니다. 공직자들은 개인적인 의제를 추구해서는 안 됩니다. 현재 트럼프 2기 행정부에 참여하고자 하는 유능한 인재들이 많이 대기 중이며, 이에 대해 큰 기대를 갖고 있습니다.

## Q. 대통령 주변이 '예스맨'들로만 채워지질 가능성은 없을까요?

렉스 틸러슨 국무장관, H. R. 맥매스터 국가안보보좌관, 짐 매티스 국방장관 등 1기 외교안보 팀을 예로 들어봅시다. 이들은 2015년 이란 핵협정에서 탈퇴하는 것에 반대했습니다. 이는 트럼프 대통령이 추진하고자 했던 정책이었지만, 이들은 협정 탈퇴를 최대한 지연시키려 했고, 그로 인해 내각 회의에서 많은 충돌이 있었습니다.

이들은 트럼프 행정부의 합류 제안을 받았을 때 '대통령의 입장을 지지하지 않으니 참여하지 않겠다'고 말했어야 했다고 생각합니다. 이는 대통령에게 무조건 '예스맨'이 되라는 뜻이 아닙니다. 그러나 대통령의 우선순위를 존중하고 그것을 실현할 준비가 되어 있거나, 그렇지 않다면 참여하지 말아야 합니다. 앞으로는 이런 방식이 정착될 것입니다.

## Q. 한반도 등 동북아와 관련해 어떤 참모들이 트럼프 주변에 있을까요?

한국과 일본 등 동맹을 강력히 지지하는 인물들이 행정부에 참여할 것으로 봅니다. 아시아·태평양 안보에 대해 다소 무책임한 발언을 한 몇몇 보수 인사들도 있지만, 그들의 입장은 트럼프 대통령의 입장과 다를 것입니다.

우리는 북한과 중국의 점점 커져가는 위협, 그리고 북한과 러시아 간의 동맹을 주목할 것입니다. 또한, 중국, 러시아, 북한, 이란 간의 축 형성 가능성도 중요한 과제입니다. 이 문제들을 해결하기 위해 미국과 한국은 긴밀히 협력해야 할 것이며, 두 나라가 해야 할 일이 많습니다.

**Q. 트럼프는 동맹 지지자는 아니잖습니까. 방위비 분담금 문제로 한국을 다시 압박할까요?**

저는 트럼프 대통령이 한미 동맹을 매우 중요하게 생각한다고 믿습니다. 다만 동맹국들이 각자의 역할을 다하고 공정한 몫을 지불하기를 원할 것입니다. 트럼프의 압박은 주로 국방비로 GDP의 2%를 지출하지 않는 일부 NATO 회원국들에 집중될 것으로 봅니다. 그렇다면 한국도 주한미군 주둔 비용을 더 부담하라는 압박을 받을까? 네, 그런 압박이 있을 가능성은 있지만, 이것이 한미 관계를 손상시킬 만큼 큰 문제가 되지는 않을 것입니다.

**Q. 주한미군 철수 가능성은 없나요? 트럼프에게 안보 문제를 조언하는 것으로 알려진 엘브리지 콜비는 미국이 중국에 더 집중하기 위해 한반도에 미군을 붙잡아 두어서는 안 된다고 주장합니다. 또한, 미국이 핵우산 약속을 지킬 수 없으니 한국이 자체 핵무장을 고려해야 한다고도 합니다.**

엘브리지 콜비의 말을 듣지 마십시오. 적어도 제가 아는 트럼프 측근 중 그와 이 문제를 논의하는 사람은 없습니다. 주한미군은 북한을 억제하기 위해 주둔하는 것인데, 콜비가 이를 이해하지 못한다고 봅니다. 트럼프가 다시 대통령이 된다고 해도 주한미군의 지위에 변화가 없을 것이라고 믿습니다. 또한 콜비가 미국의 핵우산에 대해 한 발언들도 상당히 터무니없는 것이라고 생각합니다. 그 발언들은 제가 생각하는 트럼프의 입장과는 전혀 부합하지 않습니다.

## Q. 트럼프가 한국의 자체 핵무장을 지지할 가능성은요?

저는 트럼프 행정부가 한국의 핵무기 보유를 지지하지 않을 것이라고 생각합니다. 물론 단언할 수는 없지만, 핵 확산은 글로벌 안보에 부정적인 영향을 미칠 것입니다. 한국이 핵무기를 보유하기로 결정한다면 트럼프 행정부는 한국과 대화하겠지만, 이는 매우 나쁜 선례가 될 것입니다. 남북 및 한중 관계도 매우 불안정하게 만들 수 있습니다.

## Q. '미국 우선주의'는 미국에서 초당적인 것 같습니다. 특히 트럼프가 돌아오면 경제에서 '미국 우선주의'가 강화될 것으로 보입니다. 많은 한국 기업이 미국에 투자하고 있는데 역차별을 걱정하는 것 같습니다.

한국 기업들은 미국에 많은 투자를 하고 있으며, 미국인 일자리 창출에도 크게 기여하고 있습니다. 새로운 행정부가 출범한 후 열릴 첫 한미 정상회담에서는 이 부분이 핵심 의제가 될 것입니다. 현재 중국과의 디커플링이 중요한 이슈입니다. 중국 경제가 중상주의적 성격을 띠고 있으며, 불공정한 무역을 통해 이익을 취하고 있기 때문입니다. 트럼프의 핵심 경제 참모인 래리 커들로(Larry Kudlow)와 로버트 라이트하이저도 디커플링을 추진해야 한다고 주장해 왔습니다. 동시에 오프쇼어링(offshoring)과 프렌드쇼어링(friendshoring)도 함께 언급되고 있는데요 한국은 고도화된 경제와 첨단 기술을 갖춘 국가로, 이러한 역할을 수행할 적임지입니다. 두 나라는 이 문제를 심도 있게 논의해야 할 것입니다. (프렌드쇼어링은 세계 시장에서 미국의 주력 산업이 타격받지 않도록 공급선을 다변화하고자 하는 목적을 띠고 있다. 미국은 최근 미중 전략 경쟁이 가속화함에 따라 반도체 등 핵심 공급망 분야에서 동맹국과의 협력체제 구축에 더욱 공을 들이고 있다.)

## Q. 트럼프는 북한 김정은을 다시 만날까요?

트럼프 대통령이 김정은과 만날 의사를 밝히자 많은 비판이 쏟아졌습니다. 무자비한 독재자에게 정당성을 부여한다는 비판이었죠. 하지만 역대 정부의 모든 시도가 북한 문제를 해결하는 데 실패했기 때문에 트럼프는 김정은을 만난 것입니다. 2017년 북한은 대규모 핵 실험을 감행하고 ICBM을 발사하며 국제 안보에 큰 위협을 가했습니다. 당시 무언가 조치를 취할 필요가 있던 시점이었죠.

트럼프와의 만남 이후 북한은 핵 실험을 중단했고, 장거리 미사일 시험도 2022년까지 멈췄습니다. 비록 완벽한 성공은 아니었지만, 긴장을 완화하는 데는 성과가 있었습니다. 만약 팬데믹이 없었다면 더 큰 성과를 거둘 수 있었을지도 모릅니다.

저는 트럼프가 재집권하게 된다면 김정은과 다시 만날 것이라고 봅니다. 특히 북한과 러시아 간의 관계를 단절하기 위해 노력할 가능성이 큽니다. 저는 이 문제가 러우전쟁의 종식과도 연관될 수 있다고 생각합니다. 만약 러시아가 북한의 군수품이나 미사일을 필요로 하지 않게 된다면, 북러 관계는 자연히 악화될 것입니다.

**Q. 김정은은 '하노이 노딜'을 기억하고 있을 텐데, 그가 다시 트럼프를 만나려 할까요? 트럼프는 김정은이 원하는 대로 대북 제재를 해제할까요?**

저는 김정은이 트럼프와의 만남을 원한다고 생각합니다. 트럼프는 북한과의 협상을 위해 영향력 있는 특사를 임명할 것이며 이를 통해 '북미 정상회담 2.0'을 어떻게 성공적으로 이끌어갈지, 그리고 미국의 기대가 무엇인지 명확히 전달할 것입니다.

북한이 장기적인 계획을 통해 국제 사회에 정상적인 국가로 편입되는 것이 북한의 이익에 부합합니다. 물론 북한의 열악한 인권 상황과 공격적인 태도로 인해 그에 따른 대가도 치러야 할 것입니다. 그러나 트럼프는 세상을 '거래적 관점'으로 바라보며, 적대국과도 공존을 모색할 필요가 있다고 생각합니다. 이 때문에 트럼프는 푸틴, 시진핑과의 대화뿐만 아니라 이란 지도자들에게도 만남을 제안할 가능성이 큽니다. 복잡한 국제관계에서는 때로 적대국 지도자들과도 대화를 나눠야 합니다.

**Q. 트럼프는 김정은과 어떤 합의를 원할까요? 일각에서 이야기하는 '중단 합의'도 가능할까요?**

하노이 회담에서 실무급에서는 '임시 합의' 또는 '단계적 합의'가 논의된 것으로 알고 있습니다. 하지만 이것은 당시 트럼프가 원했던 방식이 아니었습니다. 이것이 하노이 회담이 결렬된 이유 중 하나라고 생각합니다. 트럼프는 북한의 완전한 비핵화를 강력하게 추진할 것입니다. 이는 매우 어려운 협상이 될 겁니다. 그러나 초기 회담의 결과로 긴장 완화와 미사일 시험 중단이 이루어진다면 좋을 것입니다. 이후 협상의 방향을 지켜봐야 할 것입니다. 트럼프는 지난번과 마찬가지로 이번에도 여기에 많은 시간과 에너지를 쏟을 것입니다. 비록 완전한 성공은 아닐지라도 긴장이 완화되고 미사일 시험이 중단된다면, 이는 여전히 중요한 성과입니다. 그러나 이것만으로는 충분하지 않습니다. 우리의 궁극적인 목표는 북한의 비핵화입니다.

## 2) 워싱턴 슈퍼 매파, 존 볼턴

### 전 백악관 국가안보보좌관

존 볼턴은 대외 정책에서 초강경 노선으로 유명한 '슈퍼 매파'로 불린다. 과거 공화당 정부에서 국무부 군축 및 국제 안보 담당 차관, 유엔 주재 미국 대사를 지냈고, 트럼프 행정부 시절인 2018~2019년 국가안보보좌관으로 발탁됐다. 그러나 북미 정상회담 당시 북한의 완전한 비핵화를 강조하며 리비아 모델을 언급해 북한의 강한 반발을 초래했고, 트럼프와의 불협화음으로 결국 경질됐다. 이후 회고록이나 인터뷰 등을 통해 트럼프의 외교안보 정책을 신랄하게 비판하고 있다. 이 인터뷰는 2024년 8월에 진행됐다.

## Q. 트럼프가 돌아오면 동북아 정세는 어떻게 달라질까요?

트럼프 대통령이 재임하게 된다면 그는 과거에 했던 정책으로 돌아갈 가능성이 큽니다. 그는 김정은을 다시 만나길 고대하고 있을 겁니다. 그는 1기 때 "김정은과 사랑에 빠졌다"고까지 말했죠. 트럼프는 평양을 방문해 김정은과 만나는 극적인 행동을 하고 싶어할 겁니다. 그리고 북한과 다시 핵 협상을 하려 할 것입니다. 하지만 김정은과의 관계 때문에 미국과 한국 간에 매우 어려운 시기가 올 수 있습니다.

또한 중국과의 관계에 대해 그가 한 발언을 보면 미중 관계에도 큰 혼란이 발생할 가능성이 있습니다. 그는 중국에 60% 이상의 관세를 부과할 것이라고 했지만, 그 말이 적대 관계를 의미하는 것은 아닐 수 있습니다. 만약 시진핑이 선거 다음 날 트럼프에게 전화를 걸어 "도널드, 당신이 당선되어 기쁘다. 우리 둘만이 이 문제를 해결할 수 있다. 취임 전에 만나 우리의 관계를 회복할 계획을 세워보자"라고 한다면, 트럼프는 그 제안을 받아들일 것이라고 봅니다.

## Q. 트럼프 1기 때 대통령과 외교안보 참모 간의 불협화음이 많았습니다. 2기도 그럴까요?

트럼프의 참모들은 자신들이 생각하는 정책 방향에 대해 최선의 조언을 하려고 노력했던 것 같습니다. 그러나 최종 결정은 트럼프가 내렸습니다. 정책과 안정성의 문제는 참모들보다는 트럼프 본인에게 더 큰 책임이 있었습니다. 트럼프가 결정권자였지만, 그는 변덕스러웠습니다. 집중력이 짧고, 한반도 분단의 역사 등 한국 역사에 대해서도 무지합니다.

그래서 그의 첫 임기 동안의 많은 정책 방향 전환은 누가 조언했느냐와는 관계가 없었습니다. 이는 트럼프가 명확하고 일관된 정책을 스스로 추진하지 못한 데서 비롯된 문제였습니다.

## Q. 트럼프는 김정은을 가장 많이 상대해본 미국 지도자입니다. 1기 때와는 다른 모습을 보일까요?

딱 잘라 말하기는 어렵습니다. 트럼프가 김정은과 세 번이나 만난 것을 즐겼던 것 같습니다. 엄청난 언론의 주목을 받았기 때문이죠. 싱가포르에서는 미국 대통령으로서 처음으로 북한 지도자와 만났고, 그 후에는 하노이에서 만났죠. 당시 언론에서는 합의가 이루어질 것이라는 예측을 내놓았지만 결국 노딜로 끝났습니다. 그리고 2019년에는 DMZ에서 김정은과 만나면서 북한 땅을 밟은 첫 미국 대통령이 되었습니다. 이제 남은 것은 무엇일까요? 트럼프는 평양에 가려 할 것입니다. 그것이 트럼프가 아직 하지 않은 유일한 일이며, 그것 또한 엄청난 주목을 받을 겁니다.

물론, 그렇다고 해서 합의가 이루어질 것이라는 의미는 아닙니다. 저는 트럼프가 김정은이 자신에게서 무엇을 얻고자 했는지 완전히 이해하지는 못했다고 생각합니다. 다만 북한에 양보함으로써 자신이 나쁘게 보이는 것을 원하지 않았던 것입니다. 그게 하노이에서 합의가 성사되지 못한 이유라고 생각합니다. 이러한 요소들은 트럼프가 두 번째 임기에서 다시 한 번 염두에 둘 가능성이 높다고 봅니다.

**Q. 북한의 완전한 비핵화가 쉽지 않기 때문에 동결이나 군축과 같은 현실적인 접근이 필요하다는 목소리도 있는데요, 당신은 이런 접근에 회의적이죠?**

---

저는 북한이 실제로 핵무기 프로그램을 해체하겠다는 명확한 증거가 없는 한 북한과 합의를 해서는 안 된다고 생각합니다. 지난 30년 넘게 북한은 제재 해제 등 경제적 혜택을 얻기 위해 핵 프로그램 포기를 약속했죠. 그러나 북한은 핵무기 프로그램을 실질적으로 포기한 적이 없습니다. 이는 북한의 전략적 목표가 핵무기를 보유하는 것임을 분명히 보여줍니다. 따라서 한국이 직면한 진짜 문제는 '북한에 대한 억제력을 어떻게 유지할 것인가'입니다. 김정은의 목표 중 하나는 한반도를 북한식 체제로 통일하는 것입니다.

이에 대응하는 방법은 크게 두 가지입니다. 첫째는 김정은이 한국에 대한 미국의 핵우산이 강력함을 이해하도록 하는 것입니다. 억제력의 가시성을 높이는 것도 중요합니다. 이미 윤석열 대통령하에 핵협의그룹(NCG) 출범과 미국과의 협력을 통해 다양한 조치가 이루어지고 있습니다. 그중에는 미국 핵잠수함의 한국 기항과 같은 조치도 포함됩니다.

두 번째 방법은 전술 핵무기를 한국에 재배치하는 것입니다. 이를 통해 북한에 군사적 침략 시 강력히 저항할 것이며, 북한의 핵 위협에 굴복하지 않겠다는 의지를 보여줄 수 있습니다. 만약 한국이 전술 핵무기 재배치를 원한다면 미국도 이를 고려해야 한다고 생각합니다.

**Q.** 그러나 전술핵 재배치가 전략적으로 큰 이점이 없다는 주장도 있습니다. 미국 정부도 현재까지는 이에 대해 부정적입니다. 트럼프가 돌아오면 미국의 입장이 변할 수도 있나요?

---

트럼프가 어떤 행동을 할지 예측하기 어렵습니다. 그는 이러한 문제들이 무엇을 수반하는지 제대로 이해하지 못합니다. 다만 트럼프 역시 전술핵무기의 재배치에 대해 꺼릴 수 있다고 생각합니다. 오히려 한국 국민들이 걱정해야 할 것은 트럼프가 "한국이 미군 주둔 비용과 관련된 수십억 달러를 더 지불하지 않으면 미군을 철수하겠다"고 할 수 있다는 점입니다. 미국이 주한미군을 철수하는 것은 큰 실수가 될 것입니다. 트럼프는 상호방위 동맹이 양측 모두를 강화한다는 사실을 이해하지 못합니다.

**Q.** 워싱턴에선 주한미군이 북한 억제를 넘어 중국을 억제하는 역할을 해야 한다는 목소리가 높아지고 있는데요, 한국이 타이완 방어에도 신경 써야 한다고 보십니까?

---

오랫동안 한국은 북한의 위협에 집중하며 다른 곳에서의 위협에 크게 신경 쓰지 않았던 것 같습니다. 충분히 이해할 만한 일입니다. 하지만 이제 한국 사람들도 북한뿐만 아니라 중국이 더 큰 위협이라는 인식을 점차 가지게 된 것 같습니다. 동아시아에서 가장 큰 위협은 북한이 아니라 중국입니다.

오늘날 일본 사람들에게 '중국이 타이완을 공격하는 것을 일본에 대한 공격으로 간주할 수 있겠느냐?'고 묻는다면, 대다수가 "그렇다"고 대답할 것입니다. 이는 NATO의 집단 방위 조약 5조와 유사한 개념입니다.

NATO 회원국들은 한 나라에 대한 공격이 모두에 대한 공격으로 간주된다고 명시합니다. 저는 한국도 비슷한 인식이 필요하다고 생각합니다. 중국이 침공이든 봉쇄든 어떤 방식으로든 타이완을 장악한다면 동아시아의 모든 나라(일본, 한국, 동남아 국가들, 심지어 호주까지도)안보에 중대한 영향을 미칠 것입니다. 이는 엄청난 변화가 될 것입니다. 저는 한국이 사고방식을 바꾸는 것이 중요하다고 생각합니다. 한국이 인도·태평양 지역에서 더 큰 역할을 해야 한다고 생각합니다. 한국의 안보는 결국 인도·태평양 전체의 안보에 달려 있습니다. 물론 북한은 특별한 위협이며 이를 경시할 수는 없습니다. 그러나 한국의 전체적인 안보는 더 큰 틀에서 바라봐야 하고, 이는 한국이 더 큰 역할을 해야 한다는 것을 의미합니다.

**Q. 한국 일각에서는 당신 때문이 하노이 북미 정상회담이 결렬됐다고 생각합니다. 그렇습니까?**

---

그렇게 말하는 사람들이 있다는 점을 알고 있습니다. 문재인 전 대통령도 그의 회고록에서 그렇게 언급한 것으로 알고 있습니다. 저는 국가안보보좌관이었지, 국가안보결정권자는 아니었습니다. 결정을 내린 사람은 트럼프였고, 하노이에서 논의되었던 합의를 거부한 것도 옳은 판단이었다고 생각합니다. 하지만 그 합의를 제가 거부한 것이 아니라 트럼프가 거부한 것입니다.

# 3) 북핵협상 대부, 조셉 디트라니

전 국무부 대북특사

CIA, DNI, 국무부 등에서 활동한 미국의 대표적인 북한 문제 전문가이다.
2003년부터 2006년까지 북핵 6자 회담 특사 및 한반도에너지개발기구 미
국 대표를 역임했다. 이후 CIA 북한 담당 책임자로 일했으며, 국가대확산센
터 국장과 국가정보국장 특별보좌관 등을 지냈다. 이 인터뷰는 2024년 8월
에 진행됐다.

**Q. 트럼프가 다시 김정은과 만날 가능성이 높을까요?**

트럼프 1기 때는 김정은이 먼저 정상회담 의사를 표명했는데요, 이번에는 트럼프가 먼저 북한에 손을 내밀 가능성이 높다고 봅니다. 다만 처음부터 정상 간 회담을 제안할 가능성은 낮고, 이전보다 더 신중하고 절제된 접근을 취할 것입니다.

트럼프 대통령은 '우리가 다시 만날 수 있을지 알아보자. 대화를 나누고 싶고, 만약 당신이 긍정적이라면 우리의 참모들이 먼저 만나 협상이 가능한지 확인해보자. 그리고 장소와 의제를 정해보자.' 이런 식으로 제안할 것이라고 생각합니다. 저는 김정은도 이러한 제안에 긍정적으로 반응할 것으로 봅니다.

**Q. 북미 협상은 어디에서부터 시작해야 할까요? 하노이 회담에서 논의된 영변 핵단지 폐기 문제일까요?**

저는 '영변'에서 협상을 시작하지 않을 것이라고 생각합니다. 이는 북미 관계와 남북 관계에 신뢰가 전혀 남아 있지 않기 때문입니다. 오히려 상황은 반대 방향으로 흘러가고 있습니다.

김정은은 미국과 한국을 주적이라 말하며 선제공격 정책을 채택했고, 러시아와 동맹을 맺고 러우전쟁을 지원하고 있습니다. 따라서 2019년 하노이 회담으로 돌아가 협상을 시작하는 것은 현실적이지 않습니다. 이번 협상은 더 포괄적이고 일반적인 의제에서 시작해야 합니다. '우리가 다시 영변에서 시작할 것인가? 아니면 북미 관계, 북러 관계, 러우전쟁 지원 문제부터 다룰 것인가?' 이런 문제들을 무시하고 단순히 핵 문제

만으로 협상을 시작할 수는 없습니다. 먼저 양측이 신뢰를 쌓을 수 있는 대화가 필요합니다. 북한과의 재접촉은 신뢰 구축의 첫걸음입니다.

**Q. 결국 '북한 비핵화'가 본론일 텐데요. 미국 대선 과정에서 공화당과 민주당 모두 강령에서 '북한 비핵화'를 삭제했습니다. 북한도 비핵화를 거부하고 있고요.**

---

차기 미국 정부도 여전히 '완전하고 검증 가능한' 비핵화를 추구할 것으로 생각합니다. 이 목표는 협상 테이블에 여전히 오를 것입니다. 다만 트럼프 대통령은 김정은이 비핵화 준비가 되어 있지 않다는 사실을 알게 될 것입니다.

그렇다고 협상을 하지 말아야 할까요? 관계 개선을 위한 대화를 중단해야 할까요? 저는 그렇지 않다고 생각합니다. 양측이 서로의 입장을 이해하고, 관계 개선을 위한 협력이 가능한지 모색해야 합니다.

미국은 안보 보장, 경제 개발 지원, 양국 수도에 연락사무소 설치 등의 방안을 논의할 수 있습니다. 이 과정에서 북한은 핵 실험과 미사일 발사를 중단하고 핵무기용 핵물질 생산을 멈춰야 합니다.

미국 입장에서는 이것이 합리적인 초기 협상 전략입니다. 제재 해제와 경제 개발 지원, 관계 정상화를 논의할 준비가 되어 있다면 북한도 핵실험과 미사일 발사 중단, 핵물질 생산 중단에 응할 가능성이 있습니다. 이러한 협상은 한국, 미국, 일본에 모두 이익이 되며 북한에도 큰 이익이 됩니다. 무엇보다 트럼프가 북한과 다시 협상하려는 의지를 보인다는 점이 고무적입니다.

**Q.** 그동안 북미 핵 협상에서 대북 제재 해제가 항상 쟁점이었습니다. 제재 해제는 어떤 단계에서 이루어져야 할까요?

저는 북한에 무언가를 요구하기보다는 제재 완화 또는 해제를 먼저 협상 테이블에 올려야 한다고 생각합니다. 2016년 이후 부과된 제재를 완전히 해제할 준비가 되어 있다는 점을 명확하게 밝혀야 합니다. 하노이 정상회담 이후 리용호 북한 외무상이 기자회견에서 언급한 다섯 개 제재 조항도 협상 테이블에 올려, 완화하거나 해제할 수 있다는 가능성을 제시해야 합니다. 그 대가로 우리는 북한에 핵 실험과 미사일 발사 중단을 요구해야 합니다. 비록 현장에 감시관이 없어 이를 직접 확인할 수 없지만, 핵물질 생산 중단도 요청해야 합니다. 저는 이것이 합리적인 초기 협상 전략이라고 생각합니다.

**Q.** 하노이 노딜이 트럼프의 결정이었다고 하지만, 협상이 진전되려면 참모들의 대북 인식과 의지도 중요해 보입니다.

하노이 회담의 실패는 트럼프 대통령에게 성급한 협상의 문제점을 상징적으로 보여주었습니다. 그는 매우 거래 지향적이지만, 이번에는 더 신중하게 전문가들의 의견을 따를 가능성이 큽니다. 전문가들이 북한과의 협상이 불가능하다고 판단하거나 김정은 정권과 협상하는 것이 시간 낭비라고 본다면, 트럼프는 그 의견을 수용할 것입니다. 그러나 리비아 모델처럼 완전하고 검증 가능한 비핵화 이후에만 대화를 하겠다는 방식을 고수할 가능성은 낮습니다.

하노이 회담 이후 북한은 핵무기와 탄도미사일 개발을 가속화했고, 현재는 러시아와 동맹 관계를 맺고 있습니다. 뿐만 아니라 하마스에 대한 지원까지 시사하고 있습니다. 트럼프 대통령은 똑똑한 인물입니다. 저는 이번에는 북한 문제 전문가들의 의견을 신중히 경청하고, 이념적 접근 대신 합리적이고 신중한 접근을 취할 가능성이 높다고 생각합니다.

**Q. 트럼프가 합리적인 대북 접근법을 취할 것으로 전망하셨는데요. 윤석열 정부는 대북 문제를 이념적으로 접근한다는 비판을 받고 있습니다. 윤석열 정부는 북미 대화에서 어떤 역할을 할 수 있을까요?**

트럼프가 돌아오면 한국 정부와 긴밀히 협력하기를 기대합니다. 북한 문제는 미국 단독으로 해결할 수 없으며, 그렇게 해서도 안 됩니다. 어떤 정부가 집권하든 미국과 한국 정부가 협력해야 합니다.

문재인 정부는 진보적 정책을 펼쳤지만, 윤석열 정부는 군사적 억제력을 강조하고 있습니다. 북한이 미국과 한국을 주적으로 간주하며 선제공격 정책을 채택한 상황에서 이러한 강경 대응은 이해할 수 있는 부분입니다. 그러나 우리가 놓치고 있는 것이 있습니다. 현재 바이든 행정부와 윤석열 정부는 강력한 대북 억제를 이야기하지만, 사실상 우리는 북한을 억제하지 못했습니다. 우리는 북한이 핵무기와 미사일 개발을 멈추도록 하지 못했습니다.

**Q. 한미 군사훈련이 확대되고 있습니다. 대화가 재개된다면 또다시 군사훈련을 중단해야 할까요?**

협상의 일환으로 북한에 핵 실험과 미사일 발사, 핵물질 생산 중단을 요구하려면 우리도 무언가를 양보해야 합니다. 그중 하나가 제재 해제이고, 또 다른 것은 군사훈련입니다. 김여정을 포함한 북한 정부 인사들은 이러한 한미 군사훈련을 북한 체제 변화를 위한 신호로 인식하고 있다고 밝혀왔습니다. 저는 모든 것이 협상 테이블 위에 올라올 것이라고 생각합니다. 물론 한미 합동 군사훈련을 전면 중단해야 한다고는 생각하지 않습니다. 규모를 축소하거나 몇몇 훈련을 줄이는 것이 협상 전략으로 가능할 것입니다. 그러나 미국이나 한국이 군사훈련 축소나 프로그램 중단을 협상 재개의 조건으로 내세워서는 안 됩니다. 북한의 협상 복귀는 무조건적이어야 하며, 모든 문제는 협상 테이블에서 다룰 수 있다는 점이 분명해야 합니다. 다만 협상 테이블에 복귀한 이후에 무언가를 양보할 준비가 되어 있다는 신호를 보여야 합니다. 협상가로서 중요한 것은 상대방이 큰 결정을 내리도록 유도하기 위해선 우리도 무언가를 양보해야 한다는 점입니다.

# 4) WMD 차르, 게리 세이모어

전 백악관 대량살상무기조정관

민주당 정부에서 활동한 핵 군축과 대량살상무기(WMD) 확산 방지 분야 전
문가이다. 1996년부터 2000년까지 빌 클린턴 대통령의 특별보좌관과 NSC
비확산 및 수출 통제 담당 선임 국장을 지냈다. 이어 2009년부터 2013년
까지 버락 오바마 행정부 시절 백악관 대량살상무기조정관으로 근무하며
'WMD 차르'로 불렸다. 그는 북한과의 핵 협상에도 관여했으며, 민주당 진영
의 대북 접근법에 정통한 인물이다. 이 점에서 트럼프의 한반도 접근에 대한
민주당 주류 전략가들의 인식을 엿볼 수 있다. 이 인터뷰는 2024년 8월에 진
행되었다.

**Q. 한국에서는 미국의 새 행정부 출범 이후 한반도 정세가 어떻게 전개될지 관심이 높습니다. 특히 트럼프 당선 시 북미 회담 재개 가능성도 궁금해합니다.**

먼저 트럼프가 무엇을 할지 예측하는 것은 상당히 위험한 일이라는 점을 말하고 싶습니다. 왜냐하면 그 자체가 매우 예측 불가능한 인물이기 때문이죠. 또 만약 그가 다시 백악관에 돌아온다면 다뤄야 할 다른 많은 사안들이 있다는 것도 고려해야 합니다. 김정은에 대한 트럼프의 감정이 어떻든 간에 북한 문제는 그의 우선순위에서 높지 않을 가능성이 큽니다.

김정은은 트럼프가 당선되면 그에게 편지를 보내거나 직접 연락해 정상회담을 제안할 가능성이 있습니다. 하노이 정상회담은 실패로 끝났고 김정은에게 큰 굴욕이었지만, 그럼에도 불구하고 김정은은 트럼프와의 회담이 정치적으로 이익이라고 판단할 수 있습니다. 특히 한국을 불안하게 만들 수 있다는 점에서 그렇습니다. 트럼프가 연합 군사훈련 중단과 같이 한미 동맹을 약화시키는 조치에 다시 합의한다면 말이죠. 따라서 트럼프가 당선된다면 정상회담이 재개될 가능성이 있습니다.

만약 트럼프가 김정은과 정상회담을 열게 된다면 어떤 일이 벌어질까요. 일부 분석가들은 트럼프가 핵 실험이나 장거리 탄도미사일 시험을 중단하는 정도의 매우 제한적인 핵 통제에 합의할 수 있다고 봅니다. 그 대가로 트럼프는 대부분의 경제 제재를 해제할 가능성이 있습니다. 그러나 이것은 추측일 뿐입니다. 트럼프가 공식적으로 발표한 바가 없으며, 그의 외교 정책을 누가 주도할지도 알 수 없습니다. 국무장관, CIA 국장, 국방장관이 누가 될지 모르는 상황입니다.

첫 임기 때를 떠올려보면, 트럼프 주변 인사들은 대체로 강경 노선을 고

수했고 북한과 미국 간 실질적인 비핵화 합의 가능성에 대해 회의적이었습니다. 하노이 정상회담이 실패한 이유 중 하나는 폼페이오 국무장관과 존 볼턴 국가안보보좌관이 북한에 대해 매우 회의적이었기 때문입니다. 트럼프가 어떤 성과를 기대하는지도 알기 어렵습니다. 따라서 트럼프가 당선된다면 어떤 일이 벌어질지 큰 불확실성이 존재합니다.

## Q. 해리스 행정부가 출범한다면 어떻게 될까요?

지난 4년 동안 바이든 행정부와 북한의 관여가 없었던 것은 100% 김정은의 책임이라고 생각합니다. 바이든 행정부는 북한과의 외교를 재개할 준비가 되어 있다는 점을 여러 차례 분명히 밝혀왔습니다. 공개적으로, 비공개적으로 다양한 채널을 통해서 말입니다. 그런데 김정은은 어떤 제안도 받아들이지 않았습니다. 그것이 '전략적 인내 2.0'의 이유였습니다. 해리스 행정부가 출범해도 이런 상황이 계속될 가능성을 배제할 수 없습니다. 김정은은 해리스 정부와 대화가 무의미하다고 판단할 공산이 큽니다. 미국은 북한을 핵보유국으로 인정하지 않을 것이고, 북한이 극적인 비핵화 조치를 취하지 않는 한 경제 제재를 완화하거나 한미 동맹을 약화시킬 조치를 취할 의향이 없을 것이라고 북한도 판단할 것이기 때문이죠. 솔직히 저는 (바이든 행정부의 대북 정책에 대한) 비판론자들의 의견에 동의하지 않습니다. 김정은이 대화 테이블로 나오도록 강제하거나 유인할 수 있는 방법이 미국에는 없다고 생각합니다. 김정은은 중국, 러시아와의 관계를 발전시키고 핵무기 및 미사일 프로그램을 계속 발전시키는 데 집중하는 방향을 선택했습니다. 미국이나 한국과 대화하는 데는 전혀 관심이 없습니다.

**Q. 북한 비핵화 가능성에 대한 회의적 시각이 많습니다. 교수님은 '비확산, 군축 전문가'인데요, 미국 차기 정부에서 북한 핵 문제를 '핵 군축'의 관점에서 다룰 가능성도 있을까요?**

---

트럼프 측의 입장에 대해 저는 잘 모릅니다. 민주당 측 입장에 대해 이야기를 해보겠습니다. 해리스 측 전문가들 사이에선 미국이 비핵화 목표를 명시적으로 포기해서는 안 된다는 데 의견이 대체로 일치하고 있습니다. 비핵화를 장기적인 목표로 유지하는 것이 중요한 이유 중 하나는 한국이 자체 핵무기 개발을 하지 않도록 설득하는 데 도움이 되기 때문입니다.

그러나 동시에, 전문가들은 완전한 비핵화가 가까운 미래에 실현 가능한 목표가 아니라는 현실도 인식하고 있습니다. 따라서 미국과 북한 간에 합의가 이루어진다면 그것은 중간 단계나 임시 조치의 성격을 띨 수밖에 없을 것입니다. 그러나 김정은은 '중간 조치'에 대해 전혀 관심을 보이지 않았습니다. 예를 들어, 오바마 행정부는 '윤달합의(Leap Day)'를 통해 '임시 조치'를 합의했고, 트럼프 행정부는 싱가포르 정상회담에서 장거리 미사일 시험 제한에 합의했습니다. 그러나 두 합의 모두 실패로 돌아갔습니다. 하노이 정상회담에서 김정은이 영변 핵 시설을 폐쇄하고 제거하는 제한적 조치를 제안하면서 국제 제재의 전면 해제를 요구했다는 것을 알고 있습니다. 하지만 트럼프는 이를 거부했습니다. 미국과 북한 간의 대화가 없으면 임시 조치가 가능한지조차 검증할 방법이 없다고 생각합니다.

**Q. 지난 4년간 한국과 미국은 대북 억지력 강화에 집중했습니다. 그러나 이것이 북한 핵 문제의 근본적인 해법은 아니잖습니까.**

북한을 진지한 핵 협상으로 이끌거나 유인할 방법이 보이지 않습니다. 미국은 현재 러시아와 중국과의 관계가 원활하지 않아, 6자 회담이든 북미 양자 협상이든 핵 외교 재개를 위한 협력을 이끌어낼 수 있는 기반을 마련하기가 어려운 상황입니다. 외교를 통해 진전을 이루는 것이 불가능해 보입니다.

그래서 우리가 선택할 수 있는 유일한 옵션은 억지력을 강화하는 것입니다. 그리고 이것이 매우 효과적이었다고 봅니다. 북한이 수많은 미사일 시험을 하고 공격적인 수사를 쏟아내는 동안에도 한국을 공격하지 않았습니다. 현재로서는 억지력이 효과를 발휘하고 있는 것 같습니다. 영원히 효과가 있을지 확신할 수는 없지만, 한미 간의 강력한 방위 협력을 통해 억지력을 더욱 강화하는 것 외에 다른 선택지가 없다고 생각합니다.

**Q. 한국에서 대북 억지력에 대한 요구도 점점 높아지는 것 같습니다. 자체 핵무장이 어렵다면 전술핵 재배치라도 필요하다는 목소리도 있는데요, 가능성이 있습니까?**

네, 가능합니다. 하지만 현재 미국 행정부뿐 아니라 향후 해리스 행정부가 들어선다고 해도 이 옵션을 좋아하지는 않을 것으로 생각합니다. 트럼프 행정부의 정책이 어떻게 될지는 전혀 예측할 수 없습니다. 글쎄요. 한국에 핵무기를 재배치하는 것을 그들이 지지할지 모르겠습니다. 다만 민주당 정부는 미국의 한국 내 핵무기 배치, 특히 상시 배치를 거부하는 입장을 유지할 가능성이 높다고 생각합니다. 미국 군대는 한국의 공군 기지에 핵무기를 배치하는 것을 선호하지 않습니다. 이는 한국 내 정치적 시위의 불씨가 될 수 있습니다. 또한 분쟁 초기 북한의 주요 공격 대상이 될 수 있습니다. 미국은 정치적·군사적으로 공격받지 않을 수 있는 방식으로 한국을 방어하는 것을 선호합니다. 미국은 한미 동맹을 정치적 논쟁거리로 만드는 어떤 조치도 원하지 않을 것입니다.

미국 입장에서, 그리고 군사적 관점에서 핵잠수함이 훨씬 더 효율적인 전략 수단입니다. 괌에 핵무기를 배치하고 장거리 폭격기나 순항미사일을 사용하는 방안도 훨씬 더 나은 선택입니다. 다만 워싱턴에서는 한국 내에서 자체 핵무장에 대한 정치적 압력이 있다는 사실을 인식하고 있습니다. 그래서 바이든 행정부는 '워싱턴 선언(Washington Declaration)'과 새로운 한미 핵협의그룹(US-K Nuclear Consultative Group)의 설립을 통해 확장억제의 가시성과 신뢰성을 강화하려는 조치를 취하고 있습니다.

**Q. 한국 일각에서는 한국의 자체 핵무장이 중국에 대한 억제 효과가 있다는 점을 강조하여 워싱턴을 설득해야 한다고 주장합니다. 어떻게 생각하십니까?**

---

워싱턴에서는 이 주장을 설득력 있게 받아들이지 않을 것 같습니다. 왜냐하면 한국은 중국에 대해 핵무기를 사용할 의도가 없기 때문입니다. 한국이 핵무기를 개발하려는 목적은 북한을 억제하기 위한 것이지, 중국과의 핵 분쟁에 관여하려는 것이 아니잖습니까. 해리스 정부가 출범한다면 한국의 독자적인 핵무기 개발에 대한 반대가 계속될 것입니다.

반면에 트럼프가 당선된다면 상황은 훨씬 더 불확실해질 수 있죠. 트럼프 측에서 한국의 자체 핵무장과 주한미군 철수를 맞바꿀 수 있다는 설도 있지만, 이것이 공화당 외교 정책 진영의 일반적인 견해는 아닙니다. 다만 트럼프가 당선될 경우 한국의 핵무기 개발에 대한 미국의 저항이 줄어들 가능성도 있습니다. 그리고 이런 상황은 서울의 계산에도 변화를 줄 수 있겠죠.

## Q. 한반도에 미국의 전술핵을 배치한다면 그 비용은 누가 부담하는 건가요?

분명히 그것은 논쟁거리가 될 것입니다. 만약 트럼프가 대통령이라면 한국에 배치되는 각 핵무기에 대해 수십억 달러를 부담하라고 주장할 수 있습니다. 이러한 문제는 한미 방위비분담금 특별협정(Special Measures Agreement)에서 다뤄져야 할 사안이 될 겁니다. 즉, 핵무기의 보관과 운송 등 관련 비용을 누가 부담할 것인지에 대한 조항이 마련되어야 할 것입니다. 하지만 지금까지 이런 문제를 진지하게 고려한 이들은 없었던 것 같습니다. 왜냐하면, 앞서 말씀드린 것처럼 바이든 행정부 등 민주당 정부는 한국에 미국이 전술핵을 배치하는 것을 강하게 반대하기 때문입니다.

**Q. 앞으로 한미 관계의 향방은 북한이 아니라 중국 문제가 결정할 것으로 보입니다. 미국에서는 중국 견제가 초당적인 사안이며 동맹국들에게도 이에 동참할 것을 요구하고 있지요? 그 압박은 더욱 거세질 것 같죠?**

매우 어려운 문제라고 생각합니다. 미국은 한국이 특히 공급망 문제에 있어 중국을 견제하기 위해 미국과 더 적극적으로 협력하기를 기대하고 있습니다. 다만 군사적 측면에서는 덜한 기대를 가지고 있습니다. 동시에 워싱턴도 한국이 일본, 타이완, 그리고 아시아의 여러 나라들과 마찬가지로 중국과 중요한 경제적 관계를 맺고 있다는 점을 인식하고 있습니다. 이러한 상황에서 한쪽에서는 관세와 공급망 및 민감한 기술에 대한 제한을, 다른 한쪽에서는 중국과의 일반적인 경제 무역 및 투자 관계를 조율하려는 것이 다음 행정부의 중요한 과제가 될 것입니다. 트럼프이든 해리스이든 이 문제 만큼은 큰 차이가 없을 것 같습니다. 누가 당선되든 중국에 대해 경제전쟁, 관세 부과, 공급망 제한 등 적대적인 정책을 추구할 가능성이 높기 때문입니다. 따라서 이러한 문제는 앞으로 한미 동맹에서 핵심 이슈가 될 것입니다.

# 5) 중국통 핵안보 전문가, 자오통

미국 카네기국제평화재단 선임연구원

워싱턴 소재 싱크탱크 카네기국제평화재단 핵정책프로그램 선임연구원이
다. 중국 출신으로 미국에서 핵무기 정책, 군비통제, 미사일 방어, 아시아태
평양 지역 안보 문제 등을 연구하는 전문가이다. 특히 중국의 핵 안보 정책
과 북한 등 한반도 정책에 정통한 학자이다. 미국 조지아공과대학에서 과학,
기술 및 국제학 박사 학위를 받고, 하버드대학 벨퍼과학및국제문제연구소
(Belfer Center for Science and International Affairs)의 스탠튼 핵안보 연구
원으로 활동한 바 있다. 이 인터뷰는 2024년 8월 진행됐다.

**Q.** 러우전쟁 이후 북한과 러시아가 사실상 동맹 관계를 복원하며 밀착하고 있습니다. 이런 가운데 북중 관계가 소원해졌다는 분석도 있는데요, 박사님은 어떻게 보고 있습니까?

---

현재 북중 관계가 미묘한 상황이라고 생각합니다. 두 나라의 고위급 교류는 이전만큼 빈번하거나 긴밀하지 않습니다. 북한과 러시아가 사실상 동맹 관계를 맺은 것에 대해 중국은 유보적인 입장을 보이고 있습니다. 그리고 북한과 러시아 모두 중국에게 북러 간의 구체적인 협력 내용에 대해 공유하지 않고 있습니다. 중국은 북러와 매우 다른 전략적 이해관계를 가지고 있습니다.

중국은 여전히 서방 국가들과의 안정적인 관계를 유지하길 원합니다. 자신들의 장기적인 경제 발전을 위해선 서방의 기술, 시장, 투자에 지속적으로 접근하는 게 중요하기 때문이죠. 그러나 러시아와 북한은 더 이상 서방 국가들과의 좋은 관계를 유지할 전략적 필요성을 느끼지 않고 있습니다.

러시아는 북한의 전략적 군사 역량 개발을 지지하는 입장이지만 중국은 다릅니다. 중국은 북한의 전략적 군사 개발과 도발이 한미, 한미일 등의 안보 협력을 더 강화하는 결과로 이어진다는 것을 인식하고 있습니다. 베이징은 중국의 문턱 근처에서 이른바 '아시아판 NATO'가 형성되는 것에 대해 매우 걱정하고 있습니다. 결과적으로 중국은 북한과 러시아의 군사 협력에 대해, 특히 러시아가 북한에 군사기술을 지원하는 것에 대해 못마땅하게 생각하고 있을 것입니다.

## Q. 시진핑은 트럼프와 해리스 중 어떤 인물을 선호할까요?

베이징은 두 후보 모두에 대해 심각한 우려를 가지고 있다고 말해야 할 것입니다. 트럼프는 경제 문제에서 중국에 대해 매우 강경한 태도를 보일 수 있습니다. 트럼프 행정부는 중국과 무역전쟁을 시작했는데요, 만약 트럼프가 다시 중국산 제품에 고관세를 부과하며 또다시 무역전쟁에 나선다면 이번에는 중국이 이전 만큼 효과적으로 대처하기 어려울 것입니다. 현재 중국의 경제 시스템이 훨씬 더 취약해졌기 때문입니다.

또 트럼프 행정부의 고위 관리들은 중국 정치 체제와 중국 공산당에 대한 비판을 집중적으로 제기하며, 이른바 당과 인민 사이의 균열을 조장하려 했습니다. 중국은 워싱턴의 이런 모습을 정권 안보와 정치적 안보에 대한 위협으로 여겼습니다. 중국 국가안전부 산하 연구 기관은 '중국이 1989년 톈안먼 사태 이후 가장 심각한 외부 환경에 직면해 있다'고 평가하기도 했습니다.

한편 해리스가 당선되면 바이든 행정부의 여러 정책들을 계승할 가능성이 큽니다. 민주주의와 권위주의 간 경쟁이라는 서사를 계속 이어갈 것으로 전망합니다. 이러한 서사는 중국의 정치적 안정과 정당성에 도전을 줄 것입니다. 아울러 민주당 정부는 동맹국들과 협력하여 '중국의 공격성'에 맞설 연합 전선을 형성하는 데 집중할 것으로 생각합니다. 장기적으로 중국에게는 매우 불리한 상황이며, 미국이 주도하는 서방 국가들과의 장기적 경쟁에서 승리할 자신감도 흔들릴 수 있습니다.

그러나 상대적으로 볼 때 트럼프는 여전히 중국에게 더 큰 도전으로 인식될 가능성이 있습니다. 왜냐하면 트럼프의 예측 불가능성 때문입니다. 다만 트럼프가 타이완 문제에 대해 '거래적인 접근 방식'을 취한다면 중국에겐 기회가 될 수도 있습니다.

## Q. 트럼프가 타이완 문제를 거래적으로 접근할 수 있다는 것은 무슨 의미인가요?

트럼프는 '미국 우선주의' 대외 정책을 펴고 있습니다. 트럼프는 다른 미국 전직 지도자들만큼 동맹에 헌신적이지 않습니다. 게다가 타이완은 미국의 공식적인 동맹이 아닙니다. 따라서 트럼프가 미국의 인명, 자원, 안보를 타이완 방어에 투입하는 것을 반기지 않을 것으로 보는 것이 합리적입니다.

또한 트럼프는 타이완 문제를 포함해 다양한 대외 문제를 해결하기 위해 거래적 접근법을 채택할 가능성이 있는데요, 예를 들어, 러우전쟁이 유사한 사례가 될 수 있습니다. 그는 단기적인 휴전이나 종전 합의를 촉진하기 위해 러시아의 일부 요구를 수용하려 할 수 있을 텐데요, 마찬가지로 다른 분야에서 중국의 양보를 얻기 위해 타이완을 거래의 일부로 활용할 가능성도 있습니다.

## Q. 한중 관계에 대해 이야기해보죠. 윤석열 정부는 전임 문재인 정부와 비교해 북한은 물론 중국에 대해서도 강경한 기조를 보이고 있습니다. 특히 타이완 문제를 '글로벌 이슈'라고 한 윤석열 대통령의 발언에 중국이 강하게 반발하기도 했는데요. 현재 중국 정부는 윤석열 정부를 어떻게 평가하고 있을까요?

지금 한국 정부는 미국과의 안보 동맹에 지나치게 몰두하고 있습니다.

또한 한일 관계 개선, 나아가 한미일 3자 협력 강화를 위한 광범위한 노력을 펼치고 있는데요, 베이징은 이 모든 것을 문제로 보고 있습니다. 윤석열 대통령의 '자유와 민주주의 증진' 담론과 수사는 베이징에게 도전으로 인식됩니다. 특히 이런 담론 중 타이완 문제에 대한 발언은 중국의 핵심 이익에 대한 직접적인 개입으로 간주되고 있습니다. 이런 상황에서 북한의 도발은 상황에 따라 베이징에게 유리하게 작용할 수 있습니다. 한국의 관심과 자원을 한반도 안보 문제로 묶어둘 수 있기 때문입니다. 또한 주한미군의 자원을 한반도에 묶어두어 미국이 타이완이나 남중국해 위기 상황에 군사 자원을 분산하는 것을 더 어렵게 만들 수 있습니다.

중국은 여전히 미국의 아시아 동맹 네트워크에서 한국을 가장 약한 고리로 보고 있습니다. 일본은 미국과 협력해 중국에 대응하려는 의지가 더욱 강합니다. 이에 반해 한국은 그 부분에서 불확실성을 가지고 있습니다. 한국에 진보 정부가 들어설 경우 대중국 접근법을 다시 조정할 가능성도 존재합니다. 따라서 중국에게는 향후 기회가 여전히 남아 있을 수 있습니다. 한국과 중국은 긴밀한 경제 관계를 맺고 있고, 중국은 여전히 북한과 한반도 안보에서 중요한 역할을 하는 플레이어입니다. 한국이 중국과 완전히 단절하는 것은 현실적으로 불가능하며, 이것이 베이징이 활용하려는 지렛대입니다. 베이징은 여전히 다양한 공식 채널을 통해 민감한 문제들에 대해 한국과 소통하려는 의지를 보이고 있습니다. 한중일 정상회의가 이러한 예 중 하나입니다. 또한, 중국은 한국이 경제적 탈동조화(디커플링) 정책을 채택하지 않도록 설득하려는 노력을 지속하고 있습니다. 앞으로도 중국은 당근과 채찍 전략을 모두 사용해 한국의 대중국 정책에 영향을 주려고 할 것입니다.

**Q. 워싱턴에서는 미국이 타이완과 한반도에서의 동시 충돌 가능성에 대비해야 한다는 이야기가 나오고 있습니다. 즉, 중국과 북한이 공조해 미국의 군사력을 분산시키기 위해 타이완과 한국을 동시에 공격할 수 있다는 주장인데요, 이 시나리오가 얼마나 현실적이라고 보십니까?**

이론적으로 중국과 북한의 공조 가능성은 항상 존재한다고 생각합니다. 하지만 언급한 두 지역에서 고의적인 협력과 공조가 이루어질 가능성은 높지 않다고 봅니다. 전통적으로 중국은 그런 방식으로 전략을 수립하지 않았습니다. 예를 들어, 한국전쟁 당시 중국은 타이완 공격 계획을 포기하고 자원과 병력을 한반도에 집중해야 했습니다. 이는 중국이 동북아시아에서 자국의 이익을 보호하기 위해 선택이었습니다. 또한 두 전쟁을 동시에 수행할 자신이 없었기 때문입니다.

지금도 중국은 두 개의 분쟁을 동시에 관리할 역량이 부족합니다. 이미 미국과 동맹국들은 군사적 억지력을 강화하고 있습니다. 만약 한반도에서 새로운 위기가 발생하면 중국은 타이완 문제에 집중하기 어려워질 것입니다. 특히 중국이 타이완에 군사 작전을 전개한다면 최소한 국제사회의 제재와 비난을 피하는 방식으로 해야 하는데요, 이런 상황에서 중국이 북한을 지원하면서 서방세계에 '북한-러시아-중국' 동맹 축으로 비춰질 행동을 할 이유가 없습니다. 또한 중국이 두 개의 전쟁을 동시에 수행하려면 북한 지도부에 대한 신뢰가 필요하지만, 중국은 그런 신뢰를 가지고 있지 않습니다. 결론적으로, 저도 중국이 고의적으로 북한과 협력해 두 전쟁을 벌일 가능성은 낮다고 생각합니다. 하지만 이미 다른 분쟁이 발생한 상황에서 중국이나 북한이 기회주의적인 조치를 취할 가능성은 여전히 존재합니다.

**Q. 미국은 북한 문제 해결을 위해 중국이 협력해야 한다고 말합니다. 그러나 미중 전략 경쟁 시대, 이런 협력이 가능할지 회의적인 시각이 많습니다. 북한 핵 문제와 관련해 미중이 협력할 여지가 있다고 보십니까?**

중국이 미국과 완전히 협력하고 북한 문제를 미국의 관점에서 해결하는 것은 매우 어려울 것입니다. 현재의 중국 지도부 아래에서는 그럴 가능성도 거의 없어 보입니다. 하지만 중국의 이해관계는 북한과 다릅니다. 중국은 장기적인 발전과 경쟁력을 유지하기 위해 서방 국가들과 안정적인 관계를 유지하는 것이 중요합니다. 이런 맥락에서 중국은 북한과 지나치게 가까워 보이는 것을 피하고자 합니다. 이 점은 미국이 활용할 수 있는 지점이라고 생각합니다. 물론 중국은 북한의 ICBM과 핵무기 개발 억제와 관련해 미국을 도울 의지는 거의 없어 보입니다. 그러나 중국은 북한의 저위력 전술 핵무기 개발과 전략에 대해선 우려하고 있습니다. 북한은 재래식 전력의 열세로 인해 전술 핵무기의 선제사용을 결정했습니다. 전방부대에 전술 핵무기 사용 권한을 위임하는 정책도 채택했습니다. 전술 핵무기의 사용은 북한과 서방 적대국들 간의 핵전쟁 가능성을 이전보다 더 높일 수 있습니다. 이는 한반도 위기에서 핵 충돌이 발생하는 것을 원치 않는 베이징에게 큰 우려사안입니다. 따라서 워싱턴과 베이징이 핵무기 선제사용 정책을 폐기하도록 북한을 압박하는 데 공통의 이해관계가 있다고 생각합니다. 중국은 최근 글로벌 차원에서 '핵무기 선제 불사용 정책'을 촉진하기 위해 많은 노력을 기울이고 있으며, 다른 국가들에게도 이런 정책을 채택하도록 요청하고 있습니다. 이는 중국이 더 쉽게 수용하고 미국과 협력할 수 있는 분야라고 생각합니다.

**Q. 중국 정부는 북한이 전술 핵무기를 경우에 따라 자신들에게 사용할 가능성도 우려하고 있습니까?**

---

이론적으로 중국은 북한의 전술 핵무기를 포함한 핵무기가 향후 양국 관계가 악화될 경우 중국에도 위협이 될 수 있다는 점에서 우려하고 있습니다. 그러나 이는 오늘날의 상황과는 매우 다른 시나리오입니다. 과거 북중 관계가 악화됐던 2016~2017년 북한은 자신의 핵과 미사일 능력을 은연중에 중국에도 위협인 것처럼 보이려 했습니다. 그러나 지금 북중 관계는 그때와 다릅니다. 중국은 북한의 핵 위협을 크게 염려하지 않고 있습니다. 또한 중국의 재래식 및 핵전력이 빠르게 발전하고 있어 북한에 충분한 군사 억지력을 확보할 수 있다고 보고 있습니다. 따라서 북한의 핵 위협은 현재 중국에게는 부차적인 우려에 불과합니다.

# ★ 글을 마치며

"승객 여러분, 이 비행기는 잠시 뒤 워싱턴 D.C. 댈러스 국제공항에
도착할 예정입니다."

기장의 안내 방송을 듣는 순간 갑자기 '현타'가 왔다. 정신이 바
짝 들었다. '어디라고요? 워싱턴 D.C.라고? 이제 곧 내려야 한다고?'
그렇다. 15분 뒤면 비행기가 착륙한다. 그리고 입국 심사대를 통과
하고 미국 땅에 첫 발을 내디뎌야 한다. "나 다시 돌아갈래!" 소리쳐
봐도, 돌아갈 집도 일터도 없다.

앞서 몇 달 전, 나는 서울에서 미국 워싱턴 D.C.에서 온 한 방송
사 관계자를 만났다. 그는 워싱턴 D.C.에서 북한 문제와 한미 관계
를 비롯해 한반도 사안을 전문적으로 취재할 한국 기자를 찾고 있
었다. 나는 후보 중 한 명이었다. 그는 미국에서 '한반도 전문가'로
성장할 수 있는 기회가 될 것이라며 나에게 지원해볼 것을 권했다.

당시 나는 YTN에서 뉴스를 진행하고 있었다. 뉴스 앵커와 시사 진행자로 나름 자리를 잡아가고 있었던 것 같다. 뉴스 앵커는 정치, 경제, 사회, 국제, 문화 등 다양한 분야의 뉴스와 이슈를 항상 꿰고 있는 것이 중요하다. 쉬운 일은 아니다. 우리나라 뉴스는 변화무쌍하다. 북한 핵실험이나 세월호 참사처럼 예고 없이 발생하는 사건·사고들을 원고 한 장 없이 진행해야 할 때도 많았다. 이슈의 중심에 있는 정치인이 출연할 때는 송곳 질문으로 뉴스를 뽑아내야 했지만, 동시에 너무 몰아세워 편향성 시비에 휘말리지 않도록 하는 노련함도 필요했다. 상당히 전문적인 일이었다. 그럼에도 그때 나는 직업인으로서, 특히 언론인으로서 전문성을 고민하고 있었다. 그런데 '한반도 전문가'가 될 수 있는 길이라니. 솔깃하지 않을 수 없었다.

미국을 동경하지는 않았지만 워싱턴이라는 곳이 늘 궁금하긴 했다. 북한 핵문제를 비롯해 한반도의 주요 외교안보 현안과 관련된 소식을 전할 때마다 "워싱턴 조야에서는…"이라는 말을 수도 없이 했던 것 같다. 한국의 유일한 동맹국이자 한반도 외교안보의 핵심 플레이어, 나아가 국제 사회의 절대 강자인 미국. 그 미국을 움직이는 중심인 워싱턴을 직접 경험해볼 기회를 마다할 언론인은 없을 것이다. 나 역시 그랬다. 결국 2016년 4월 15일, 우여곡절 끝에 결국 미국행 비행기에 몸을 실었다.

그리고 나의 워싱턴 표류는 시작됐다. 쉽지 않았다. 기자로서 워싱턴 생활에 적응하기 위해선 그간 익숙했던 많은 것들과 결별해야 했고 달라져야 했다. 그중 가장 큰 변화는 바로 '주어'였다. 내가 쓰는 기사의 주어가 달라져야 했다. '한국'은 '미국'으로, '서울'은 '워싱턴'으로, '청와대'는 '백악관'으로, 'OOO 대통령'은 'President Mr. OOO'으로···. 그것은 생각보다 큰 변화였다. 한반도의 명운이 걸렸던 트럼프-김정은의 세기의 핵 담판이 벌어졌던 시기, 내 기사의 주어는 '한국' 혹은 '문재인 대통령'이 아닌 '미국' 그리고 '트럼프 대통령'이었다. 주어가 누구냐에 따라 '서사'는 달라진다. 새로운 주어의 이야기를 쓰기 위해선 나의 시각과 관심사, 우선순위 또한 변해야 했다. 간단한 일은 아니었다. 새로운 주어에 익숙해지는 데는 많은 시간과 노력이 필요했다. 새로운 주어에 조금씩 익숙해졌지만, 그런 내 자신이 낯설어졌다. 일터와 집을 오가는 출퇴근길이었던 '66번 국도'에서 나는 마음속으로 수도 없이 태평양을 넘어 워싱턴과 서울을 오갔던 것 같다.

"워싱턴은 비열한 동네mean-spirited town일지도 모른다."

렉스 틸러슨 전 미국 국무장관의 말이다. 텍사스주 출신인 틸러슨은 도널드 트럼프 행정부의 첫 국무장관으로 발탁됐지만 트럼프와의 거듭된 갈등으로 '트위터 해고'를 당했다. 그가 국무부 청사를 떠나는 날 고별연설에서 한 이야기다. 틸러슨이 꼬집은 것은 워싱턴의 정치 문화였지만, 국제무대에서도 워싱턴은 '비열한 동네'일지도 모른다. 물론 모든 국가가 자국 우선주의를 추구하며, 그 안에는 어느 정도의 비열함을 내포한다. 다만 워싱턴의 비열함은 '동맹, 자유, 평화, 번영, 질서, 연대, 인권' 등과 같은 멋진 말로 덮여 있어 잘 보이지 않을 때가 있다. 국제무대에서, 외교에서 '주어'를 잃지 말아야 하는 이유이다. '주어'가 흔들리면 '표류'를 피하기 어렵다. 한 개인의 표류는 경험이 되고 더 나아가 성장으로 이어질 수 있지만, 한 국가의 표류는 쇠퇴를 부른다.

2023년 가을, 나는 워싱턴 D.C. 백악관 북동쪽 로건써클에 위치한 주미 대한제국 공사관을 찾았다. 조선왕조 말기인 1889년 2월에 문을 연 이 공사관은 일제가 대한제국의 외교권을 빼앗아 간 1905년 11월까지 약 16년 동안 외교 활동의 공간으로 사용되었다. 일제는 1910년 8월, 이 건물을 5달러에 강제로 매입해 되팔았다. 시간이 흘러 2012년, 재미 한인 사회와 각계각층의 노력으로 문화재청이 이 건물을 재매입했고, 고증을 바탕으로 원형을 복원해 2018년 5월 다시 문을 열었다.

공사관에는 대한제국 외교관의 활동을 보도한 당시 현지 신문 기사들도 전시되어 있었다. 예를 들어, 박정양 초대 주미 공사가 백악관을 방문해 그로버 클리블랜드Grover Cleveland 대통령을 예방했다거나, 지역 대학 총장과 만나 조선 유학생 유치 문제를 논의했다는 내용이었다. 공사 부인이 유창한 영어를 구사하며 세련된 양장을 즐겨 입었다는 기사도 있었다. 현지 매체가 그때는 이름조차 생소했을 대한제국에서 온 외교관들의 동정을 다뤘다는 사실이 흥미로웠다. 신문 삽화에서 드러난 이들의 모습이 사소해 보이면서도 동시에 무겁게 느껴졌던 것은 아마도 내 개인적인 감정 때문이었을 것이다. 130여

년 전, 이들의 눈에 비친 워싱턴은 어떤 모습이었을지 궁금해졌다. 그리고 내가 본 워싱턴도 한 번 기록해보기로 마음먹었다.

먼저, 나의 바람을 현실로 실현시켜준 이 책의 편집인 권정민 대표에게 감사 인사를 전한다. 지난 8년 동안 때로는 격려로 때로는 질책으로 함께해 준 뉴스룸의 에디터들과 동료들에게도 깊은 고마움을 전한다. 종종 서로에게 '도전'의 순간도 있었지만, 돌이켜보니 내겐 버릴 것 없는 '담금질'의 시간이었다. 오랜 기간 무척 귀찮았을 나의 전화에 응답해준 워싱턴의 취재원들에게도 많은 빚을 졌다. 특히, 나의 우문을 늘 현답으로 바꿔 주었던 조셉 디트라니 대사와 게리 세이모어 교수, 수전 손튼 대사에게 감사의 인사를 전하고 싶다. 나의 소중한 동료이자 친구, 그리고 동지였던 조상진이 없었다면 워싱턴 생활은 더 고달팠을 것이다. 책을 쓰는 동안 유무형의 지지를 아끼지 않은 김섭, 이윤정에게도 꼭 보답의 기회가 있기를 바란다. VOA 동료이자 《우리는 미국을 모른다》의 저자 김동현에게도 고마움을 전하고 싶다. 가끔 생각이 달라도 그의 이야기는 항상 경청하게 된다. 나를 늘 사랑해주시고 기도해주시는 박충구, 문순례 님과 가족들에게도 깊은 감사를 드린다. 끝으로, 예원, 여명, 시원에게 이 책을!

이로써 나의 워싱턴 표류기에 비로소 마침표를 찍는다.

트럼프 청구서

## 첫 번째 판 | 한미 관계

**1** 박형주, 〈[뉴스 인사이드] 한국 '주한미군 방위비' 얼마나 부담하나?〉, VOA, 2016년 11월 21일

**2** 권혁철, 〈30년 넘게 줬더니…방위비분담금이 권리인 줄 알아요〉, 한겨레신문, 2024년 4월 26일

**3** Justin Logan, 'Uncle Sucker Why U.S. Efforts at Defense Burdensharing Fail,' *CATO*, 2023. 3. 7.

**4** Washington's Farewell Address to the People of The United States, United States Senate

**5** 'Department of Defense Releases the President's Fiscal Year 2025 Defense Budget,' U.S. Department of Defense, 2024. 3. 11.

**6** 'US Fiscal 2025 Defense Budget constrained by law, inflation,' *Bloomberg Intelligence*, 2024. 6. 26.

**7** https://fiscaldata.treasury.gov/datasets/debt-to-the-penny/debt-to-the-penny

**8** 송의달, 〈트럼프 당선되면 '방위비 분담금 문제'로 한미 관계 파탄날까?〉, 조선일보, 2024년 8월 18일

**9** Justin Logan, 'Uncle Sucker Why U.S. Efforts at Defense Burdensharing Fail,' *CATO*, 2023. 3. 7.

**10** Bob Woodward, *Rage*, Simon & Schuster, 2020

**11** 조병제, 《트럼프의 귀환》, 월요일의꿈, 2024년 5월 30일

**12** 박형주, 〈바이든 "한화 '조지아주 태양광 투자' 미국 경제 대형호재…IRA 직접적 성과"〉, VOA, 2023년 1월 12일

**13** 김동현, 《우리는 미국을 모른다》, 부키, 2023년 12월 15일, 55쪽

**14** 도널드 트럼프 미국 대통령은 2019년 9월 8일 캠프 데이비드에서 아프가니스탄 탈레반과의 비밀회동을 개최하려다 전날 밤 전격 취소했다. 트럼프 대통령은 탈레반 소행의 카불 테러로 미군 1명 등 12명이 숨진 것을 이유로 밝혔다. 그러나 일부 언론은 9·11 테러 18주기를 며칠 앞둔 민감한 시기에 알카에다를 도운 탈레반을 대통령 별장으로 초청하는 등 합법적인 단체로 인정하는 듯한 행보에 대한 비난 여론을 의식한 것이라고 보도했다.

**15** 'Statement from Press Secretary Karine Jean-Pierre on the Upcoming Trilateral Leaders Summit of the United States, Japan, and the Republic of Korea,' *The White House*, 2023. 7. 28.

**16** 'Indo-Pacific Strategy of the United States,' *The White House*, 2022. 2.

**17** 'The Chinese Communist Party: Threatening Global Peace and Security,' *U.S. Department of State*,

**18** 'United States Strategic Approach to the People's Republic of China,' *Trump White House*, 2020. 5. 26.

**19** Patsy Widakuswara, Hyeongjoo Park, 'At Camp David, Leaders Criticize Beijing's Moves in South China Sea,' *VOA*, 2023. 8. 18.

**20** 손현수, 〈국힘, 이제 와서 "한미일 '동맹' 표현은 실수" 사과〉, 한겨레신문, 2024년 7월 5일

**21** 〈한미일 정상 공동성명 "대북 확장억제 강화···北미사일 정보 공유"〉, 대한민국 정책브리핑, 2022년 11월 14일

**22** Previewing Prime Minister Kishida's Visit to Washington: A Conversation with Two Ambassadors,' *CSIS*, 2024. 4. 8.

**23** 박형주, 〈캠프 데이비드 정상회의, 미한일 협력 제도화 새 장 열 것〉, VOA, 2023년 8월 15일

**24** 함지하, 〈미 전략사령관 "북중러 3국 협력 진화···통합 억제 중요"〉, VOA, 2024년 2월 17일

**25** "Clinton says 'comfort women' should be referred to as 'enforced sex slaves," *Japan Today*, 2012. 7. 11.

**26** 김희준, 〈서면 차관 발언 '일파만파'…美 정부 속내는?〉, YTN, 2015년 3월 4일

**27** 일본은 1941년 12월 8일 진주만에 정박해 있던 미군 태평양함대를 선전포고 없이 기습 공격했고, 미국은 이를 계기로 2차 세계대전에 참전했다. 미국은 1945년 8월6일 히로시마에 원자폭탄을 투하했고, 일본은 결국 항복했다.

**28** 소환욱, 〈[여론조사] 윤 대통령 '대일 외교' 부정평가 59.7%〉, SBS, 2023년 4월 11일

**29** 'Summary of the 2018 National Defense Strategy of The United States of America,' *Department of Defense*, 2018. 1. 19.

**30** 〈尹 정부의 「자유, 평화, 번영의 인도-태평양 전략」 최종보고서 발표〉, 대한민국대통령실, 2022년 12월 28일

**31** 박승완, 〈관광산업 피해액만 21조 원…中 경제 보복 영향,〉 한국경제TV, 2022년 3월 17일

**32** 조준형, 〈美당국자 "한국이 中경제강압 직면하면 할 수 있는 일 다 할 것"〉, 연합뉴스, 2024년 5월 5일

**33** 박형주, 〈백악관, 윤석열 '자체 핵보유' 언급에 "한반도 비핵화 전념…확장억제 역량 개선 추구"〉, VOA, 2023년 1월 13일

**34** 〈한미정상회담: '워싱턴 선언'… 주어진 상황 속 최선 vs 한국 스스로 '족쇄'〉, BBC코리아, 2023년 4월 27일

**35** 신지혜, 〈'독자 핵무장' 찬성 여론, 지난해 이어 70%대…"북한 비핵화 불가능" 91%〉, KBS뉴스, 2024년 2월 5일

**36** 류미나, 〈나경원 "대표 되면 핵무장 당론 추진…미국과 협력해 변화 견인"〉, 연합뉴스, 2024년 6월 26일

**37** David Albright, 'North Korean Nuclear Weapons Arsenal: New Estimates of its Size and Configuration,' *ISIS*, 2023. 4. 10.

**38** Jennifer Lind·Daryl Press, 'Should South Korea build its own nuclear bomb,' *Washington Post*, 2021. 10. 7.

**39** 박형주, 〈전문가들 "한국 새 정부, 미 '확장억지 공약' 신뢰해야"〉, VOA, 2022년 5월 12일

**40** 강태화, 〈[단독] 트럼프 외교안보 최측근 "한국 자체 핵무장 고려해야"〉, 중앙일보, 2024년 4월 25일

**41** 이조은, 〈미 의회 '러 테러지원국 지정' 법안 발의…한반도 전술핵 재배치도 거론〉, VOA, 2024년 6월 22일

**42** 이조은, 〈그레이엄 상원의원 "북한 도발 격화, 한일 핵무장으로 귀결될 수도"〉, VOA, 2024년 4월 20일

**43** 김동현, 《우리는 미국을 모른다》, 부키, 2023년 12월 15일, 148쪽

**44** 파키스탄의 핵무기 보유에 대한 제재 조치로서 군사원조 지원을 박탈하는 것이 핵심이다.

**45** Duncan DeAeth, 'Japan warns China could land troops in Taiwan within a week,' *Taiwan News*, 2024. 7. 18.

**46** Josh Rogin, 'The U.S. military plans a 'Hellscape' to deter China from attacking Taiwan,' *Washington Post*, 2024. 6. 10.

**47** 김동현, 《우리는 미국을 모른다》, 부키, 2023년 12월 15일, 280쪽

**48** Noah Robertson, 'How DC became obsessed with a potential 2027 Chinese invasion of Taiwan,' *Defense News*, 2024. 5. 7.

**49** 'China Naval Modernization: Implications for U.S. Navy Capabilities— Background and Issues for Congress,' *CRS*, 2022. 11. 18.

**50** 이벌찬, 〈마잉주 "타이완과 중국, 전쟁 불가피…얼마나 크게 싸울지는 소통에 달려"〉, 조선일보, 2023년 6월 24일

**51** Kylie Atwood, 'US approves first-ever military aid to Taiwan through program typically used for sovereign nations,' *CNN*, 2023. 8. 31.

**52** 'House Armed Services Committee Hearing: Defense Cooperation with Taiwan,' U.S. *Department of State*, 2023. 9. 10.

**53** 안현호, 〈[마이더스] 미중 패권 전쟁과 한국 반도체 산업의 미래〉, 연합뉴스, 2024년 2월 3일

**54** David Sacks, 'Why Is Taiwan Important to the United States?,' *Council on Foreign Relations*, 2023. 6. 30.

**55** 김한권, 〈미·중 전략적 경쟁과 타이완해협의 현황 및 전망: 미국, 중국, 타이완의 시각 비교〉, 국립외교원 외교안보연구소 정책연구시리즈 2022-17, 2023년 2월

**56** 박형주, 〈미 국방부 정책자문위원회, '중국 강압 행위' 논의·북한 관련 브리핑도 포함〉, VOA, 2023년 6월 10일

**57** 〈[전문] 한미 정상 공동성명〉, 대한민국 정책브리핑, 2021년 5월 21일

**58** https://www.armed-services.senate.gov/hearings/nomination_lacamera

**59** 'Korea and the Indo-Pacific Strategy,' UC San Diego School of Global Policy and Strategy, 2021. 4. 19.

**60** 김성한, 〈타이완해협과 한반도 안보는 불가분 관계다〉, 조선일보, 2024년 3월 27일

**61** Phil Stewart·Idrees Ali, 'How the US is preparing for a Chinese invasion of Taiwan,' *Reuters*, 2024. 2. 1.

**62** 김동현, 《우리는 미국을 모른다》, 부키, 2023년 12월 15일, 284쪽

**63** Keoni Everington, 'US prepping pullout plan for Americans in Taiwan,' *Taiwan News*, 2023. 6. 13.

**64** 이조은, 〈상원 세출위 국무 예산안 "한국 등 인태지역 비전투원 대피 작전 계획 수립해야"〉, VOA, 2024년 8월 6일

**65** 김성한, 〈타이완해협과 한반도 안보는 불가분 관계다〉, 조선일보, 2024년 3월 27일

**66** 김민곤, 〈[단독]美 사령관, 타이완 유사시 "한국군, 동맹의 힘 보여달라"〉, 채널A, 2024년 4월 7일

**67** Markus Garlauskas·Lauren D. Gilbert, 'A US-South Korea alliance strategic memo on reassurance and coordination for a China conflict,' *Atlantic Council*, 2024. 1. 31.

**68** David Brunnstrom. Trevor Hunnicutt, 'Biden says U.S. forces would defend Taiwan in the event of a Chinese invasion,' *Reuters*, 2022. 9. 19.

## 두 번째 판 | 북미 관계

**69** Bob Woodward, *Rage*, Simon & Schuster, 2020

**70** Gerald F. Seib, 'Barack Obama Warns Donald Trump on North Korea Threat,' *The Wall Street Journal*, 2016. 11. 22.

**71** 김동연, 〈오바마 떠나며 트럼프에 던진 말, "북한이 앞으로 가장 큰 문제될 것"〉, 월간조선, 2019년 10월 7일

**72** Steve Coll, 'The Madman Theory of North Korea,' *The New Yorker*, 2017. 9. 24.

**73** Julia Mueller, 'Trump discussed striking North Korea with nuclear weapon, blaming another country,' *The Hill*, 2023. 1. 12

**74** Bob Woodward, *Rage*, Simon & Schuster, 2020

**75** Bob Woodward, *Rage*, Simon & Schuster, 2020

**76** Greta Van Susteren, 'Trump to VOA: We're Going to Denuke North Korea,' VOA, 2018. 6. 12.

**77** 문재인, 《변방에서 중심으로》, 김영사, 2024년 5월 18일

**78** Noa Ronkin, 'U.S. Special Envoy for North Korea Stephen Biegun Delivers First Public Address on U.S.-DPRK Diplomacy at a Shorenstein APARC Event,' *Stanford University*, 2019. 1. 31.

**79** David Ignatius, 'Trump's summit with Kim Jong Un is partly hot air. It could also make the world safer,' *Washington Post*, 2019. 2. 12.

**80** 존 볼턴 저, 박산호·김동규·황선영 역, 《그 일이 일어난 방》, 시사저널, 2020년 9월 28일, 467쪽

**81** 존 볼턴, 위의 책, 467쪽

**82** 존 볼턴, 위의 책, 468쪽

**83** 존 볼턴, 위의 책, 473쪽

**84** 존 볼턴, 위의 책, 474쪽

**85** 존 볼턴, 위의 책, 468쪽

**86** 존 볼턴, 위의 책, 469쪽

**87** 존 볼턴, 위의 책, 472쪽

**88** 존 볼턴, 위의 책, 466쪽

**89** 존 볼턴, 위의 책, 468쪽

**90** 존 볼턴, 위의 책, 468쪽

**91** 존 볼턴, 위의 책, 470쪽

**92** 존 볼턴, 위의 책, 471쪽

**93** 존 볼턴, 위의 책, 473쪽

**94** 문재인, 《변방에서 중심으로》, 김영사, 2024년 5월 18일

**95** 홍연주, 〈폼페이오 "하노이회담 발목 잡았다" 文 회고록 반박…"트럼프가 결정"〉, TV조선, 2024년 5월 23일

**96** 홍연주, 〈볼턴, 文회고록 반박 "하노이 노딜은 트럼프 결정…文, 거기 없지 않았나"〉, TV조선, 2024년 6월 26일

**97** 박형주, 〈바이든 '대북정책' 발표 1년…"외교적 접근 긍정적이나 구체적 행동 결여"〉, VOA, 2022년 4월 29일

**98** Josh Rogin, 'Biden's North Korea strategy: Hurry up and wait,' *Washington Post*, 2021. 5. 5.

**99** 〈한미정상회담 공동성명〉, 주한미국대사관 및 영사관, 2022년 5월 21일

**100** 백나리, 〈미 "'전략적 인내'로 회귀 아니다…北 긍정적 반응 기대"〉, 연합뉴스, 2021년 12월 19일

**101** 박원곤, '바이든 행정부의 대북정책: 현실과 이상의 혼란,' 〈정세와정책 2022-3 월호 제13호〉, 세종연구소, 2022년 3월 3일

**102** 임수호, 〈바이든 행정부의 대북정책 전망과 시사점〉, 국가안보전략연구원, 2020년 12월

**103** https://www.whitehouse.gov/wp-content/uploads/2022/02/U.S.-Indo-Pacific-Strategy.pdf

**104** 이우탁, 〈'北비핵화 위한 중간단계' 의미는…北 호응할까〉, 연합뉴스, 2024년 03월 06일

**105** 김환용, 〈한국 대통령실 "미국 북핵 협상 '중간단계' 없다고 확인"〉, VOA, 2024 년 4월 29일

**106** 박승혁, 〈국무부 군축 차관, 북한과 군축 논의 가능성에 "거부하지 않을 것"〉, VOA, 2022년 10월 29일

**107** Jesus Mesa, 'Trump Says Kim Jong Un Wants Him to Win: 'I Think He Misses Me'', *Newsweek*, 2024. 7. 19.

**108** Paulina Dedaj, 'Trump pitches Yankees game outing with Kim Jong Un at Michigan rally,' *Fox News*, 2024. 7. 21.

**109** Bob Woodward, *Rage*, Simon & Schuster, 2020

**110** Gram Slattery·Simon Lewis, 'Exclusive: Trump handed plan to halt US military aid to Kyiv unless it talks peace with Moscow,' *Reuters*, 2024. 6. 26.

**111** Jack Kim, 'North Korea's Kim: I don't want my children to bear burden of nuclear arms - report,' *Reuters*, 2019. 2. 23.

**112** 김치관, 〈김정은 "절대로 먼저 비핵화란 없으며… 협상도 흥정물도 없다"〉, 통일뉴스, 2022년 9월 19일

**113** https://www.sipri.org/research/armaments-and-disarmament/nucl ear-weapons/world-nuclear-forces/north-korea

**114** 안소영, 〈백악관 커비 조정관 "북한 미사일 발사 때마다 배워⋯점증하는 위협"〉, VOA, 2023년 7월 14일

**115** 홍민, 〈[세계는 지금] 김정은은 왜 군사정찰위성에 집착할까〉, 경기일보, 2023년 11월 1일

**116** 홍제성, 〈中, 북중관계 이상기류설 부인⋯"협력관계 중시·발전 입장불변"〉, 연합뉴스, 2024년 8월 1일

**117** 오수진, 〈북한, '김정은과 잘 지냈다'는 트럼프에 "미련 부풀려" 선긋기〉, 연합뉴스, 2024년 7월 23일

**118** 최종건, 《평화의 힘》, 메디치, 2023년 6월 20일, 139쪽

**119** 'Background Press Call on APNSA Jake Sullivan's Meeting with Foreign Minister Wang Yi of the People's Republic of China,' *The White House*, 2024. 1. 27.

**120** 'Background Press Call by Senior Administration Officials on China,' *The White House*, 2022. 3. 14.

**121** 'Background Press Call by Senior Administration Officials on China,' *The White House*, 2022. 3. 14.

**122** 〈2022년 북한의 대외무역 동향〉, KOTRA, 2023년 7월 20일

**123** 함지하, 〈중국, 매년 5억달러어치 원유 북한에 제공⋯"2013년 중단한 공급 기록 재개해야"〉, VOA, 2017년 12월 12일

**124** Bob Woodward, *Rage*, Simon & Schuster, 2020

**125** 〈[제4차 6자회담 2단계회의] 9. 19 공동성명(국문)〉, 외교부, 2005년 9월 19일

**126** 유신모, 〈미중 전략경쟁 시대에 북한은 어떻게 다뤄지는가〉, 뉴스핌, 2024년 1월 30일

**127** 김재중, 〈중국·러시아, 안보리에 대북제재 완화 결의안 제출⋯남북 철도·도로 제재 면제도 요구〉, 경향신문, 2019년 12월 17일

**128** Susan A. Thornton·Li Nan·Juliet Lee· 'Debating North Korea: US and Chinese perspectives,' *Brookings*, 2021. 8. 27.

**129** 박형주, 〈전문가들 "중국,북한 도발 '전략적 이익' 간주…핵실험은 지지 안해"〉, VOA, 2022년, 10월 27일

**130** 박형주, 〈바이든 대통령, 시진핑에 "북한 도발 말릴 의무 있어…미국, 추가 방위행동 가능"〉, VOA, 2022년 11월 15일

**131** 박형주, 〈커비 조정관, 북한 장거리 미사일 발사에 "미국에 위협 안돼…미한일 군사협력 증진할 것"〉, VOA, 2022년 11월 19일

**132** 'ICYMI: Chairman McCaul Joined ABC's "This Week" on Sunday,' *Foreign Affairs Committee*, 2023. 7. 23.

**133** 이상현, 〈북, 美전략핵잠 부산 기항에 "핵무기 사용조건 해당" 협박(종합)〉, 연합뉴스, 2023년 7월 20일

**134** 'Foreign Ministry Spokesperson Mao Ning's Regular Press Conference on July 19, 2023,' *Ministry of Foreign Affairs The People's Republic of China*, 2023. 7. 19.

**135** Joseph Clark, 'U.S., Chinese Military Officials Resume Talks on Operational Safety,' *DOD News*, 2024. 4. 5.

**136** 박형주, 〈안보리, 6년 만에 '북한 인권' 공개회의…"인권 유린이 '불법 무기 개발' 동력"〉, VOA, 2023년 8월 17일

**137** https://overseas.mofa.go.kr/ch-geneva-ko/brd/m_8848/view.do? seq=1071131&srchFr=&srchTo=&srchWord=&srchTp=&multi_itm_s eq=0&itm_seq_1=0&itm_seq_2=0&company_cd=&company_nm=& page=16

**138** 백성원, 〈후순위로 밀린 북한 인권…미 정부 무관심 속 방치〉, VOA, 2020년 3월 3일

**139** 'Interview with Joe Biden,' *The New York Times*, 2020. 2. 6.

**140**  미국은 트럼프 대통령 시절인 2018년 6월 유엔 인권이사회(UNHCR)을 탈퇴 했다. 유엔 인권이사회가 이스라엘의 팔레스타인 정책에 대해 지속적으로 비 판하고, 미국이 인권 탄압 국가로 지목한 중국, 쿠바, 베네수엘라 같은 나라가 UNHCR에 합류하는 등 기능이 변질됐다는 이유를 앞세웠다.

**141**  〈블링컨 장관 "인권·민주주의 미국 외교 중심"〉, VOA, 2021년 3월 23일

**142**  David E. Sanger, 'Candidate Biden Called Saudi Arabia a 'Pariah,' He Now Has to Deal With It,' *The New York Times*, 2021. 2. 14.

**143**  '문재인 대통령에게 보내는 편지 내용: 제49차 유엔 인권이사회 채택 예정 2022년도 북한인권결의안에 관하여,' 〈휴먼라이츠워치〉, 2021년 3월 24일

**144**  〈북한인권: 유엔, 북한 인권결의안 채택…한국 또 공동제안국 불참〉, BBC코 리아, 2022년 4월 22일

**145**  박경준, 〈[전문] 문대통령 BBC 인터뷰…"北 비핵화 되돌릴 수 없을 때 제재완 화"(종합)〉, 연합뉴스, 2018년 10월 12일

**146**  '문재인 대통령에게 보내는 편지 내용: 제49차 유엔 인권이사회 채택 예정 2022년도 북한인권결의안에 관하여,' 〈휴먼라이츠워치〉, 2021년 3월 24일

**147**  박형주, 〈미국 내 이산가족들 "70년의 기다림…미-북 상봉 이뤄져야"〉, VOA, 2020년 6월 25일

**148**  이조은, 〈미 의회, 국무 예산안 심의… "이산가족 상봉 브로커 위험성 조사 촉 구"〉, VOA, 2022년 3월 29일

**149**  박형주, 〈미국 내 이산가족들 "70년의 기다림…미-북 상봉 이뤄져야"〉, VOA, 2020년 6월 25일

**150**  김영권, 〈이산가족 특별기획] 2. 상봉운동 선구자들 "시간이 최대의 적"〉, VOA, 2024년 5월 14일

**151**  박형주, 〈미국 내 이산가족들 "70년의 기다림…미-북 상봉 이뤄져야"〉, VOA, 2020년 6월 25일

**152**  케빈 러드 저, 김아영 역, 《피할 수 있는 전쟁》, 글항아리, 2023년 11월 21일

**153**  'National Security Strategy,' *The White House*, 2017. 12. 18.

**154**  케빈 러드 저, 김아영 역, 《피할 수 있는 전쟁》, 글항아리, 2023년 11월 21일

**155**  2011년 1월 버락 오바마 대통령은 국빈방문한 후진타오 중국 주석에게 "중국의 번영은 세계 경제에 중요한 역할을 한다"면서 "중국의 성공은 전 세계의 성공이기도 하다"고 말했다.

**156**  'WSJ Trump Interview Excerpts: China, North Korea, Ex-Im Bank, Obamacare, Bannon, More,' *The Wall Street Journal*, 2017. 4. 13.

**157**  박형주, 〈시진핑, 김정은에 실망…대북 기조는 유지할 것〉, VOA, 2017년 11월 8일

**158**  'Summary of the 2018 National Defense Strategy of The United States of America,' *Department of Defense*, 2018. 1. 19.

**159**  https://www.commerce.gov/sites/default/files/zte_denial_order.pdf

**160**  케빈 러드 저, 김아영 역, 《피할 수 있는 전쟁》, 글항아리, 2023년 11월 21일

**161**  https://x.com/realDonaldTrump/status/1220818115354923009

**162**  Steve Holland, 'Exclusive: Trump says China wants him to lose his re-election bid,' *Reuters*, 2020. 5. 1.

**163**  Matthew Lee, 'At Nixon library, Pompeo declares China engagement a failure,' *AP*, 2020. 7. 23.

**164**  Bob Woodward, *Rage*, Simon & Schuster, 2020

**165**  Barbara Starr.Ryan Browne, 'US increases military pressure on China as tensions rise over pandemic,' *CNN*, 2020. 5. 15.

**166**  미국은 1979년 수교와 동시에 중국이 강력하게 요구하는 '하나의 중국' 원칙을 수용해 타이완과 단교했다.

**167**    Mike Stone·Patricia Zengerle, "Exclusive: U.S. pushes arms sales surge to 'Fortress Taiwan,' needling China," *Reuters*, 2020. 9. 17.

**168**    'Unfavorable Views of China Reach Historic Highs in Many Countries,' *Pew Research Center*, 2020. 10. 6.

**169**    Edward Wong·Michael Crowley·Ana Swanson, 'Joe Biden's China Journey,' *The New York Times*, 2020. 9. 6.

**170**    'The Administration's Approach to the People's Republic of China,' *U.S. Department of State*, 2022. 5. 26.

**171**    Megan Kelly, 'Going Home: Best-Selling Author J. D. Vance Opens Up About His Painful Childhood and the Future Ahead,' *NBC News*, 2017. 6. 26.

**172**    'Trump Picks Vance as VP; China Stocks Sink,' *Bloomberg: The China Show*, 2024. 7. 16.

**173**    'Read the Transcript of J.D. Vance's Convention Speech,' *The New York Times*, 2024. 7. 18.

**174**    'Senator Vance: Europe Has to Step Up, America Needs to Focus on China,' www.vance.senate.gov, 2024. 4. 28.

**175**    'Vance's 'America First' foreign policy in spotlight ahead of highly anticipated RNC speech,' *Fox News*, 2024. 7. 17.

**176**    'Transcript: Senate Minority Leader Mitch McConnell on "Face the Nation",' *CBS News*, 2023. 10. 22.

**177**    Robert C. O'Brien, "The Return of Peace Through Strength: Making the Case for Trump's Foreign Policy," *Foreign Affairs*, July/August 2024

**178**    Matt Pottinger and Mike Gallagher, "No Substitute for Victory: America's Competition With China Must Be Won, Not Managed," May/June 2024

**179**    Alex Willemyns, 'US doesn't want 'regime change' in China, diplomat says,' *RFA*, 2024. 6. 12.

180 https://2017-2021.state.gov/communist-china-and-the-free-worl ds-future-2/

181 Kate O'Keeffe·William Mauldin, 'Mike Pompeo Urges Chinese People to Change Communist Party,' *The Wall Street Journal*, 2020. 7. 23.

182 Edward Alden, 'The Man Who Would Help Trump Upend the Global Economy,' *Foreign Policy*, 2024년 5월 18일,

183 'Remarks by National Security Advisor Jake Sullivan on Renewing American Economic Leadership at the Brookings Institution,' *The White House*, 2023. 4. 27.

184 Edward Alden, 'The Man Who Would Help Trump Upend the Global Economy,' *Foreign Policy*, 2024. 5. 18.

185 Carol Morello, 'Secretary of State Rex Tillerson, scored a personnel victory when his chosen candidate for East Asia adviser was nominated by the White House,' *Washington Post*, 2017. 12. 24.

186 Carol Morello, 'Secretary of State Rex Tillerson, scored a personnel victory when his chosen candidate for East Asia adviser was nominated by the White House,' *Washington Post*, 2017. 12. 24.

187 Josh Rogin, 'Without Rex Tillerson's protection, a top State Department Asia nominee is in trouble,' *Washington Post*, 2018. 3. 15.

188 박형주, 〈미중 긴장 완화되면 '북한 전략적 공간' 줄어들어〉, VOA, 2023년 1월 24일

189 https://www.youtube.com/watch?v=RVCwKMcGoxA&t=1298s

190 https://www.youtube.com/watch?v=RVCwKMcGoxA&t=1298s

191 https://www.youtube.com/watch?v=RVCwKMcGoxA&t=1298s

192 https://www.youtube.com/watch?v=RVCwKMcGoxA&t=1298s

193 https://www.youtube.com/watch?v=RVCwKMcGoxA&t=1298s

194 박형주, 〈미중 긴장 완화되면 '북한 전략적 공간' 줄어들어〉, VOA, 2023년 1월 24일